管理学基础

主　编　锁冠侠

西南交通大学出版社
·成都·

图书在版编目（CIP）数据

管理学基础 / 锁冠侠主编. -- 成都：西南交通大学出版社，2024.12. -- ISBN 978-7-5774-0294-9

Ⅰ.C93

中国国家版本馆 CIP 数据核字第 2024SY5762 号

Guanlixue Jichu
管理学基础

主编　锁冠侠	策划编辑 / 张　波
	责任编辑 / 周　杨
	责任校对 / 左凌涛
	封面设计 / 吴　兵

西南交通大学出版社出版发行
（四川省成都市金牛区二环路北一段 111 号西南交通大学创新大厦 21 楼　610031）
营销部电话：028-87600564　　　028-87600533
网址：https://www.xnjdcbs.com
印刷：成都中永印务有限责任公司

成品尺寸　185 mm×260 mm
印张　17.25　字数　431 千
版次　2024 年 12 月第 1 版　　印次　2024 年 12 月第 1 次

书号　ISBN 978-7-5774-0294-9
定价　45.00 元

课件咨询电话：028-81435775
图书如有印装质量问题　本社负责退换
版权所有　盗版必究　举报电话：028-87600562

PREFACE 前言

　　本书是一部面向高等职业教育管理类相关专业的管理学课程入门教材，旨在为广大读者提供全面、系统、浅显易懂的管理学知识。

　　管理学是一门研究组织活动规律的学科，旨在提高组织效率和效益。随着社会经济的不断发展，管理学的重要性日益凸显。管理学为我们提供了一套系统的方法论和工具，帮助我们更有效地组织资源、协调活动、实现目标。学习管理学，不仅有助于提升个人的能力，更能为组织带来巨大的价值。

　　管理学可以提升个人职业竞争力。管理学能帮助个人更好地理解组织运作的规律，提高决策能力、领导力、沟通能力等，从而在职场中脱颖而出。管理学可以促进个人成长，它强调自我管理和持续学习，帮助个人更好地规划职业生涯，实现个人价值。管理学可以拓展思维方式，它注重培养系统思维、批判性思维和创新思维，有助于个人更全面地看待问题，找到更好的解决方案。

　　管理学可以提升组织的效率和效益。通过科学的管理方法，可以优化资源配置，减少浪费，提高工作效率。管理学可以增强组织竞争力，为企业提供了一系列的战略工具，帮助企业在激烈的市场竞争中保持优势。管理学强调创新和变革，可以促进组织发展，有助于组织适应不断变化的环境，实现持续发展。

　　管理学如此重要，因此有必要认真学好、用好管理学，为未来的课程学习和职业发展打下坚实基础。

　　本书在编写的过程中，注重坚持如下原则，以体现本书的特点。

　　（1）理论与实践相结合：本书不仅介绍了管理学的基本理论知识，还通过大量的案例分析，将理论与实践紧密结合，帮助读者更好地理解和应用管理学知识。

　　（2）内容丰富、结构清晰：本书内容涵盖了管理学的各个方面，包括管理学的基本概念、管理过程、组织结构、领导与激励、决策、控制等。内容结构清晰，逻辑性强，便于读者学习。

　　（3）通俗易懂、图文并茂：本书采用通俗易懂的语言，并配以大量的示意图表，使复杂的概念变得简单明了，增强了教材的可读性。

　　本书由甘肃交通职业技术学院锁冠侠主编。作者编写分工如下：甘肃交通职业技术学院锁冠侠编写学习情境一、二、三、四、五，并承担全书统稿工作；甘肃交通职业技术学院李旭编写学习情境六、七、八；甘肃交通职业技术学院赵秀娟编写学习情境九、十、十一。

　　本书可以作为高等职业院校管理学课程教材，也可供企业管理人员参考，帮助企业管理人员提升管理水平，解决实际管理问题。

　　限于作者水平，本书疏漏之处在所难免，恳请广大同仁、读者批评指正。

作者
2024 年 6 月

CONTENTS 目录

学习情境一　管理与管理者……………………………………………001
    任务一　走进管理……………………………………………003
    任务二　管理者………………………………………………011
    课后习题………………………………………………………019

学习情境二　管理理论的产生与发展……………………………………023
    任务一　中外早期管理思想…………………………………024
    任务二　古典管理理论………………………………………032
    任务三　行为科学管理理论…………………………………038
    任务四　现代管理理论………………………………………041
    课后习题………………………………………………………048

学习情境三　管理环境分析………………………………………………052
    任务一　外部环境分析………………………………………052
    任务二　内部环境分析………………………………………060
    课后习题………………………………………………………065

学习情境四　科学决策……………………………………………………068
    任务一　认识决策……………………………………………069
    任务二　决策的过程与影响因素……………………………077
    任务三　决策的方法…………………………………………082
    课后习题………………………………………………………093

学习情境五　制定计划……………………………………………………098
    任务一　计划概述……………………………………………099
    任务二　计划的表现形式与类型……………………………106
    任务三　计划的编制过程……………………………………111
    任务四　计划的编制方法……………………………………114
    任务五　目标与目标管理……………………………………120
    课后习题………………………………………………………126

学习情境六　合理组织···130
　　任务一　认识组织··131
　　任务二　组织设计··135
　　任务三　组织结构的基本类型··143
　　任务四　组织文化··149
　　课后习题···156

学习情境七　领导艺术···162
　　任务一　认识领导··163
　　任务二　领导理论··169
　　任务三　领导艺术··175
　　课后习题···181

学习情境八　学会激励···184
　　任务一　认识激励··185
　　任务二　激励理论··190
　　任务三　激励的方法与技巧··196
　　课后习题···199

学习情境九　学会沟通···203
　　任务一　认识沟通··204
　　任务二　沟通的类型···208
　　任务三　有效沟通的策略··212
　　课后习题···218

学习情境十　有效控制···221
　　任务一　控制及其分类···222
　　任务二　控制的原则···229
　　任务三　控制的过程···232
　　任务四　控制的方法···238
　　课后习题···240

学习情境十一　创新与创业··244
　　任务一　创新概述··245
　　任务二　创新性思维···250
　　任务三　创新的主要内容··252
　　任务四　创　业···256
　　课后习题···264

参考文献··269

学习情境一　管理与管理者

学习目标

● 知识目标
1. 理解管理的概念和性质。
2. 了解管理系统的构成。
3. 掌握管理的基本职能。
4. 掌握管理者的基本素质和类型。
5. 掌握管理者的技能与管理者角色。

● 能力目标
1. 能灵活掌握对管理的多种理解。
2. 初步培养学生的管理思维，能从管理系统的角度分析管理现象。
3. 逐步提高自己的管理素质与技能，能有意识地将科学性和艺术性相结合来处理组织管理问题。
4. 能够从管理者角度分析和解决实际管理问题。

● 课程思政目标
1. 引导学生重视管理、学习管理、运用管理，强化制度意识、规章意识，提高自己的管理水平和管理能力。
2. 让学生认识到管理的重要性，管理从管好自己开始，树立明确的人生目标和正确的人生方向。
3. 引导学生理解社会主义现代化国家在建设与发展中治国理政的重要意义。
4. 深刻领会中国特色社会主义制度的优越性，强化四个自信。
5. 引导学生要做好角色定位，干一行爱一行，爱一行干一行，树立担当意识和责任意识。

案例导读

关于什么是管理的讨论[①]

吴刚和王强是大学同学，学的都是工商管理专业。毕业后，吴刚去了深圳一家有名的外资企业从事管理工作，而王强却被学校免试推荐为该校的硕士研究生。一晃三年过去了，两

---

① 案例来源：黄海天. 管理学及案例[M]. 上海：上海大学出版社，2014.

人在一次 MBA 培训班不期而遇。老同学相见自然免不了要"促膝长谈",由于两人志趣相投,一会儿,他们就关于"什么是管理"的话题聊开了。

王强非常谦虚地问:"吴兄,我虽然读了许多有关管理方面的著作,但对于什么是管理我还是心存疑虑,管理学家西蒙说'管理就是决策',有的管理学家却说'管理是协调他人的活动',如此等等。你是从事管理工作的,那你认为到底什么是管理?"

吴刚略微思索了一会儿,说道:"你读的书比我多,思考问题也比我深。不过从我工作的经验看来,管理其实就是管人,人管好了,什么都好。"

"那么依你看,善于交际的、会拍'马屁'的人就是最好的管理者了?"王强追问道。

"那也不能这么说,"吴刚忙回答说,"虽然管人非常重要,但管理也不仅仅是管人,正如你所说的,管理者还必须做决策、组织和协调各部门的工作等。"

"你说得对,管理不仅要管人,还要做计划、定目标、选人才、做决策、组织实施和控制等,那么,也就是说,做计划、定目标、选人才、做决策、组织实施和控制等活动就是管理啦?"王强继续发表自己的见解。

"可以这么说,我们搞管理的差不多啥都得做,今天开会,明天制定规则,后天拟订方案,所以说,搞好管理可真不容易。"吴刚深有感触地说。

"那你怎么解释'管理就是通过其他人来完成工作',难道在现实中这种说法本身就是虚假的吗?"王强显得有点激动地说。

吴刚想了一会儿才回答道:"我个人认为,'管理就是通过其他人来完成工作'这句话失之偏颇,管理的确要协调和控制其他人的活动,但管理者绝不是单纯的发号施令者,其实管理者的工作量非常大,在很多方面,他们还必须起到带头和表率的作用。"

"我同意你的观点,管理者是'舵手'、是'领航员',他必须带领其他人一起为组织目标的实现而奋斗。因此,从某种意义上来说,管理就是管理者带领组织成员一起去实现组织的目标。"

"可是……"

夜深了,可吴刚和王强好像并没有丝毫的睡意,两人还在围绕着"什么是管理"的话题继续探讨着。

点滴感悟

管理是什么,它的内涵非常丰富,也是仁者见仁、智者见智。管理通俗地讲就是管人和理事,既要协调好人,还要处理好事。随着组织的发展壮大,需要更多的人参与管理,组织发展离不开一支精干有效的管理团队,上司要懂得管理,更要懂得做表率,管理就是通过和他人一起实现组织目标。

沉浸式导入

同学们,今天我们将开启对管理的认识之旅,作为财经商贸类的学生,未来同学们的就业大部分会走向经济流通性行业。进入工作单位后,你们最初是一名被管理者的身份,随着对公司业务愈加熟练,一部分同学可能通过自身努力,有了一定的突出业绩,会得到工作单位的提拔或晋升，这时你就从被管理者转变成管理者了。那么，按照单位的分工，你可能要负责团队管理，每天除了要处理大量的业务工作和客户关系外，还要管理好自己的团队，带好部下。另一部分同学从最初的"小白"也变成了资深老员工。那不管将来你是管理者还是被管理者，都要学会与人打交道，管理的本质就是协调人际关系。因此，同学们有必要了解管理的内涵，掌握管理的方法与规律。下面就让我们带着这种思考走进管理，认识管理，掌握管理的内涵，为将来精彩的人生做好铺垫。

任务一　走进管理

一、管理的概念

管理是人类社会常见的一种活动，是共同劳动的产物，它不仅存在于人类社会的全部历史阶段，而且贯穿于社会生活的各个领域、组织和部门。在现实生活中，大至政府、军队，小至企业、医院、学校、家庭等社会基本单位和部门，都存在着管理活动。可以说，任何集体或组织都离不开管理。那么，究竟什么是管理呢？

本书认为，管理是指为了实现组织目标，通过计划、组织、领导和控制等职能的实现，协调以人为中心的组织资源或组织活动的行为或过程。这一定义具有以下五层含义：

（1）管理工作是在特定的环境下进行的，有效的管理必须审时度势、因势利导、灵活应变。

（2）管理的职能是计划、组织、领导和控制。

（3）管理的本质是协调，通过协调使组织中的个人努力与集体利益相一致。

（4）管理的对象是组织资源与组织活动，组织资源包括人、财、物、信息、技术、时间、组织信誉和社会关系等。管理工作的有效性体现在对这些资源的合理、高效利用上。

（5）管理的目的是有效实现组织目标。目标的实现既要提高管理效率，又要保证管理的效果。

对管理的不同定义

科学管理理论创始人弗雷德里克·泰勒（Frederick Taylor）的定义：管理是一门怎样建立目标，然后用最好的方法，经过他人的努力来达到的艺术。

一般管理理论创始人亨利·法约尔（Henri Fayol）的定义：管理就是计划、组织、指挥、协调、控制。

决策理论创始人赫伯特·西蒙（Herbert Simon）的定义：管理就是决策。

行为组织理论创始人马克斯·韦伯（Max Weber）的定义：管理就是协调活动。

管理过程理论创始人哈罗德·孔茨（Harold Koontz）的定义：管理就是设计和保持一种良好的环境，使人在群体里高效率地完成既定目标。

上述定义各有侧重，有的强调管理的作用过程，有的强调管理的核心环节，有的强调管理对人的管理，有的强调管理个人的作用，有的强调管理的本质。

对管理的不同定义，反映了人们对管理的多种理解，以及各管理学派的研究重点和特色。

> **管理小故事**
>
> **裤子的故事**
>
> 有一个小男孩买了一条裤子，在快要开学的时候，他打算穿上新裤子去上学。他拿出裤子试了一下，发现裤子有点长。于是他找奶奶帮忙把裤子改一下，奶奶说家务太忙了，暂时顾不上。于是他去向妈妈求助，妈妈正好和别人约好了要赶紧出门。男孩又去找了他的姐姐，姐姐也说自己有一大堆的活今天必须提交，根本没时间帮他去改裤子。
>
> 晚上，男孩在裤子太长的纠结和失落中进入了梦乡。奶奶忙完了家务的时候，想起了孙子的裤子，于是找来剪刀帮他剪去一截，把裤子改短了一些。姐姐忙完工作任务的时候，也想起了弟弟的请求，又帮他把裤子剪去了一截。妈妈晚上回来想起了儿子裤子的事情，连忙找来剪刀和针线，帮他处理了一下。第二天早上，男孩穿着像短裤一样的裤子，哭笑不得……

> **生生互动，课堂讨论**
>
> 请问，以上管理故事中，男孩穿上裤子后，为什么哭笑不得，问题出在哪里？从中你能得出什么管理道理？

二、管理的性质

（一）管理的二重性

管理的二重性是马克思在资本论中首次提出的，即管理具有自然属性和社会属性。自然属性同生产力直接相联系，是由共同劳动的社会化性质产生的，任何社会只要进行社会化大生产和对人类劳动的协调，自然属性就必然存在。社会属性同生产关系直接相联系，是由共同劳动所采取的社会结合方式的性质产生的，维护一定的生产关系并实现其生产目的，是不同社会制度的一种体现。

管理的自然属性又称管理的生产力属性，也称管理的一般性，它体现着生产力和社会化大生产的一般要求。一方面，管理是社会劳动过程的一般要求，只要存在社会化劳动，管理就必然存在；另一方面，通过管理把实现劳动过程所必需的各种要素有机组合起来，使各要素发挥各自的作用，这一点与生产关系、社会制度没有直接的联系。

管理的社会属性又称管理的生产关系属性，也称管理的特殊性，它体现着生产关系和社会生产目的的特殊要求，反映的是生产关系和社会制度的性质。在不同社会形态下，管理的社会属性是不同的，它体现着不同的统治阶级的意志，带有明显的政治性。

管理的二重性是相互联系、相互制约的。一方面，管理的自然属性不可能孤立地存在，它总是在一定的社会形式、社会生产关系条件下发挥作用；同时，管理的社会属性也不可能脱离管理的自然属性而存在，否则，社会属性就成为空泛的形式而已。另一方面，管理的自然属性要求具有一定社会属性的社会关系和组织形式与之相适应；同时，社会属性对管理的科学技术、手段方法会产生一定的影响。

管理的二重性理论对我们认识和掌握管理的特点和规律，更好地运用管理原理为我们服务具有重要意义。自然属性为我们学习、借鉴发达国家先进的管理经验和方法提供了理论依据，其管理的共性使我们可以大胆地引进和吸收国外成熟的经验来迅速提高我们的管理水平。而其社会属性则告诉我们，管理因国情不同而具有自己的个性，绝不能照搬照抄国外的做法，必须考虑我们自己的基本情况，实事求是地研究和吸收国外管理中有益的东西，做到兼收并举、洋为中用。

福特汽车的发展

美国知名汽车企业福特公司成立于1903年，从1896年制造出第一辆汽车以后，陆续开始生产了A型车、S型车等车型。1908年开始生产了著名的T型车，这种车型结构紧凑，驾驶起来非常容易，造价也相应降低，在当时非常流行。1913年开始，福特公司采用了流水生产线生产方式，同时使汽车零部件的生产实现了标准化。生产方式的变革使得生产效率大幅提升，当年的汽车产量增加到了13万辆。到1923年的时候，福特公司汽车年产量达到了204万辆，成为当时世界上规模最大、盈利最多的制造企业。

福特公司的创始人亨利福特始终认为，一个企业要想实现高效的管理，需要的是主管和助理能听话，向他及时汇报企业的各种情况，而他只需要发号施令，企业便可以进行高效运转。他认为，企业只是一种形式，根本不需要管理人员对企业进行相应的管理。

但是伴随着环境的变化，其他汽车公司逐步发展，福特公司在市场上出现了有力的竞争者。同时，消费者的需求也产生了不同的变化，企业所面临的财务、科学技术等各种环境影响也日趋复杂。仅仅几年以后，福特公司便失去了市场领先的地位，在此后的十多年公司开始出现了连年的亏损。到1944年，福特二世接管时，公司已经面临濒临破产的局面。

26岁的福特二世接手企业后，开始在管理上进行大变革。他虚心向自己的对手通用汽车学习，创建了一套福特公司自己的管理组织和领导班子，强化管理职能。五年后，福特汽车公司重新获得了发展和盈利的能力，成为美国汽车行业中的佼佼者。

课程思政，师生互动

请同学们结合美国福特汽车公司成长的兴衰历史，谈谈管理在企业中的重要性。进一步引申到习近平总书记谈治国理政方略和我国的迅猛发展，引导学生重视管理、学习管理、运用管理，强化制度意识、规章意识，提高自己的管理水平和管理能力，增强"四个意识"，坚定"四个自信"，做到"两个维护"。

（二）管理的科学性和艺术性

管理的科学性是指管理作为人类的重要活动过程，经过长时间的探索、总结，具有一定的客观规律，是人们从长期的实践中提出假设、进行验证、归纳总结，从中抽象总结出能够反映管理活动客观规律的理论和方法。在实践中，人们又借助这些理论和方法来进一步指导管理实践，同时用管理实践产生的结果来衡量管理过程中所使用的理论和方法是否合理，是否产生了相应的成效，在实践中，对管理理论和方法进行不断的完善和丰富。因此，管理是一种科学,是以客观规律的理论和方法为指导,形成的一套分析、归纳、处理和解决问题的方法论。

管理的艺术性就是管理的实践性,管理活动所面临的不同问题和管理的不同对象之间有很强的差异性,很难通过单从书本上学来的管理理论和方法的简单应用产生相应的成效。管理者必须在管理实践中发挥主观能动性和创造性,将所学的管理理论和方法与具体面临的管理问题相结合,具体问题具体分析,采取相应的管理手段,才能产生较好的管理成效。管理的艺术性强调,管理者除了需要具备一定的方法和理论之外,还要具备灵活运用相应的理论与方法解决问题的技巧和能力。

管理是科学与艺术的结合,如图1-1所示。管理既是科学,又是艺术。说它是科学,是强调其客观规律性;说它是艺术,则是强调其灵活性与创造性。二者之间不是互相排斥,而是互相补充的。如果没有掌握管理理论和基本知识的主管人员,在进行管理时必然是靠碰运气、靠直觉或过去的经验

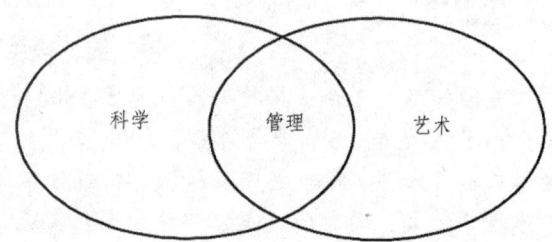

图1-1 科学性与艺术性在管理中的体现

办事,很难找到对管理问题可行的、令人满意的解决办法。所以,管理的专业训练不可能培训出"成品"的主管人员,但它是通过实践进一步培训主管人员的一个良好的开端,会为培养出色的主管人员在理论知识方面打下坚实的基础。当然,仅凭理论也不足以保证管理的成功,还必须懂得如何在实践中运用它们,这一点也是非常重要的。

三、管理系统

任何管理都是一个系统,所有管理活动都是在不同的系统中运行的。管理者必须树立系统的观念,整体、联系地观察、分析和解决一切管理问题。

(一)管理系统的概念

管理系统是指由相互联系、相互作用的若干要素和子系统,按照管理的整体功能和目标,结合而成的有机整体。

我们可以从以下几个方面理解管理系统:

(1)管理系统是由相互联系、相互作用的若干个要素构成的,这些要素可以看作是管理系统的子系统。

(2)管理系统是一个层次结构,其内部划分成若干个层级的有序的子系统,任何管理系统又成为更大的管理系统的子系统。

(3)管理系统是一个整体,发挥着整体功能,即其存在的价值体现在其管理功效的大小,也就是说任何一个子系统都必须为实现管理的整体功能和目标服务。

(二)管理系统的构成

管理系统一般由以下要素构成,具体如图1-2所示。

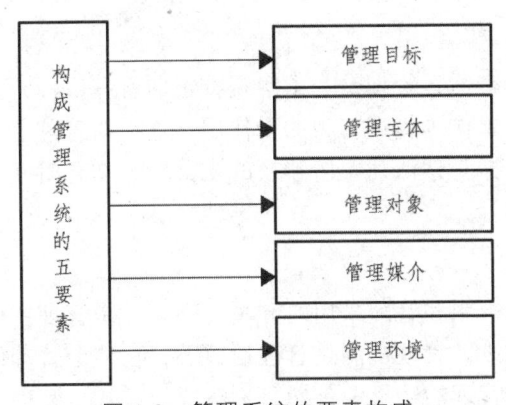

图 1-2　管理系统的要素构成

1. 管理目标

管理目标是指人们在管理活动中，通过管理职能的发挥，运用科学合理的管理措施所要达到的预期结果。管理目标是管理功能的集中体现，是管理系统建立与运行的出发点和归宿，管理系统必须围绕目标建立与运行。所有的管理行为都是为了有效地实现管理目标。

> **管理小故事**
>
> **目标必须明确**
>
> 父亲带着三个儿子到草原上猎杀野兔。到达目的地后，三兄弟一切准备就绪，开始行动之前，父亲向三个儿子提出一个问题："你看到了什么？"
>
> 老大回答道："我看到了一望无际的草原，在草原上奔跑的野兔，还有我们手里的猎枪。"
>
> 父亲摇摇头说："不对。"
>
> 老二回答道："我看到了爸爸、大哥、弟弟、猎枪、野兔，还有茫茫无际的草原。"
>
> 父亲又摇摇头说："不对。"
>
> 而老三的回答只有一句话："我只看到了野兔。"
>
> 这时父亲才说："你答对了。"

> **课程思政，师生互动**
>
> 请同学们谈谈对上述故事的理解。让学生懂得树立目标的重要性，奋斗的人生只有树立了明确的目标，才会在行动中找到正确的方向，才会在实现目标的道路上一帆风顺。如果漫无目标，或目标过多，都会阻碍我们前进，如果不切实际，最终可能会一事无成。

2. 管理主体

管理主体即管理者，是指掌握管理权力、承担管理责任、决定管理方向和进程、做出管理贡献的人。管理主体是管理系统中最核心、最关键的要素。一个组织的资源配置、活动开展、系统运行、目标实现等这些管理行为都要靠管理者去实施。管理者通过直接监督和指导他人的工作，实现对整个管理系统的驾驭，是组织发挥系统功能、实现组织目标最关键的力量。管理主体既可以是单个的人，也可以是群体管理者或者其所构成的管理机构。

3. 管理对象

管理对象就是管理的客体，管理是为了实现特定的管理目标，通过管理行为作用在管理客体上产生成效。管理对象作为管理行为的受作用一方，对管理目标的实现和管理的效率有重要的影响。管理对象包括管理活动中所涉及的人、财、物、时间、信息等五要素，其中人是管理的主要对象。

4. 管理媒介

管理媒介指的是管理机制和管理采用的方法与手段，是管理主体对管理对象产生作用和影响的内在原理与实现手段。管理机制是管理的核心，在整个管理体系中处于关键位置。管理机制的运行效率决定了管理的结果和预期目标达成的成效。管理方法是管理机制有效运行的载体，是管理过程中管理主体直接实施的管理手段和措施。

5. 管理环境

管理环境是指存在于社会组织内部的和外部的，影响管理实施和管理效果的各种力量、条件和因素的总和，包括了自然环境、经济环境、法律环境、社会环境和心理环境等。管理环境是管理系统的有机组成部分，管理行为依托一定的环境而存在，并受到管理环境的重要影响。

四、管理职能

（一）管理职能的含义

管理职能是管理者在管理过程中的各种基本活动及其功能。管理的各项职能总体上是为管理的目标而服务的。管理职能体现在管理系统运行过程的表现形式或管理工作的实施程序上。管理者的管理行为主要表现为管理职能的发挥上。

管理者的管理职能具体包括：

（1）管理者的基本职责：设立目标、制定标准、做出决定、委派工作、沟通激励、培养员工、建设团队、评估业绩。

（2）执行这些职责的程序或过程。

（二）管理的四大职能

1. 计划职能

计划职能是管理者为了实现组织制定的目标而对未来所要进行的工作所做的筹划与谋划活动，是进行管理的首要职能。计划职能一般包括市场调查、未来的预测、制定组织的发展目标、设计目标实现的活动方式、既定方案的实施和反馈等一系列工作。组织要发展，任何事物都要进行筹划来实现。组织中所有的管理者都要进行对工作的计划，不同层级的管理者所进行的计划各有侧重，但都要与组织总体的目标相匹配。

2. 组织职能

组织职能是管理者为实现组织目标而建立组织结构，并推进组织协调运行的工作过程。组织职能一般包括根据组织的需要设定组织的人员岗位，通过授权将合适的人匹配在合适的工作岗位上，规定各个岗位的工作职责，确定不同岗位之间的相互关系。通过组织结构，能够进行组织技术创新、资金运作、物质调配、推进组织各项工作任务协调统筹。科学的组织结构是组织实现高效运转，保证组织既定目标实现的根本保证和重要载体。

3. 领导职能

领导职能是指组织的各级管理者利用各自的职位权力和个人影响力去指挥、协调、激励下属为有效实现组织目标而努力的行为过程。由于组织中个体差异的存在，矛盾和冲突在所难免，这就需要有影响力的领导者来团结和凝聚组织中的成员，为了组织共同的目标而奋斗；需要对组织成员进行业务上的指导，通过沟通增强组织成员之间的相互理解和信任，使组织中的成员能够对组织目标形成共同的认识，统一组织成员的思想和行动。领导职能一般包括：选择合适的领导方式，正确地使用领导职权，在组织内外开展沟通协调，对组织成员进行激励等。不同层级、不同类型的领导者，其领导风格与内容有所不同，领导职能是组织管理过程中最关键的职能。

4. 控制职能

控制职能是指管理者为保证实际工作与计划目标一致而进行的管理活动。由于受到各种因素的干扰，计划在执行过程中往往会偏离最初的设想，出现一些偏差，这就需要通过控制使具体的实践活动符合计划，所以计划是控制的前提和标准，控制是为了顺利实现计划。控制职能一般包括：制定标准、衡量工作、纠正偏差等。计划和控制是辩证的统一，没有计划，控制就没有任何必要；没有控制，计划只是一种形式而已。不同层次、不同类型的管理者控制的重点和方式也有所不同。

管理四大职能各有自己独特的表现形式，它们之间不是孤立的，而是相互联系的。管理工作正是通过计划、组织、领导和控制这四个基本过程来展开和实施的。管理除了以上四种职能外，还具有创新职能，因为科技迅猛发展，市场瞬息万变，社会关系日益复杂，面对新情况、新问题，因循守旧、墨守成规显然已无法适应新挑战。创新职能与其他职能不同，它本身不具备特有的表现形式，而总是在与其他职能的结合中表现自身的存在和价值。

(三) 管理职能之间的关系

1. 正确理解管理职能之间的关系

一般来说管理的各项职能之间的顺序是相对固定的，即一般的组织都是先要制定计划，再选择合适的计划，然后通过组织结构的运转将计划进行实施，在实施过程中通过控制职能的介入，保证组织既定目标不出现偏差。但在实际中，管理职能并不是绝对不变的，各项职能在实施过程中会相互融合、相互交叉。

2. 正确处理管理职能的普遍性与差异性

任何层级、任何类型的组织，其管理者都要履行管理的基本职能。但不同类型、不同层级的组织以及组织中不同层级的管理者，他们具体履行管理职能时又存在一定的差异性。比如，高层次的管理者更关注的是管理的计划和组织功能；而基层管理者更重视的是领导和控制职能（见图 1-3）。对于同一种管理职能而言，不同层级的管理者所关注的重点也不相同。比如，对于计划职能而言，高层管理者更关注的是战略性计划，更多考虑的是组织长远的发展问题；而基层管理者更关注的是短期的作业计划和眼前任务的顺利完成。

图 1-3 管理职能在不同管理层次中的差异

拓展阅读

管理职能的研究与发展

在管理活动和管理学研究发展的不同阶段,人们对于管理基本职能的确定和划分也具有不同的看法,最早系统化并明确分析管理职能的是法国工业家亨利·法约尔。20 世纪初期,他提出,所有的管理者都履行五种管理职能:计划、组织、指挥、协调、控制,即人们通常所说的"五职能说"。到了 20 世纪 50 年代中期,加利福尼亚大学洛杉矶分校的两位教授哈罗德·孔茨和西里尔·奥唐奈采用计划、组织、人事、领导和控制五种职能作为管理学教科书的基本框架。时至今日,最普及的管理学教科书都按照管理职能来组织内容,不过这五个职能已经精简为四个基本职能:计划、组织、领导、控制。

沉浸式体验

同学们!本节内容学习完了,相信大家对管理的概念、性质、管理系统、管理职能都有了一定的认识,现在请结合你所学的专业进行自主思考,未来你会进入什么性质的企业去工作,你心仪的岗位是什么,"企业管理工作如何开展?""如何理解管理的二重性?""管理系统由哪些方面构成?""管理职能之间的相互关系是怎样的?"……。当然,思考内容也不限于此,请畅所欲言,写出个人思考清单,详见表 1-1。

表 1-1 沉浸式体验思考清单

姓名		
专业		
就业意向单位		
讨论清单	思考内容	结果
	1. 这家单位会不会有管理活动?	
	2. 如何理解管理的二重性?	
	3. 管理系统由哪些方面构成?	
	4. 管理职能之间的相互关系是怎样的?	
	5. 假如现在让你去应聘,你觉得你最欠缺的是什么?	

任务二　管理者

一、管理者

(一) 管理者的概念

管理者是管理主体，是管理行为的主动作为者、主导者，是管理工作中的关键、核心要素。对管理主体的概念界定，不同的学者有不同的理解。

传统的观点认为，管理者是借助自身拥有的权利和所处的职位，对下属进行指挥。这种观点强调的是一个组织中管理者通过正式的职位和职权去影响下属，如企业的经理、学校的校长。

现在的管理学观点认为，一个组织的管理者，是指能够在组织中直接指挥、指导他人为组织的目标进行工作的人。这个管理者是通过其所拥有的权力和对他人的感召能力来带动组织成员一起工作，他是能够实质性地影响组织中的成员来实现组织经营管理目标达成的成效。美国学者彼得·德鲁克认为，在一个现代的组织里，每一个组织的成员如果能够借助他们所拥有的知识和所担任的岗位对组织产生贡献，那么他们就能够实质性地影响组织目标的达成，也就成了组织中的管理者。现在的观点强调的是管理者必须要为组织负责，不是仅仅拥有权利，同时要承担相应的责任和义务，对组织要有贡献，而并不强调他是否有下属人员。比如，拥有一定的知识、对组织负有责任的工程师也同样是管理者。同时，管理者除了指挥别人完成特定的工作任务外，自身也可能承担某项具体的工作。如一个组织的销售主管除了指导和带动下属完成销售任务外，自身也会承担一定的具体的销售工作任务。

综合以上分析，我们认为，所谓的管理者就是能够履行其在组织中所担负的管理职能，对组织目标的实现负有贡献责任的人。管理者是管理的主体，对管理活动的顺利进行、组织活动及其目标的实现起着十分重要的作用。

管理小故事

丙吉问牛

西汉汉宣帝时期，丙吉担任丞相，他十分关心老百姓的疾苦，经常外出去视察民情。有一次，他到长安城外进行视察时，发现有一群人在打架斗殴，家属跑来告状，丙吉却不予理会，绕道而行了。

走了一段路，丙吉发现一头牛因为拉车太累，躺在路上吃力地喘着粗气。他马上让车夫停下车去查看牛的情况，并且向赶车的农夫问了很多问题。人们很是不解。觉得他只关心了牲畜却并不关心人。汉宣帝听说后就问丙吉，为什么只关心牛而不关心人的事呢？丙吉回答："有人打架斗殴，自有地方负责治安的官员去处理，如果他们没有很好地履行职责，那就其问责，进行相应的惩罚就行了。我作为丞相，掌管的是国家的大事，之所以关心牛，是因为现在正是春天，天气还不是太热，但是那头牛因为天气太热而喘着粗气，那就太不正常了，说明很有可能现在的季节出现了异常，这就会对农业生产产生很大的影响，会动摇国家的根基，所以我过问了牛的事情"。在农业社会中，农业生产是非常重要的事情，丙吉的这种做法受到了皇帝的赞赏。

管理启示：管理者应该清楚自己所处的管理层次和应该承担的职责，要懂得什么事该管，什么事不该管，要有所为、有所不为。

（二）管理者类型

一个组织中从事管理工作的人可能很多，可以从不同的角度对管理者的类型进行划分：

1. 按管理者的层次划分，分为高层管理者、中层管理者和基层管理者三类

（1）高层管理者是组织中最高层级的管理者，对组织的生存与发展负有全面的责任。高层管理者的主要职责是确定组织发展的方向，明确组织发展的定位，制定组织发展的目标。高层管理者对外往往以组织代表人的身份出现，对内拥有最高的行政职位和职权，对组织的人力、物资等各种资源拥有决策权和分配权，主要的职责是决策与计划，例如，总裁、副总裁、总经理、学校校长等。

（2）中层管理者是介于高层管理者和基层管理者之间层次的管理人员。中层管理层往往包括一个或若干个层级的管理者。中层管理者的职责主要是将高层管理者制定的组织发展目标转化为具体的行动。通过行使组织高层管理者赋予的职权来实现组织制定的目标，同时负责指导协调和监督基层管理者。与高层管理者相比，中层管理者相对更关注组织的事务性和阶段性工作任务，例如，部门经理、地区经理、项目经理、科室主任、系主任等。

（3）基层管理者是组织中最基层的管理人员，其管理的对象往往是组织中最一线的具体作业人员。他们根据组织确定的目标和上级管理者所下达的指令，为一线管理者分配具体的工作任务，并直接指挥和监督一线作业人员完成各项工作任务，例如，工厂里的班组长、车间主任、学校中的教研室主任等。

三个层次的管理者在组织内实行统一领导、分级管理，共同保证组织的正常运行，实现组织目标。一般来讲，组织的高层管理者往往承担着组织全面性、方向性、长远性的关键决策作用；中层管理者承担着上传下达和各个层级之间的协调作用，并承担着对基层的指导任务；基层管理者主要负责组织具体计划的实施，保证组织基本的业务正常运转，解决业务过程中存在的矛盾与冲突，提高组织作业的效率。三个层次的管理者的工作内容都包含了计划、组织、领导、控制等管理的基本职能，但每个层级的管理者在不同的职能方面有所侧重。高层管理者更侧重于做好战略决策和组织的长远计划，中层管理者更侧重于组织与协调，基层管理者主要侧重于对作业人员的沟通指导和控制。

案例阅读

张华的工作

张华是一家电子产品企业的经理,他经常随身带着一份关于自己当天要处理事务的清单。清单上的工作一些是总部电话通知他需要处理的，另一些是他自己每天在巡视现场中发现的或者是手下报告的不正常情况。

每天一到办公室,他做的第一件事就是审查工厂各班次的监督人员呈送上来的作业报告,之后通常要同他的几位主要下属人员开一个早会，研究对于报告中所反映的各种问题应采取

哪些措施。张华在白天还会参加一些会议，并会见来厂参观访问的各类供应商、潜在供应商以及其他客户，此外，还包括来自国家职能部门的人员以及公司总部的管理人员和他的直接上司。一天下来，张华忙得晕头转向，根本无暇顾及长期计划和战略性工作，而这些工作又是工厂长远发展所必须做的。这么多的工作都由张华处理，他感觉很累，似乎总是在处理某种危机，为什么不能以一种轻松的方式工作呢？

> **生生互动，课堂讨论**
>
> 请同学们谈谈，上述案例中的张华的管理方式合理吗？如果你是张华，你会如何改变遇到的管理现状？请畅所欲言。

> **课程思政、课堂互动**
>
> 请同学们结合上面的案例谈谈对管理者类型的认识。引导学生步入社会之后一定要做好角色定位，务必干好自己的本职工作，树立担当意识和责任意识。

2. 按管理者的工作的性质与领域划分，分为综合管理者和职能管理者两类

（1）综合管理者是指负责整个组织的全面管理工作的管理人员。

综合管理者一般是一个组织或一个组织业务部门的主要负责人，对整个组织或所在部门的目标负有全部责任，同时也拥有组织或部门所运行的必要权力，对组织或部门的所有资源具有支配权，不仅仅是对组织或部门的单一资源负责。例如，工厂的厂长、项目部经理、部门的主管都是综合管理者，而财务主管、招生办主任、人力资源主管则不是综合管理者，因为他们只负责单位单一职能的管理。

（2）职能管理者是指组织内负责某一类管理职能的管理人员。

这一类型的管理者，通常只负责组织中某一特定领域的工作任务和目标，只在本专业领域内行使相应的职权，对相关人员和部门工作进行指导、监督。职能性管理者大多具有某一方面的专业技术专长，例如，工厂的总工程师、财务主管、信息网络部门的主管人员等。就一般工商企业而言，主要包括以下职能管理：生产、市场营销、财务、人事、物流管理、设备管理等。综合管理者和职能管理者进行着相似的基于时间基础上的计划、组织、领导、控制和创新，他们之间的不同在于他们所统管的活动范围不同。

3. 按职权关系的性质划分，分为直线管理人员和参谋人员两类

（1）直线管理人员是有权利对下属进行直接指挥管理的管理者。他们与所属下级是直接的隶属关系，能够对下属产生直接的影响。直线管理人员的主要职能是指挥、指导及决策。

（2）参谋人员是对上级或相关联部门提供决策咨询、业务专业建议，对下属部门及人员进行专业性指导的管理者。他们与上级之间的关系更多是一种决策咨询和顾问关系，与下属之间的关系也并不是直接的领导隶属关系，而是一种非领导型的专业指导关系。

直线管理人员与参谋人员的角色并不是一成不变的，根据职权关系的性质在不同的场景下具有不同的职权，两种角色在不同的场景中是经常转化的。例如，财务主管对其他各部门来说是参谋性管理者，因为其只是在财务领域内进行专业指导；而对于财务部门内部人员来说，财务主管却是直线管理者，因为他对本部门工作人员有直接指挥的权力。

（三）管理者的素质

管理者的素质是指管理者与管理相关的内在基本属性与质量。管理者的素质体现在管理者的德、智、体等方面。

1. 管理者的基本素质

（1）政治与文化素质。政治与文化素质是指管理者的政治觉悟和思想水平，以及管理者所拥有的文化素养等基础，包括政治的敏锐性，工作的责任感，对于事业的情怀和思想道德情操。

（2）基本业务素质。基本业务素质是指管理者在所从事工作领域内的知识与能力，包括一般业务素质和专门业务素质。

（3）身心素质。身心素质是指管理者本人的身体状况与心理条件，包括健康的身体，坚强的意志，开朗乐观的性格，广泛而健康的兴趣等。

2. 现代管理者素质的核心——创新

科技突飞猛进，社会飞速发展，新情况、新问题层出不穷，新时代对管理者素质提出了严峻的挑战，这些都需要现代管理者大胆创新、积极面对。创新是现代管理者素质的核心。

创新素质主要体现在以下四个方面：

（1）创新意识。管理者要树立创新观念，要真正认识到创新对组织生存与发展的决定性意义，并在管理实践中树立强烈的创新意识。

（2）创新精神。这是涉及创新态度和勇气的问题。管理者在工作实践中，不但要想到创新，更要敢于创新，要有勇于突破常规、求新寻异、敢为天下先的大无畏精神。

（3）创新思维。不但要敢于创新，还要善于通过科学的创新思维来完成创新构思。要掌握超越常规思维的方法与技巧，要用科学可行的创造性技术和方法，才能实现管理上的突破与创新。

（4）创新能力。管理创新是靠创新能力实现的。创新能力是在管理实践中，由相关的知识、经验、技能与创造性思维综合形成的。

拓展阅读

优秀管理者必备的"十商"

1. 德商（MQ）：指一个人的道德人格品质和修养水平，包括对他人的尊重宽容，对事业的责任心，以及真诚、礼貌、幽默等各种美德。

2. 智商（IQ）：是一个人智力水平高低的衡量指标，也可以用来表现一个人的知识水平。智商能够反映人的思维能力、记忆能力、想象能力和创造分析能力，以及思考问题和解决问题的能力。

3. 情商（EQ）：是一个人情绪的管理能力，以及在处理人际关系的过程中表现出来的沟通、协调等能力。

4. 逆商（AQ）：指一个人承受挫折的能力，面对逆境时的承压能力，以及个人精神状态调节能力。

5. 胆商（DQ）：指一个人的胆量、胆略的度量标准，体现了其面对未来环境的冒险精神和能否把握机会、敢于冒险的魄力。

6. 财商（FQ）：指一个人的理财能力及财富管理能力。这一能力对于个体来讲是十分重要的，但在现实中往往却被忽略。

7. 心商（MQ）：是一个人的心理健康水平和心理自我调节能力，是保持良好心态与活力的能力。心商的高低直接决定了一个人对于生活的态度。

8. 志商（WQ）：指一个人的个人意志力水平，包括自制力、坚韧性和处理事物的果断性等。

9. 灵商（SQ）：是一个人对客观事物的认知能力，表现出透过现象看本质的思维能力和顿悟能力。

10. 健商（HQ）：是一个人的健康知识、健康管理意识以及健康管理能力。

（四）管理者情商

情商 EQ（Emotional Quotient）与智商 IQ（Intelligence Quotient）是相对应的概念。情商通常是指情绪指数，是一个人自我了解、自我管理、自我激励、识别他人情绪、处理人际关系的能力。情商的核心内容是：知道自己的情绪，知道别人的情绪，尊重别人的情绪，控制自己的情绪。

管理者情商不但具有人们一般情商的共性，而且体现了管理者对情商特殊要求的个性，这是现代管理者不可缺少的心理品质。管理者情商由六个要素构成：

（1）感知自我：对自己情感的认识和感知能力。
（2）调控自我：对自己情绪的调节与控制能力。
（3）激励自我：能够激发自己激情与斗志的能力。
（4）感知他人：换位去认知他人情感的能力。
（5）情感融通：促进自身与他人情感融通的能力。
（6）激励他人：影响与激励他人情感的能力。

在工作实践中，管理者在认知自我、认知和激励他人的基础上，通过思想交流、行为互动、关系协调、氛围营造，实现人与人之间情感的高度融通，以及团队或组织的高度融合，不但可以更有效地实现组织的各项目标，而且其本身也达到了管理的最高境界。

（五）管理者的技能

管理者的技能是由美国著名管理学学者罗伯特·卡茨提出的，卡茨认为每个管理者都需要具备技术技能、人际技能、概念技能这三类基本技能。不同管理层达到有效绩效所需要的相对技能见表 1-2。

表 1-2　不同管理层次达到有效绩效所需要的相对技能

高层管理者	概念技能	人际技能	技术技能
中层管理者	概念技能	人际技能	技术技能
基层管理者	概念技能	人际技能	技术技能

1. 技术技能

技术技能就是实际操作技能，是指能够理解和有效监督具体任务执行所必需的实践和技术能力。基层管理者应拥有足够的技术技能以保证工作有效运转，而其他管理者则应拥有充分的技术技能以保证组织的竞争能力。相对于高层管理者，技术技能对于基层管理者更为重要，毕竟督导管理者更接近实际工作，他们必须经常说明乃至演示，以让下属明白该如何完成工作，他们同时要能判断什么时间做更为合适。基层管理者需大约 1/3 的时间用于有关技术技能的活动，比如电脑操作和信息管理技术等。

例如，一名饭店领班或主管所需要的实际操作技能就是完成下属员工的工作所需的技能。他也许没有员工们熟练，也许不会做蛋奶酥，也许不会操作饭店里的电话系统，但是，领班或主管应该了解这些工作的内容并大体知道如何完成该项工作。这些知识对于挑选和培训员工、计划和安排本部门的工作及紧急情况下的应对都是必需的。尤为重要的是，领班或主管的实际操作技能可以提高其在员工中的可信度。因为当他们知道领班或主管也能胜任他们所担负的工作时，他们更容易接受、尊敬这个主管。

如果基层管理者曾当过普通员工，就可能已经掌握了所需的实际操作技能。许多基层管理者是在管理员工的过程中学会这些技能的。在一些大型企业中，一部分督导必须和员工接受同样的技能培训。

2. 人际技能

人际技能是指理解他人和有效合作的能力。这种技能对于领导职能的实现是很重要的，包括与员工沟通交流、有效激励、正确领导、强化训练、合理授权、团结他人、凝聚人心、帮助员工以及与其他人打交道的技能。这些技能不仅对与个人相处很重要，对与群体共处乃至处理群体间的关系都很重要。人际技能对于所有层次的管理者都是重要的，对于督导管理者尤其如此，因为他们有一半的时间都在使用人际关系技能。在以人为本的今天，人际技能对于现代管理者而言是十分重要的。

3. 概念技能

概念技能是指以逻辑来获取、分析和预测信息和处理各种全局性复杂关系的抽象能力。管理者需要了解所处的环境和环境对于组织的影响，换句话说，管理者应该看到"森林"而非"一棵树"。高层管理者尤其需要很强的概念性技能，因为对比于其他层次的管理者而言，变化对于高层管理者更为重要，他们大约有 1/3 的时间是在使用概念技能。概念技能的核心是一种观察力和思维力，包括感知和发现环境中的机会与威胁，理解事物的相关性并找出关键影响因素，以及权衡不同方案的优劣和内在风险的能力等。这种能力对于组织的战略决策和全局发展具有极为重要的意义，是组织的高层管理者所必须具备的，也是最为重要的一种技能。

管理者的技能是管理活动有效开展的重要保障。作为一名管理者，以上三种技能都要具备，但在不同层级的管理者当中，由于所处的地位所发挥的作用和所承担的职能不同，对三种不同的技能有所侧重，存在一定的差异性。高层管理者往往需要掌握较强的概念技能，并且在组织中所处的层级越高，对于概念的技能要求就越高。同时，概念技能水平的高低也是衡量一个管理者综合素质的标准之一。基层管理者更多需要掌握技术技能，他们需要在组织的各项任务的落实过程中进行现场指导、指挥与监督，如果不掌握熟练技术技能，则很难胜任基础的管理工作。中层管理者需要掌握以上三种技能，但是更强调的是人际技能，他们主要承担了组织中上传下达和协调工作，执行与协调上下左右的人际交往与沟通能力就显得更加重要。

管理小故事

管理技能只能在实践中习得

一天，公司新招聘的营销员小李对自己的上司说："我在学校里学的是市场营销，而咱们的营销员老刘没有上过一天专业课，公司为什么派他作为我的指导人员？"他的上司耐心地对小李说："老刘虽然没有学过系统的理论知识，但他在这个岗位已经干了多年，经验丰富，业绩突出，你有这么好的专业基础，跟他多学一些实际的经验，会很快地成长起来。"

管理启示：理论不等于技能，老刘虽然没有学过系统的营销理论知识，但他通过实践锻炼，拥有了营销技能。小李虽然学过系统的营销理论知识，但其缺乏实践基础，仍然难以真正地掌握营销技能。可见，管理技能需要在实践中习得。

（六）管理者角色

管理者角色是由加拿大管理学家明茨伯格提出来的，管理者在每天的工作中扮演着各种各样的角色，包括人际角色、信息角色和决策角色。

1. 人际角色

人际角色是指管理者在工作中与员工或利益相关者进行互动交流的角色。人际角色具体包括代表人角色、领导者角色和联络者角色。

2. 信息角色

信息角色是指管理者确保与他一起工作的人有足够的信息，确保工作顺利开展，组织得以正常运转，离不开对信息的获取与传递等。信息角色具体包括信息传递者、监听者和发言人。

3. 决策角色

决策角色是指管理者处理信息并得出结论，解决问题，化解难题，以保证组织工作顺利实施。决策角色具体包括企业家角色、对付干扰者、资源分配者和谈判者，详见表1-3。

表1-3 管理者角色相关内容

角色	内容描述	特征活动
一、人际角色		
1. 代表人	是一个企业的挂名首脑、法人代表，具有官方礼仪性质的角色	出席活动、宴会、剪彩，签署文件
2. 领导者	处理与下级的关系，与下级交流互动	召集开会，视察工作，培训下级
3. 联络者	处理组织外部的各类人际关系，感恩回馈，提供信息	答谢股东，拜访客户，从事外部事务活动

续表

角色	内容描述	特征活动
二、信息角色		
4. 传播者	从外部渠道或内部下级那里获得有价值的事实性信息并传递给组织内其他成员	举办会议,打电话,座谈,会见
5. 监听者	为透彻理解组织环境,积极寻求获取各类与组织有关的信息	阅读期刊,查阅资料,收看新闻,听取意见,私人接触
6. 发言人	向外部发布组织有关的规划、政策、行动结果	召开股东大会、董事会,召开媒体发布会
三、决策角色		
7. 企业家	寻求组织发展的机会,作出重大决策,发起组织变革	制定公司战略,开发新项目、新产品,重大人事任免
8. 对付干扰者	面对组织突发情况,负责采取补救行动	制定战略,找出关键矛盾,解决矛盾与冲突
9. 资源分配者	负责分配组织资源,批准所有的组织决策	批示,调度,询问,授权,安排下属工作
10. 谈判者	作为组织代表进行谈判,协调各方利益	合同谈判,采购谈判,人员谈判

管理者角色

20世纪60年代末,加拿大学者Henry Mintzberg对总经理的工作进行了一项仔细的观察和研究。在大量观察的基础上,Henry Mintzberg提出了一个管理者究竟在做什么的分类纲要(1973年)。他认为,管理者扮演10种角色,这10种角色分为三大类型,即人际关系方面的角色、信息传递方面的角色和决策方面的角色。人际关系角色直接产生于管理者的权力基础,包括代表人角色、领导者角色和联络者角色;信息角色确保与管理者一起工作的人员具有足够的信息,包括监督者角色、传播者角色和发言人角色;决策制定角色是管理者处理信息并得出结论,包括企业家角色、资源分配者角色、冲突管理者角色和谈判者角色。这10种角色不能轻易分开,它们形成了一个整体。

例如,一家造纸厂有4名员工,王斌是这家造纸厂的厂长,这家工厂正面临着一项指控:厂里排泄出来的废水污染了邻近的河流,因此王斌必须到当地的政府部门去为本厂申辩。李军是该厂的技术工程部经理,他负责自己部门的工作与销售部门的计划相协调。赵海负责厂里的生产管理,他刚接到通知:昨天向本厂提供包装纸板箱的那家供应厂商遭了火灾,至少在1个月内无法供货,而本厂的包装车间想知道,现在他们该干什么。赵海说,他会解决这个问题的。最后一个是刘蕾,她负责文字处理和办公室的工作,办公室里的职工之间为争一张办公桌刚发生了一场纠纷,因为该办公桌离打印机最远,环境比较安静。

在上面的案例中,王斌、李军、赵海、刘蕾这四个人都是管理者,但分别扮演了不同的管理角色。

沉浸式体验

同学们！本节内容学习完了，大家也进行了课堂讨论，对管理者的概念、类型、管理者素质、管理者情商、管理者技能、管理者角色有了一定的认识，现在结合自身专业想一想、说一说，在未来你入职的企业，你希望碰到一位什么样的上司？当然，同学们经过努力也会成长为企业的一名部门负责人，甚至你可以创建自己的公司。请在认真思考后，畅所欲言，写出讨论清单，详见表1-4。

表1-4 沉浸式体验讨论清单

姓名				
专业				
未来你的选择是	○ 就业	○ 创业	○ 先就业后创业	○ 其他
讨论清单	讨论内容		讨论结果	
	1. 你心目中的管理者应该具备哪些素质？			
	2. 你觉得一名管理者应具备的"商"有哪些？			
	3. 你认为管理者的技能要求有哪些？			
	4. 你认为一名管理者管理的核心素质是什么？			
	5. 描绘一下你心目中管理者的样子。			

课后习题

一、单项选择题

1. 管理者是（　　）。
   A. 有一定权力的领导人　　　　　B. 为实现组织目标协调工作活动的人
   C. 组织的首脑　　　　　　　　　D. 一线工人
2. （　　）能区别管理职位和非管理职位。
   A. 工资金额的多少　　　　　　　B. 是否协调他人的工作
   C. 是否组织新的项目　　　　　　D. 是否拥有技术技能
3. （　　）通常被描述为"做正确的事"。
   A. 管理　　　　B. 领导　　　　C. 效率　　　　D. 效果
4. 技术技能对（　　）最重要。
   A. 中层管理者　　B. 执行者　　C. 基层管理者　　D. 高层管理者
5. 出席活动、宴会、剪彩，签署文件等活动，是管理者扮演的（　　）角色。
   A. 联络者　　　　B. 领导者　　C. 传播者　　　　D. 代表人

二、判断题

1. 领班和监工很可能是基层管理者。　　　　　　　　　　　　　　　　（　　）

2. 人际关系技能对三类层次的管理者同等重要。（   ）
3. 对于中层管理者而言，概念技能最重要。（   ）
4. 现代管理者的核心素质是创新。（   ）
5. 相对于高层管理者，技术技能对于基层管理者更为重要。（   ）

三、简答题

1. 什么是管理？请根据自己的专业来谈谈管理的重要作用。
2. 为什么说管理既是一门科学，又是一种艺术？
3. 管理的职能包括哪些？它们之间有什么关系？
4. 管理者应该具备哪些素质？
5. 管理者角色包括哪些？怎样理解这些角色？

本项目案例分析——大数据时代

南京云创大数据科技股份有限公司（以下简称云创科技公司）成立于2011年3月，是专业从事大数据、云计算、云存储、云视频及云环保等领域的高新技术企业。云创科技公司迅速打开大数据存储市场大门的同时，发现用户的大数据需求不仅是大数据的存储，很多是综合性的大数据需求。由此云创科技公司大力研发大数据处理产品线，研发了cProc云处理系统，代表产品是数据立方（Dat-aCube）云计算数据库，成功解决了海量数据的高速入库、快速索引和关联查询问题，使万亿记录级的数据查询能够秒级处理。

随着大数据时代的到来，"数据即资产"成为全球新趋势。国家竞争的焦点正在从对资本、土地、人口、资源和能源的竞争转向对大数据的竞争。大数据的现状和未来有三个主要阶段：

第一阶段为随着云计算中以大数据为代表的计算技术的快速发展，信息处理的速度和质量大大提高，海量数据可以快速并行处理。大数据将与物联网、移动互联、云计算、社会计算等热门技术领域交叉融合，产生多种综合应用，并在大数据安全与隐私保护方面得到进一步发展。

第二阶段为大数据的深度学习计算服务，是人工智能（AI）的入口，在一些特定领域活动表现超过人类。自动驾驶、机器人、物联网、个性化、VR、AR等是AI的大数据分析结合各领域的深度学习，包括大数据与神经计算、深度学习、语义计算和人工智能，已经成为大数据领域的核心。基于大数据和深度学习的人工智能将成为引领社会发展的主流技术方向。

第三阶段为人工智能在很多领域中表现超过人类，高级机器智能（HLMI）使人类很多的工作将实现自动化，AI研究和开发本身逐渐实现自动化。研究表明在45年内AI有50%的可能性将在所有任务中表现超过人类，在120年内所有人类的工作都将自动化，如翻译语言、撰写文章、驾驶卡车、零售工作、写畅销书及外科医生的工作。

2016年初，云创科技公司布局人工智能，成立深度学习小组研究大数据，并已有初步研发成果，为AI的进一步发展提供了较好的技术储备。

思考题：
1. 大数据、云计算、人工智能等如何影响我们的工作和生活？
2. 云创科技公司如何与企业，特别是制造企业结合，促进制造企业的智能化？

本项目实训——模拟创建公司

【实训目标】

（1）培养初步运用管理系统的思想建立现代组织的能力。

（2）培养分析、归纳与讲演的能力。

【实训内容与要求】

（1）公司组建。以扑克牌为道具，学生分别抽取其中的一张牌，根据花色将学生分为 6 组，每组 6~8 人，模拟创建"××公司"。

（2）选举公司管理层。以小组为单位，每个成员以"我要做一个什么样的管理者"为题，发表领导竞聘演讲，选举出该模拟公司的 CEO。

（3）共同商定公司名称，进行人员分工。

（4）根据所学知识与对实际企业调查访问所获得的信息资料，撰写"××公司"基本情况介绍。

（5）由各小组派一名代表对所组建的模拟公司进行基本情况介绍。

【实训成果】

（1）每人提交一份管理层竞聘发言稿。

（2）各小组提交一份模拟公司基本情况介绍书，介绍书内容应包括公司名称、经营范围、公司组织结构、人员分工情况等。

【实训考核与评价】

（1）各小组根据小组成员竞聘演讲表现打分。若某位同学在台上演讲，小组其他成员均要打分，最后汇总算出平均分。

（2）各小组将自己的模拟公司基本情况介绍书进行传阅，组内成员分别为其他组打分，最后汇总算出平均分，此分为该组成员的共用分。

（3）教师对各小组模拟公司组建情况进行评估打分，可根据模拟公司的基本情况介绍做出判断。

（4）将上述诸项评估得分综合为本次实训成绩。

表 1-5　模拟创建公司实训评价表

班级：　　　　　　　组名：　　　　　　　创建时间：

评价项目	评价要点	组内评分	组间评分	教师评分
活动表现	准备充分，表达流畅			
	认真参加本次活动			
	努力完成自己的任务			
	主动提出自己的设想			
	善于提问，乐于研究，勤于动手			
	实事求是，尊重他人的想法与成果			

续表

评价项目	评价要点	组内评分	组间评分	教师评分
活动能力	独立思考，有自己观点			
	熟练掌握应知、应会知识			
	主动发现问题、提出问题，寻求解决问题的方法			
	积极实践，发挥个性特长，施展才能			
活动结果	交流发言积极主动			
	演讲紧扣主题，体现了实训要求			
	展示效果好			
	作品或设计有创意			
	收获大、体会深			
总　评				

说明：1. 评价结果为：A、B、C、D四个等级。

2. A 表示优秀；B 表示良好；C 表示合格；D 表示基本合格。

学习情境二　管理理论的产生与发展

学习目标

● 知识目标

1. 了解中外早期管理思想的演进过程。
2. 掌握古典管理理论的主要观点。
3. 熟悉行为科学管理理论的主要观点。
4. 领会现代管理理论各学派的主要观点。
5. 了解现代管理理论发展的最新方向。

● 能力目标

1. 让学生具备运用现代管理理论分析和处理管理实际问题的能力。
2. 使学生从管理思想的高度认识与分析我国新时代经济管理体制的改革。

● 课程思政目标

1. 通过学习中国古代的管理思想，提高学生对中国古代管理思想的认知，增强民族自信和爱国情怀。
2. 通过学习西方的管理理论，启发学生认识到理论成果背后是劳动实践的结果，经过学习积累可以实现由量变到质变，激励学生勇于在一线奋斗，引出一切幸福和成功都是奋斗出来的，激励学生撸起袖子加油干。
3. 使学生重视理论对实践的指导意义。引导学生进一步认识到习近平新时代中国特色社会主义思想对我国建设与发展以及构建人类命运共同体的伟大贡献和高远格局。

案例导读

山姆先生的"滑铁卢"

BL 公司是一家中美合资企业，其业务在中国有着广阔的潜在市场。但是究竟由谁担任公司的总经理呢？双方经过商讨，决定聘请美国的山姆先生担任总经理。山姆先生有 20 年管理该类型企业的经验，对振兴公司胸有成竹。谁知事与愿违，公司成立一年后，没有赚到一分钱，反而亏损了 80 多万元，山姆先生被公司辞退。

这位曾经在日本、德国、美国复制无数成功的经理何以在中国遭遇"滑铁卢"呢？多数人认为，山姆先生是一个好人，在技术管理方面是内行，为公司吸收消化先进技术做了很多工作。他对搞好公司抱有极大期望，"要将 BL 公司变成一个纯美国式的企业"。他采取法约尔的一般管理理论，完全按照美国模式设置了公司的组织结构，并建立了一整套规章制度。在管理体制上，山姆先生实行分层管理制度：总经理只管两个副经理，下面再一层一层地管下去。但这套制度的执行造成了管理混乱，人心涣散，员工普遍缺乏主动性，工作效率大大降低。山姆先生强调"我是总经理，你们要听我的"。他甚至要求，工作进入正轨后，除副总经理外的其他员工不得进入总经理的办公室。但他不知道，中国的企业负责人在职工面前总是强调和大家一样，以求得职工的认同。最终，山姆先生在公司陷入非常被动、孤立无援的局面。

山姆先生走后，BL 公司重新选派了一位年轻的中国人担任总经理，新经理根据实际情况和组织文化，运用权变管理理论，迅速制定了新的规章制度，调整了机构，调动了全体员工的积极性。在销售方面，采取了多种促销手段。半年后，BL 公司宣告扭亏为盈。

山姆先生之所以失败，主要是因为他完全照搬了惯用的传统企业管理模式，机械地理解和运用了法约尔管理理论的"等级制度原则"，忽视了环境因素的变化，没有合理运用"法约尔桥"实现有效沟通；中方经理则合理地运用了权变管理理论，取得了管理上的成功。

点滴感悟

管理理论对管理实践活动具有很强的指导作用，不同的管理理论又会产生不同的管理效果。在管理科学的发展过程中，形成了系统的管理思想和管理理论，学习和掌握这些理论，对于管理能力的培养具有基础性的作用。

沉浸式导入

同学们，经过学习情境一的实训任务，我们模拟组建了公司，每位成员对自己模拟公司性质、目标、岗位架构等有了一定的认识，接下来请以模拟公司为单位，在 CEO 的带领下讨论：管理者的管理思想对工作有无影响？你们知道哪些中外早期管理思想？这些思想对于现在的企业管理有无借鉴意义？新时代下，你们认为公司需不需要建立自己的管理理论体系？接下来就让我们一起领略中西方各个时期的管理思想和管理理论吧！

任务一　中外早期管理思想

一、中国古代管理思想

中华文明史可以上溯到五千年，悠久的历史形成了博大精深的中国文化。中国传统文化之所以能够绵延五千年而长盛不衰，是由其自身适应当时的社会环境和其自身所具备的时代特点决定的。翻开浩瀚如云的历史著作，就会发现历史给我们留下了许多有关国家治理、巩固政权、统帅军队、组织战争、繁荣经济、发展生产、安定社会、选拔人才等方面极为丰富的经验和理论。

我国历史上曾出现过许多管理能力卓越的杰出管理人才，为我国在政治、经济、军事、外交、文化等领域积累了宝贵的管理经验。战国时期，秦国进行的商鞅变法就是国家管理水平提高的一个重要范例。此外，秦朝修建的万里长城也证明了当时在规划管理、工程管理方面的能力和水平。两千多年来仍在发挥巨大作用的都江堰，将防洪、排灌、航运进行综合规划，显示了我国古代在工程建设与组织管理方面的高超水平。还有许多令人赞叹的管理实践都体现出了中国古人高超的管理智慧。

管理小故事

一举三得

我国北宋真宗年间，一个叫丁谓的大臣提出的"一举三得"方案，集中反映了中国在公元11世纪的管理实践活动。当时由于皇城失火，真宗命令丁谓修复被焚毁的皇宫。这是一个浩大的工程，不仅要设计施工，还要清理废墟、挖土、烧砖、运输材料。丁谓提出，首先在皇宫前挖出深沟，然后将挖出的土烧成修复用砖，再把京城附近的河水引入沟中，用大船直接从水路把大批建筑材料运到宫前，最后用废墟杂土填入沟中，就地处理碎砖烂瓦，复原大街。这既省去了运土制砖的时间，又大大加快了运输速度，一下子实现了就地取土、顺利运输、清理废墟三个目标，这显然是历史上一次罕见的伟大的管理实践。

管理启示：在管理过程中可能同时面临许多问题，做到统筹协调，合理配置人力、物力、财力资源非常关键和重要，这不仅可以大大缩短工期，并且能节省大量经费。

拓展阅读

经典名著与我国古代管理思想

《尧典》——最早记录管理活动的典籍。

《周礼》——一部反映早期国家管理思想的典籍，首次把中国官僚组织机构设计为360个职位，并规定了相应的级别和职数。

《孙子兵法》——世界上第一部系统论述管理战略与战术问题的杰出著作。它是中国古代著名军事家孙子的传世之作，其中，"出其不意，攻其不备""不战而屈人之兵""上兵伐谋""必以全争于天下"等思想对现在的管理者仍有运用价值。

《道德经》——反映管理者权变谋略、境界、素质及管理原则的经典，是先秦道家学说的创始人老子所著，其中，"道法自然""无为而治"等许多思想对中外管理思想的发展产生了深刻影响。

《管子》——反映我国古代法治思想的典籍，是我国古代杰出的政治家、军事家和思想家管子所著。著作中以人为本的思想，人才选拔中兼顾"德"与"能"的管理思想，都体现出了管子在管理方面的卓越智慧。

《论语》——孔子的儒家学说传世经典。孔子主张以德治国，提出了以"仁"为核心，以"礼"为准则，以"和"为目标的管理思想，并成为中国古代最主流的思想。

《孟子》——又一部具有深远影响的儒家思想经典巨著，由儒家学派的代表人物孟子所著。孟子提出了人性本善的观点，主张国家管理要实施"仁政"，提出了"修其身而天下平"等管理思想，对中国管理思想的完善与发展具有重要贡献。

《三国演义》——可以帮助管理者培养创造性管理思维的一部名著。

《红楼梦》——可以帮助管理者培养"法治""时效"管理思想的一部名著。

《九章算术》——可以被称作古代国家政府管理人员培训的重要手册。书中大量内容与国家财政管理或工程管理相关的行政职能对应，是世界管理数学领域最早的应用指南。

中国传统文化中的管理思想大致分为两类。其中一类属于宏观管理的治国学，就是探讨治国方略。在中国传统文化中，"治国平天下"是一个终极目标，因此，其中也就不乏关于探讨治国方略的思想。这些治国思想虽然在传统社会中未形成一个完整的理论体系，但它却指导中国历代统治者完成了诸多辉煌的治国实践。从西周时期的"成康之治"到汉代的"文景之治"，从唐代的"贞观之治"到清代的"康乾盛世"，中国传统的治国管理思想无不发挥着不可替代的作用。

另一类是微观意义的治生学，体现在探讨谋略策略、选才用人、奖惩激励等人生哲理、修身养性方面。中国传统文化认为，一个人要想成家立业乃至治国平天下，没有好的个人修养是不会成功的。因此说："欲明明德于天下者，先治其国；欲治其国者，先齐其家；欲齐其家者，先修其身。"可见，治生学在中国传统管理思想中也占有重要地位。丰富的内容和深刻的管理思想需要我们不断研究，这对我们如今的管理有着重要的启示作用。

（一）系统控制管理思想

中国古代系统控制管理思想十分丰富。举世闻名的万里长城、闻名中外的大型水利枢纽工程——都江堰工程，无论是工程的建造还是工程建设过程中的管理，都体现了中国古代系统控制思想的萌芽。在修建万里长城时，将长城的不同建造内容分为镇城、路城、卫城、关城、堡城、城墙等不同形式、不同用途和不同等级的建筑，形成了一个系统化的防御工程体系。在管理上，又将长城沿线设置了九镇，每镇设置总兵，之下又分级设"路""关"及城堡、墩台，形成了一个自上而下和自下而上的双向信息传递反馈机制。都江堰工程也是系统工程的古代杰作，该工程由岷江鱼嘴分水工程、飞沙堰溢洪排沙工程、宝瓶口引水工程及水利信息系统构成，其功能集成了蓄水灌溉，防洪排沙等各项功能于一体，有效解决了分水引流、引水灌溉、泥沙排放、防洪防旱等一系列问题。

（二）组织体制管理思想

春秋时代孙武所著的《孙子兵法》，是世界上最古老的兵书。他在该书中曾提到军、旅、卒、伍的军队编制。军为 12 500 人，旅为 500 人，卒为 100 人，伍为 50 人，层次关系明晰，编制比较完备。《孙子·势篇》中说："凡治众如治寡，分数是也；斗众如斗寡，形名是也。"其意思是管理人数的多与少，道理都一样，只要抓住编制名额有异这个特点就行了。这种观点类似现代管理中所谈到的"要按一定的管理层次和幅度建立组织机构"的管理思想。

（三）对策决策管理思想

对策和决策思想早在战国时期就大放异彩，其丰富经验对今天的决策科学化很有参考价值。墨子的"三表"决策思想提出了正确的决策必须以实事求是为前提。墨子提出："有本之者，有原之者，有用之者。于何本之？上本之于古者圣王之事。于何原之？下原察百姓耳目之实。于何用之？废（发）以为刑政，观其中国家百姓人民之利，此所谓言有三表也。"其意即在判断一件事是否可行时，先考察历史，看是否符合古代圣王的遗训；然后要听取百姓的意见，看是否符合民心；最后看是否真正有利于国家民众。战国时孙膑的对策思想在"田忌赛马"的故事中得到了生动的反映。张良是汉高祖刘邦的谋士，他为汉朝的建立和巩固谋划了很多英明决策，因而被刘邦誉为"运筹于帷幄之中，决胜于千里之外"的最优决策者。诸葛亮雄才大略，纵观天下，预测未来，做出"三分天下"的关键决策，并通过联孙抗曹，使一无所有的刘备雄踞一方。《孙子兵法》也十分重视决策，提出"用兵之道，以计为首"。孙子认为：计划、决策应从"道、天、地、将、法"五方面入手，才能保证战争的胜利。这种决策思想同样适用于经济管理。

（四）经营财政管理思想

春秋末期的政治家兼巨商范蠡有两条著名的经营之道：一是待乏原则，"夏则资皮、冬则资绣、水则资车、旱则资舟"；二是积著之理，是指获取利润的方式。战国时期周国人白圭，根据农业生产周期的说法进行经营，其经营思想可概括为"乐观时变"四个字。在国家财政管理方面，荀子曾提出了很多管理原则，如"王者审民""聚敛者亡"等，并提出了分等征税原则，在财政支出方面提出了"上下俱富"以政裕民的原则。

（五）选才用人管理思想

中国古代很早就提出了选才用人的管理思想，认识到"知人善任，礼贤下士"的重要性。墨子提出要"察其所能而慎予官"。荀子告诫执政者"无私人以官职事业"，主张在人才选拔和官员任用时要任人唯贤，不能任人唯亲，要真正将有才能的人选拔出来。晏子则进一步指出：不同的人，其所拥有的才能是不同的，要让人专司一事，不能苛求一个人无所不能。选拔和任用人才的关键是用人所长，而不是用人所短。秦始皇能完成统一大业，是因为重用了蹇叔、商鞅、张仪、范雎等人。北宋王安石的人才管理思想更加系统化、理论化，他的用人思想可概括为"教之、养之、取之、任之"。

孔子学院

为了增进世界人民对中国文化的认知和了解，方便世界各国人民学习中国语言。教育部在北京设立了孔子学院总部，并通过总部的授权在国外建立了以开展汉语教学为主要活动的孔子学院。孔子学院的核心任务是推广汉语和传播中华优秀文化，这并不是一般意义上的大学，而是一个文化和教育的交流机构，是一个社会性的公益组织。

孔子学院很重要的一项工作任务，就是为世界各国人民学习汉语提供规范权威的汉语教材和最正规的汉语教学渠道。春秋时期，孔子为了传播自己的思想主张，从鲁国出发，辗转于卫国、郑国、宋国、楚国等地，虽四处碰壁，得不到采纳，可他依然心态坦然、信心十足，执着地宣扬自己的思想，是中国传统文化最具代表性的人物。用孔子作为中外合作的汉语教育机构和文化交流传播机构的品牌，是中国传统文化复兴的标志，也是我们文化自信的表现。

启示：孔子学院秉承孔子"和为贵""和而不同"的理念，推动中国文化与世界各国文化的交流与融合，以建设一个持久和平、共同繁荣的和谐世界为宗旨。

> **课程思政、课堂互动**
>
> 通过介绍中国古代的管理思想，如以人为本、依法治国、统筹兼顾等彰显中国古代的高度管理智慧，增强民族自信和爱国情怀。

二、西方古代管理思想

生活在幼发拉底河流域的闪米尔人，早在公元前 5 000 年就开始了最原始的记录活动，这是有据可考的人类历史上最早的管理活动。在东方封建社会经济高度发展的同时，西方的文明也在迅速发展。

西方文化起源于希腊、罗马、埃及、巴比伦等文明古国，他们在公元前六世纪左右即建立了高度发达的奴隶制国家，在文化、艺术、哲学、数学、物理学、天文学、建筑等方面都对人类做出了辉煌的贡献。埃及金字塔、罗马水道、巴比伦"空中花园"等伟大的古代建筑工程与中国的长城并列为世界奇观。这些古国在国家管理、生产管理、军事、法律等方面也都曾有过许多光辉的实践。

（一）古埃及的管理思想

作为四大文明古国之一的古埃及，从 6 500 年前的前王朝时期开始建立起文明，建立了以法老为首的一整套专制体制的管理机构，有发达的灌溉系统，同时修建了八十多座工程浩大的金字塔。古希腊历史学家希罗多德说："埃及是尼罗河的赠礼"。古埃及的水利系统与金字塔一样，成为人类历史上不可思议的壮举。

埃及人很早就懂得了分权，是首先意识到"管理幅度"的实践者。人们从考古中发现，在法老的陪葬品中，每一个监督者大约管理十名奴仆。美国管理思想史学家丹尼尔·雷恩说："用来说明'职业'管理角色的最古老的一词是宰相。"可见古埃及人在管理思想和实践中都有很大成就。

埃及金字塔

大约从公元前 3 500 年开始，尼罗河两岸陆续出现几十个奴隶制小国。公元前 3 000 年，初步统一的古代埃及国家建立起来。金字塔是古埃及奴隶制国王的陵寝。这些统治者在历史上被称为"法老"。古代埃及人对神的虔诚信仰，使其很早就形成了一个根深蒂固的"来世观念"，他们甚至认为"人生只不过是一个短暂的居留，而死后才是永久的享受"。因而，埃及人把冥世看作尘世生活的延续。受这种"来世观念"的影响，古埃及人活着的时候，就诚心备至、充满信心地为死后做准备。国王自称是神的化身，他们的陵墓金字塔是权力的象征。这些陵墓外形近似汉字"金"字，因此在我国称它们为金字塔。

金字塔分布在尼罗河两岸，大小不一，最高大的是胡夫金字塔，坐落在埃及首都开罗郊外，是第四王朝第二个国王胡夫的陵墓，建于公元前 2690 年左右。在 1888 年巴黎建筑起埃菲尔铁塔以前，它一直是世界上最高的建筑物。胡夫金字塔原高 146.5 米，因年久风化，顶端剥落 10 米，现高 136.5 米；底座每边长 230 多米，现长 220 米，三角面斜度 52 度，塔底面积52 900平方米；塔身由230万块石头砌成，每块石头平均重2.5吨，最大的重达160吨。

这座金字塔除了以其规模的巨大而令人惊叹以外，还以其高度的建筑技巧而成名。塔身的石块之间没有任何水泥之类的黏着物，而是一块石头叠在另一块石头上面的。每块石头都磨得很平，就算是现在人们也很难用锋利的刀刃插入石块之间的缝隙，所以能历数千年而不倒，这不能不说是建筑史上的奇迹。

另外，在大金字塔身的北侧离地面13米高处有一个用4块巨石砌成的三角形出入口。这个三角形用得很巧妙，因为如果不用三角形而用四边形，那么，金字塔本身的巨大压力将会把这个出入口压塌。而用三角形，就使得那巨大的压力被均匀地分散开了。在四千多年前对力学原理有这样的理解和运用，确实是十分了不起的。

启示：作为人造建筑的世界奇迹，金字塔的修建集中了当时古代埃及人的聪明才智，可以说，金字塔是古代埃及人民智慧的结晶，是古代埃及文明的象征。

（二）古巴比伦的管理思想

巴比伦重新统一两河流域以后，建立了古巴比伦王国。为了巩固其统治，汉穆拉比编制了《法典》，作为国家行为的准绳。法典共分为3部分，即引言、法典本文和结束语。法典本文共282条，内容涉及财产、借贷、租赁、转让、抵押、遗产、奴隶等多个方面，对各种职业、各个层面人员的责、权、利关系给予了明确的规定。汉穆拉比的《法典》在管理史上占有重要地位，其中包含着许多重要的经营管理思想。

（三）古希腊的管理思想

古希腊是欧洲文明的摇篮，恩格斯说："只有奴隶制才使农业和工业之间的更大规模的分工成为可能，从而为古代文化的繁荣，即为希腊文化创造了条件，没有奴隶制，就没有罗马帝国。没有希腊文化和罗马帝国所奠定的基础，也就没有现代的欧洲。"荷马史诗的形成是早期希腊文化的主要成就。

古希腊涌现出很多卓越的思想家。其中，苏格拉底很早就认识到管理的普遍性，主张有才能的人才能当权，国家的领导及国家的各种职务，应由经过挑选并受过训练的人来担任，公众事业的管理技术和私人事业的管理技术是可以相互通用的。柏拉图在《理想国》一书中首先提出了经济学科中的专业化和劳动分工的原理。色诺芬的《家庭管理》是专门论述经济问题的第一部著作。亚里士多德在《政治学》一书中提出了有关管理和组织的许多见解。这些思想对后人的影响非常大。

（四）古罗马的管理思想

古罗马最初是意大利北部的一个奴隶制城堡，公元前三世纪逐渐强大起来并统一了意大利。其后，经过两百多年的武力扩张，罗马终于征服了亚历山大帝国并形成了希腊人统治各个国家的王朝，进而统一了地中海区域，成为了一个横跨亚、欧、非三大洲大片土地的帝国，使古代欧洲奴隶制在更大范围上延续了几个世纪。

从奴隶主政治家、思想家、哲学家的论述中可以发现其萌芽状态的管理思想，概括起来体现在如下几个方面：古罗马首先意识到了现代企业的某些性质；在罗马帝国建立的过程中，罗马人具有了集权、分权到再集权的实践经验；罗马人在长期的军事生涯中形成了遵照纪律执行的品格，又积累了以分工和权力层次为基础的管理职能设计能力；奴隶主思想家贾图、瓦罗等对管理人员选择标准的论述也丰富了古代经济管理思想。

三、工业革命时期的管理思想

在15世纪的意大利，曾出现过一位著名的思想家和历史学家尼科罗·马基雅维利，他提出了许多如何实行统治和管理的思想，这些都反映在他的《君主论》和《谈话录》这两部著作中。它比同时代的英国思想家托马斯·莫尔在《乌托邦》中描绘的理想社会中的管理的乌托邦思想更具有实践意义。随后，在政治理论上有卓越贡献的英国哲学家托马斯·霍布斯和约翰·洛克分别在《利维坦》和《政府论》两部杰作中提出了一系列统治的法则。这些对于后来的管理学家都具有思想奠基的作用。意大利的威尼斯兵工厂早在15世纪初就采用了几乎与现代美国企业家福特发明的装配流水线一样的生产和管理方法。

18世纪60年代以后，西方国家开始进行产业革命，这场革命使以手工业为基础的资本主义工场向采用机器的资本主义工厂制度过渡。产业制度使生产力有了较大的发展，随之而来的是管理思想的革命，于是计划、组织、控制等职能相继产生。许多理论家，特别是经济学家，在其著作中越来越多地涉及有关管理方面的问题。人们对管理问题的关注和所进行的探索，促成了早期管理实践和管理理论的形成。

（一）亚当·斯密的管理思想

对早期管理思想贡献最大的是英国经济学家亚当·斯密（Adam Smith），他在1776年出版的《国富论》一书中系统地阐述了劳动价值论和劳动分工的理论。

《国富论》不仅对经济和政治理论的发展有着重要影响，对管理思想的发展也有重要的贡献。他在《国富论》中以制针业为例说明了劳动分工给制造业带来的变化："如果他们各自独立工作，不专习一种特殊业务，那么，他们不论是谁，绝对不能一日制造20枚针，说不定一天连一枚针也制造不出来。"他们不但不能制出今日由适当分工合作而制成的数量的1/240，就连这数量的1/4 800恐怕也制造不出来。亚当·斯密分析了使劳动生产率提高的三个主要原因：专业分工增加了每个工人的技术熟练程度；一个人专门做一种工作（分工），节省了转换工作所需要的时间；以专业分工为基础，不仅大大提高了生产效率，而且还可以使一个人能够做许多人的工作。

（二）查尔斯·巴贝奇的管理思想

产业革命后期，对早期管理思想贡献最大的应该是英国数学家、科学家查尔斯·巴贝奇（Charles Babbage）。1832年他出版了《论机器和制造业的经济》，研究内容几乎涉及当时企业管理的各个方面。

巴贝奇在进行管理研究时，通过研究时间和成本分析，进一步分析了劳动分工使生产率提高的原因。在亚当·斯密理论的基础上，他进一步分析了劳动分工使生产率提高的原因，他的解释比斯密更全面、更细致。他认为，劳动分工之所以能大大提高劳动效率，有七个重要的原因：

（1）节省了学习所需要的时间。

(2) 节省了学习期间所耗费的材料。
(3) 节省了从一道工序转移到下一道工序所需要的时间。
(4) 经常从事某一工作,肌肉能够得到锻炼,不易引起疲劳。
(5) 节省了改变工具、调整工具所需要的时间。
(6) 重复同一操作,技术熟练,工作速度较快。
(7) 注意力集中于单一作业,便于改进工具和机器。

巴贝奇还论述了体力劳动和脑力劳动的分工、机器工具的使用、时间研究、均衡生产等诸多问题,提出了以专业技能作为工资与奖金的基础,对人们的有益建议应给予不同奖励的管理方法。他走遍了欧洲各国,亲身了解了生产实践及有关制造业各方面的各种问题,并研究了经理人员解决这类问题的办法。巴贝奇认为当时的经理人员应尽量采用劳动分工,它是提高生产效率的重要方法和手段。除劳动分工外,巴贝奇还研究企业的分配制度。他认为,工人除了拿工资外,还应按所创利润的百分比额外地得到一部分报酬,以此来调动劳动者工作的积极性。他对管理问题的研究几乎涵盖了企业的各个方面,在深度和广度上都较前人有较大的进步,为资本主义早期的管理做出了重要的贡献。

(三) 罗伯特·欧文的管理思想

罗伯特·欧文(Robert Owen)是英国空想社会主义者,他是19世纪初期最有成就的实业家之一,也是杰出的管理学先驱者,他在担任工厂经理期间所做的对人性方面的试验和研究,为后期行为科学的发展奠定了基础。

欧文借助巴贝奇的系列实验,首先提出了在工厂中要重视人的因素。欧文认为,人是环境的产物,用在工人身上的钱可以获得50%~100%的报酬,而用在机器上的钱只能获得15%的报酬;只有处在适宜的物质和道德环境下,人才能培养出好的品德。所以他主张用和善的态度对待人这种"活机器",使其不至于受太多的挫折刺激。

为了吸引其他实业家也来关心工人的工作条件和社会条件的改善,欧文正确地指出了人的因素在工业生产中的重要作用。他在自传中写道:"如果对无生命的机器给予适当的注意就能产生如此有利的结果,那么如果对你极为重要的构造更为奇特的有生命的机器给予相同的关注的话,什么样的结果不可以期望取得呢?"他嘲笑那些实业家同事们只注意把数以千计的钱和许多时间用来购买和改进机器,而不愿对人力资源进行投资。他认为,如果把同样数目的钱和时间用来改善劳动力的话,那么带来的收益将不是资本的5%、10%或15%,在许多情况下甚至会是100%。他宣称自己在纽兰纳克的工厂获得了50%的利润,还说不久将会达到100%,而这主要是关心人的结果。

欧文在关于人的因素方面的思考和实践,使得一些现代学者把他称为现代人事管理的创始人。

此外,英国的安德鲁·尤尔最先提出要在工厂内部建立必要的规章制度的观点;法国的德拉维勒耶强调职工培训的重要性;美国的汤恩认为管理工作应成为一门专门的职业,应该让有管理才能的人担任经理、厂长、监工和领班等,让职业管理人员作为资本家的代理人行使企业管理的职能,等等。

尽管如此,传统管理仍未摆脱生产方式的影响,还是主要是靠个人经验进行生产和管理,没有形成一套科学的管理理论和管理方式,所以这一阶段又称为传统经验管理阶段，概括起来主要有如下特点：一是企业的所有者和管理者没有完全分离，企业的管理者往往也是企业的所有者，专职的管理者还不多。二是管理的依据是个人的经验和感觉：工人凭个人经验进行操作，没有科学的操作规程；管理人员凭个人经验进行管理，没有统一的管理方法；管理人员和工人的培训也主要靠"师傅带徒弟"的办法，没有统一的标准和要求。

沉浸式体验

同学们！本节内容学习完了，大家也进行了课堂讨论和课堂实践，对中外早期管理思想内容有了一定的了解和认识，现在请以模拟公司为单位，进行沉浸式体验训练，各CEO带领自己的团队对中西方管理思想进行对比分析，归纳出值得借鉴之处，填写表2-1。

表2-1 沉浸式体验讨论清单

组名		
公司名称		
公司CEO		
公司口号		
公司成员		
讨论清单	讨论内容	讨论结果
	1. 中国早期的管理思想主要有哪些？	
	2. 西方早期的管理思想主要有哪些？	
	3. 中西方早期的管理思想对我们目前企业管理的借鉴之处是什么？	
	4. 你所在的模拟公司秉承的管理理念是什么？	

任务二 古典管理理论

古典管理理论形成于19世纪末20世纪初，这是管理理论体系形成的最初阶段，主要理论有：泰罗及其追随者的科学管理理论，即"泰罗制"；法国古典管理学家法约尔创建的一般管理理论；德国社会学家韦伯创建的行政组织理论。尽管这些古典管理理论的表现形式各不相同，但其实质都是采用当时所掌握的科学方法和科学手段对管理过程、职能和方法进行探讨和试验，进而确定一些以科学方法为依据的理论、原则和方法。

一、泰罗的科学管理理论

泰罗于1875年进入费城的一家机械厂当徒工，1878年转入费城的米德维尔钢铁公司当技工，1884年升任总工程师，1898—1901年受雇于宾夕法尼亚伯利恒钢铁公司，1906年担任美国机械工程师学会主席职务。泰罗的代表作有《计件工资制》(1895年)、《车间管理》(1903年)和《科学管理原理》(1911年)。泰罗被称为"科学管理之父"。

泰罗倡导的以科学为依据的管理理论,有以下几个主要观点:

(一) 科学管理的根本目的是谋求最高工作效率

泰罗认为,最高的工作效率是工厂主和工人共同达到富裕的基础。它能使较高的工资与较低的劳动成本统一起来,从而使工厂主得到较多的利润,使工人得到较高的工资,这样,便可以提高他们扩大再生产的兴趣,促进生产的发展。所以,提高劳动生产率是泰罗创立科学管理理论的基本出发点,是泰罗确定科学管理的原理、方法的基础。

(二) 用科学的管理方法代替传统的经验管理

泰罗认为管理是一门科学。在管理实践中,建立各种明确的规定、条例、标准,使一切科学化、制度化,是提高管理效能的关键。

(三) 实施科学管理的前提是劳资双方观念的变革

泰罗在1912年美国众议院特别委员会所做的证词中强调指出:科学管理是一场重大的精神变革,只有工厂的工人树立对工作、对同事和雇主负责任的观念,领工、监工、企业主、董事会改变对同事、工人以及对一切日常问题的态度,增强责任观念,才能使双方合作,实现各自最大的利益。当他们用友好合作、相互帮助代替对抗和斗争时,他们就能够创造出更多的盈利。

根据以上观点,泰罗提出了以下管理制度,也称"泰罗制"。

1. 实行科学的操作方法

只有采用科学的操作方法,才能合理利用工时,提高工效。在制定工作定额时,泰罗认为应当以第一流的工人"能在不损害其健康的情况下维持很长年限的速度、能使他更愉快而健壮的速度"为标准。通过制定标准的操作方法,规定完成每一个标准操作或动作的标准时间,制定出劳动时间定额,以实现提高劳动生产率的目的。

2. 实行差别计件工资制

按照作业标准和时间定额规定不同的工资率。对完成和超额完成工作定额的工人,以较高的工资率计件支付工资;对完不成定额的工人,则按较低的工资率支付工资。泰罗在实验中采用计件工资制来激励工人配合实验,收到了很好的成效。

3. 对工人进行科学的选择、培训和提高

泰罗曾经对经过科学选择的工人用上述的科学作业方法进行训练,使他们按照作业标准工作,以改变过去凭个人经验选择的作业方法,结果生产效率大为提高。例如,在搬铁块试验中,经过选择和训练的工人,每人每天的搬运量从12.5吨提高到了47.5吨。

4. 制定科学的工艺规程

这种科学的工艺流程是通过标准化来实现的。除了要求员工的操作应达到作业标准以外,还必须从作业方法到材料、工具、机器等方面实行标准化。例如,泰罗用了10年以上的时间

进行金属切削试验，制定出了切削用量规，使工人的作业完成标准和劳动金额有了准确和可靠的依据。

5. 作业人员与管理者职能分开

作业人员与管理者职能分开，使管理和劳动分离，将管理工作称为计划职能，将工人的劳动称为执行职能。泰罗还提出了组织机构上的管理控制原理。泰罗提出规模较大的企业不能只依据职能原则来组织和管理，而必须应用例外原则。

泰罗的科学管理理论，是为了适应工厂制度和资本主义发展的客观需要而发展起来的，因而有其产生、发展的客观必然性。泰罗提倡应用科学的管理方法来代替传统单凭个人经验进行作业和管理的旧方法，这是管理理论的进步，也为管理实践开创了新的局面。但是，在特定历史条件下产生的科学管理理论难免有其自身的局限性。首先，它是建立在"经济人"的假说基础之上的，这无疑限制了泰罗的视野和高度。其次，主要是侧重于生产作业管理，其研究的范围比较小，内容也比较狭窄。另外，泰罗基本没有涉及现代企业供应、财务、销售、人事等方面。泰罗所制定的操作标准和工作定额，是以身体最强壮、技术最熟练的工人进行紧张劳动时的测定为基础的，是大多数工人无法忍受和坚持的。

泰罗的铁锹实验

泰罗通过对钢铁公司工人劳动过程的观察，特别是使用秒表和量具来精确计算工人铲煤的效率与铁锹尺寸的关系，发现每铲重量为21磅时效率最高，探索出实现铲煤最高效率的铁锹尺寸大小和铲煤动作的规范方式，并相应设计出大小12种规格的铁锹。每次劳动，除指派任务外，还要根据材料的比重指定所用铁锹的规格（确保每铲重量为21磅），以提高劳动效率。实验前，干不同的活拿同样的铲，铲不同的东西每铲重量不一样；实验后，铲不同的东西拿不同的铲，生产效率得到大幅提升。

二、法约尔的一般管理理论

亨利·法约尔（Henri Fayol）出生于法国资产阶级家庭，是著名管理思想家、古典管理理论的杰出代表。法约尔在管理方面的著作主要有：《工业管理和一般管理》（1916年）、《国家管理理论》（1923年）、《公共精神的觉醒》（1927年）、《管理的一般原则》（1908年）等。他一生获得多种奖章和荣誉称号，被称为"经营管理理论之父"。

法约尔的一般管理理论的思想主要体现在以下几个方面。

（一）将经营与管理划分为不同的领域

法约尔认为经营和管理是两个不同的概念。法约尔把整个企业经营活动概括为六个方面，即技术活动、商业活动、财务活动、安全活动、会计活动和管理活动。在这六项活动中，管理活动居于核心地位。

（二）提出管理的五大职能

法约尔提出，管理活动包括五种职能：一是计划，这是管理的首要职能；二是组织，包括有关组织结构、活动和相互关系的规章制度，以及职工的招募、评价和训练；三是指挥，是指对下属活动的指导；四是协调，是结合、统一以及调和所有企业活动与个人活动的努力，以实现共同的目标；五是控制，是指为了保证实际工作按已定计划和命令完成的那些活动。

（三）确定了管理的14项原则

管理的14项原则包括：劳动分工；权力与责任；纪律；统一指挥；统一领导；个人利益服从集体利益；人员的报酬；集中化；等级系列；秩序；公平；人员的稳定；首创精神；团结精神。法约尔强调指出，管理的14项原则不是一成不变的，应灵活掌握，在同样条件下，几乎从不两次使用同一原则来处理事情，应注意各种可变因素的影响。

（四）提倡"法约尔桥"的沟通方式

法约尔发现规模较大的组织实行分层后，信息只按权力等级链纵向传递，在不同权力系列的两个组织之间如果存在信息交换的要求，仍按权力等级链传递，既费时间又增加费用。为了弥补这一缺陷，法约尔提出了横向联系的跳板原则，即不同权力系列的同一层次的组织之间，在上级授权的情况下，可以横向传递信息，直接商议解决问题，然后再分头上报。后人把这种做法称为"法约尔桥"或"跳板原则"。设置法约尔桥，既维护了统一指挥原则，又使得横向联系通畅，这一设想至今仍有现实意义。

法约尔的经营管理理论是西方管理思想和理论发展史上的一个里程碑，它为以后管理理论的发展勾勒出了基本的理论框架。法约尔跳出了泰罗以实践为基础研究管理原理的局限，在理论上第一次努力将管理的要素和管理的原则系统地加以概括。法约尔的管理思想具有较强的系统性和理论性，他提出的经营管理理论对西方管理理论的发展具有重大的影响，成为管理过程学派的理论基础，也是以后各种管理理论和管理实践的重要依据之一。他对管理职能的分析为管理科学提供了一套科学的理论架构。而法约尔的管理理论的不足之处是，他的管理原则缺乏弹性，以至于有时让管理人员无法完全遵守，如统一指挥与分工原则相矛盾。另外，法约尔的管理理论只考察了组织的内在因素，却没有考察组织同其外在环境的关系，因而不够全面。

拓展阅读

德国国家发展银行的"摆乌龙"事件

2008年9月15日，美国第四大投资银行——雷曼兄弟公司向法院申请破产保护，消息转瞬间传遍地球的各个角落。匪夷所思的是，在如此明朗的情况下，德国国家发展银行居然按照外汇掉期协议的交易，通过计算机自动付款系统，向雷曼兄弟公司即将冻结的银行账户转入了3亿欧元。此事招致德国媒体和政府官员的强烈批评与质疑，并被媒体称为"最愚蠢银行"。

人们可以看看被询问人员在当时那10分钟内忙了些什么。

首席执行官乌尔里奇施罗德：我知道今天要按照预先约定的协议进行转账，至于是否撤销这笔巨额交易，应该让董事会开会讨论决定。

董事长保卢斯：我们还没有得到风险评估报告，无法及时做出正确的决策。

董事会秘书史里芬：我打电话给国际业务部催要风险评估报告，可那里总是占线。我想，还是隔一会儿再打吧。

负责处理与雷曼兄弟公司业务的高级经理希特霍芬：我让文员上网浏览新闻，一旦有雷曼兄弟公司的消息就立即报告，现在，我要去休息室喝杯咖啡了。

文员施特鲁克：我在网上看到雷曼兄弟公司向法院申请破产保护的新闻，马上跑到希特霍芬的办公室。当时，他不在办公室，我就写了张便条放在办公桌上，他回来后会看到的。

结算部经理德尔布吕克：今天是协议规定的交易日子，我没有接到停止交易的指令，那就按照原计划转账吧。

结算部自动付款系统操作员曼斯坦因：德尔布吕克让我执行转账操作，我什么也没问就做了。

这件"摆乌龙"事件酿成的悲剧一定程度上就是太过注重等级制度和信息的上下流程，而忽视了横向沟通和斜向沟通的价值和意义。整个事件中只要这些管理者在任何两个层级上发生横向沟通就可以避免这场悲剧的发生，这家银行也就无须用"技术错误"这样冠冕堂皇的托词为自己辩解了。

管理启示：在紧急情况下，跨越权力而进行的横向沟通很重要。为了应对统一指挥原则可能引起的联络方面的延误，应允许建立横跨权力线进行交往联系的"跳板"，保证沟通的顺畅和组织目标的实现。

（资料来源：http：//www.zgjrjw.com/news/lltt/200992/20401916885.html）

三、韦伯的行政组织理论

马克斯·韦伯(Max Weber)出生于德国的一个律师家庭。韦伯曾先后三次参加军事训练，因而对军事生活和组织制度有相当的了解，这对以后他提出的组织理论有较大的影响。他一生担任过教授、政府顾问、编辑等，并发表过多部著作。他在代表作《社会组织与经济组织》一书中提出了理想行政组织体系理论，被称为"组织理论之父"。

所谓理想的行政组织体系理论，原意是通过职务或职位而不是通过个人或世袭地位来管理。这是一个有关集体活动理性化的社会学概念。韦伯的理想的行政组织体系理论的主要内容包括以下几个方面。

（一）组织运行与权力的关系

任何组织的运行都要有某种权利，作为基础才能够实现组织特定的目标。马克斯·韦伯认为合法的权利才能使得社会混乱的状态转化为有序的状态。

（二）理想的行政组织体系结构分为三个层次

最高领导层：一般指的是组织中的主要负责人，如企业中的总经理、副总经理等，他们的主要职能是对组织的发展进行战略规划和决策。中层管理就一般指的是企业中的中层部门主管，他们的主要职能是根据上级的决策来制定具体的实施方案，推动各项决策的落实。基层管理者是组织当中一般工作人员，他们的主要职责是承担具体的工作落实任务。

（三）理想行政组织的特点

（1）一个组织要想顺利实现自己所制定的目标，就必须进行内部的劳动分工，将组织的目标分解为各种各样的活动和具体的任务，再将任务分配给组织中的不同的部门和成员。组织中的每一个成员都有特定的岗位职责，拥有一定的权利和义务，组织要将每个成员所在岗位的职责正式化和合法化。

（2）组织中各种职务会形成一个等级链。每个成员都要接受上级的指挥与监督，同时也会对其管辖的下属进行指挥和监督，拥有对下级的管理权利，能够指挥下级按照自己的命令承担任务，付出行动。

（3）人员间的关系，就职责方面从属于上级的权力。

（4）组织的成员需要经过考核选拔或通过教育培训来获得相应的技能，才能被挑选进组织。

（5）组织中的管理人员是通过组织高层管理者通过为委任制赋予其管理职权的，而不是通过民主选举产生的。

（6）所追踪的行政管理人员会从组织中领取固定的劳动报酬。组织为管理人员制定明确的岗位升迁制度，并通过其业绩评价来决定是否对其进行升迁，劳动报酬是按照组织中的等级系列的级别来确定的。

（7）组织中的行政管理人员不是组织的所有者。韦伯为正式组织的管理提供了理论指导，他所提出的理想的行政组织，与直线型组织结构极为相似。他认为法定的权利是组织中管理人员所拥有的权利的基础，他提出的行政组织理论在今天仍然有着非常重要的指导意义。

韦伯的理想行政组织体系理论是对盛行于19世纪的欧洲官依制进行总结和提炼的结果，为分析实际生活中各组织形态提供了一种规范典型。随着资本主义的发展和企业与社会规模的扩大，人们越来越认识到其价值，西方管理学界已经普遍承认了他的贡献。在今天，这种管理体制已成为各类正式组织的一种典型结构、一种主要的组织形式，并且被人们广泛应用于各种组织设计当中，发挥着有效的指导作用。一个组织只有遵从规章，摆脱个人主义的影响，才能长期生存。但是，人们也必须看到，理想的行政管理体制把人视同被动的工具，这种机械的管理体制，在条件适当的情况下，也可能产生相反的作用，如人员变得墨守成规、失去工作的主动性和创造性、组织失去了应变能力等。

生生互动，课堂讨论

阅读下面案例，完成后面的思考题。

场长的转变

赵某是海洋农场场长，过去大伙叫他"管得宽"，全场上至天文地理，下至鸡毛蒜皮，他无事不管，忙得吃不下饭、睡不好觉，可是农场经营起色不大，一些职工纷纷要求调离。本以为自己辛辛苦苦一心为工作，总能算得上一个党性强、事业心强的领导吧。谁知群众意见纷纷，有的批评他不相信群众，主观武断；有的说他不务正业，顾此失彼，影响农场的进一步发展；甚至有的群众尖锐指出：再要"管得宽"，就罢他的官。这真让他想不通。

正在百思不得其解时，省里召开了第六期厂长经理培训班，他自告奋勇参加了学习。学习班老师讲的管理原理对他的思想触动很大，使他意识到以前的一些做法从根本上讲是违背现代管理原则的，他决心利用所学的知识转变观念，对农场领导体制进行改革。他放下架子到群众中去，请他们为农场改革献计献策。

经过一段时间的调查、酝酿，召开全场会议，他在会上郑重宣布，从今以后，他的权力只管九个人，即三个副场长、总会计师、总经济师、总工程师，还有三个他直接管的科长。这九个人由他直接布置工作，他们也直接向他汇报工作，除此之外，其他人找他谈话，一律不接待，请他们各找其主管领导。话音一落，全场大哗，有支持的，有反对的，意见一时难以统一。

提问1：你对这位场长宣布"只管九个人"的决定有何看法？是支持，还是反对？

提问2："只管九个人"和管全场是什么关系？"只管九个人"是不是一律不接待其他人？你认为如何处理好这些关系？

任务三　行为科学管理理论

以泰罗、法约尔等人为杰出代表的古典管理理论，主要强调管理的科学性和严密性，但轻视了人的作用，把工人看成了机器的附属品。进入20世纪20年代，西方社会工人运动高涨，提升工人社会地位的呼声越来越高，许多管理学者从重视物的因素转向研究人的因素，其中以梅奥为代表的人际关系学学派最为著名，该学派重视人的因素，重点研究人的个体行为和群体行为，强调了要满足职工的社会需求，而这些观点和结论的主要来自于著名的"霍桑实验"。

一、梅奥及其霍桑实验

霍桑实验是由乔治·梅奥（George E. Mayo，1880—1949年）亲身参与和指导。该实验是从1924年开始，历时8年，于1932年宣告结束，实验是在美国芝加哥郊外的西方电器公司的霍桑工厂中进行，霍桑工厂具有比较完善的娱乐设施、医疗保险制度和养老退休金制度，按理来说在这样的工厂工作，工人应有较高的劳动效率和一定的积极性、主动性、创造性，但工人们仍有强烈的不满情绪，生产效率很不理想。为了探究原因，美国国家研究委员会组织了一个包括许多专家在内的研究小组进驻霍桑工厂，进行了大规模、多方面的实验，以判定照明和其他一些条件对工人和生产率的影响。结果发现，对实验小组的照明，无论是增强还是减弱，生产率都有提高。

霍桑实验分为以下四个阶段：

（一）工场照明实验

这一实验的目的是研究照明情况对生产效率的影响。在开始实验前，专家小组以泰勒的科学原理为指导思想。他们认为工作的物理环境与生产效率之间应该存在着因果关系，而照明度又是工作的物理环境之一，所以他们决定做此实验。在具体做实验时，专家小组选择了两个实验小组。其中一个小组称为实验组，另一个小组称为控制组。实验组的照明度不断变化，控制组的照明度始终不变。通过对比研究，专家小组发现，照明度的改变不是引起生产效率变化的决定性因素，而另外肯定有未知的因素在起决定性作用。两年多的实验并未找到问题的根源，研究人员对此结果感到茫然，失去了信心。

(二) 继电器装配工人小组实验

从这一阶段起，梅奥参加了实验。为了研究影响生产效率的因素，专家小组决定单独分出一组工人进行研究。在研究过程中，专家小组对实验小组分期改善工作条件，比如：增加工间休息、缩短工作时间、公司负责供应午餐与茶点、实行团体计件工资制等，还允许装配小组的女工在工作时间可以自由交谈，观察时对她们的态度也非常平和。通过对上述因素的研究发现，促使工人提高劳动生产效率的原因可能是改善了监督与指导方式，以及对工人工作态度的改善。为了研究工人的工作态度以及可能影响工人工作态度的其他因素，研究小组决定继续研究，进行大规模访问交谈。

(三) 大规模访问交谈

此时，实验已进行到第三个阶段。通过大规模的访问交谈和反复的对比实验研究发现，在众多因素中，影响工作效率最重要的因素是工作中发展起来的人际关系，并不是工资待遇与工作环境等。并且经过进一步的反复实验研究，发现每个工人的劳动效率的高低，不但受自身条件与因素的影响，而且也受到人际关系或者同事的影响。有了初步的倾向性认识，为进一步研究具体的影响劳动生产率的因素，专家小组决定进行第四阶段的研究。

(四) 对接线板接线工作室的研究

在这一阶段的实验中，专家小组以14名男性接线工、焊接工和检查员为研究对象。通过六个多月的研究，专家小组发现：工作室的大部分成员都故意自行限制工作定额，他们的产量只维持在中等水平上；工人对待他们不同上级的态度不同；工作室的成员存在着几个"派系"。这一实验表明，为了维护"派系"内部的团结，工人可以放弃物质利益的引诱，这些"派系"后来就被称为"非正式组织"。

> **课程思政、师生互动**
>
> 介绍西方的管理思想，启发学生认识到理论成果背后是实践劳动的结果，激励学生肯于在一线奋斗，只有经过学习积累才能产生质变的过程，引出一切幸福和成功都是奋斗出来的，激励学生撸起袖子加油干。

二、人际关系学说的主要内容

以霍桑试验为基础所提出的人际关系理论的观点主要表现在以下几方面：

(一) 企业的职工是"社会人"，而不是"经济人"

梅奥等人创立的"社会人"的假说，即认为人不是孤立存在的，而是属于某一工作集体并受这一集体的影响，是复杂社会系统的成员。除了物质条件对工人的生产积极性有影响以外，还有其他的社会因素和心理因素。研究发现工人们并不是一味地追求金钱方面的物质收入，他们还十分关注与工友之间的关系，在工厂上班时候的归属感，安全感等一些社会心理方面的感知。因此，不能把人简单地理解成一味追求经济利益的经济人，要从不同的角度，如社会的角度、心理的角度等多个方面来对工人进行鼓励，从而提高工人们的劳动生产率。

（二）生产效率主要取决于工人的工作态度以及他与周围人的关系

霍桑试验表明，生产效率与工作条件之间并没有必然的直接的联系，生产效率的提高关键在于工作态度的转变，即工作士气的提高。士气的高低取决于安全感、归属感等心理、社会方面欲望的满足程度。满足程度越高，士气就越高，生产效率也越高。士气还取决于家庭、社会生活的影响以及企业中人与人之间的关系。所以，满足工人的欲望和精神需求、提高工人的士气是提高生产效率的关键。

（三）企业中存在着一种"非正式组织"

组织的成员之间在一起劳动过程中，逐渐基于共同的社会情感，行为倾向而产生的共同认可和依赖的情感基础，并逐渐形成了成员共同认可的和遵从的行为准则，这就构成了非正式组织。这种非正式组织是以成员之间共同的情感作为基础的，当有新的成员加入时，原有的成员会要求新加入的成员接收和认可组织形成的非正式的、不成文的行为规范，这种规范对组织中所有的成员行为产生影响。因此，不能只注意正式组织的一面，必须重视两种组织的相互依存关系，才能更有效地提高生产率。

（四）企业应采用新型的领导方法

新型的领导方法强调领导者要善于处理人际关系，能够主动去倾听员工的意见，主动愿意和员工深入沟通。能够有效消除不良的人际关系，对组织的不利影响，能够通过提高员工的需求满足程度来激励员工，提振员工士气，以更好的精神面貌投入到企业的工作中。使组织中的每个成员都能维持更加持久和良好的合作状态，实现组织工作效率提升的目的。

人际关系学说理论是"行为科学"管理学派的早期思想，它只是强调要重视人的行为；而行为科学还进一步研究了人的行为规律，以便找出产生不同行为的影响因素，从而探讨如何控制人的行为以达到企业预定目标。

三、行为科学管理理论的主要理论观点

继梅奥等人的开创性研究之后，西方从事人际关系——行为科学研究的专家学者大量涌现。1949 年，在美国芝加哥大学召开的组织中人类行为的理论研讨会上，"行为科学"正式定名。1950 年以后，行为科学才真正发展起来，成为研究人的行为的一门综合性应用科学。它研究人的行为产生的原因以及影响行为的因素，主要目的在于激发人的积极性和创造性，从而实现组织的目标。

行为科学的研究对象是人的行为表现以及发展规律，以提高对人的行为的预测、激发、引导和控制能力。将心理学、社会学、人类学、经济学，甚至医学等多种学科融入管理理论之中。六十多年的时间内，行为科学得到了迅速发展，其研究涉及众多领域，内容丰富，在管理科学领域独树一帜，成为现代管理理论中的一个重要流派。

沉浸式体验

同学们！任务二和任务三学习完了，相信大家对古典管理理论和行为科学管理理论有了

一定的认识和掌握,现在请以模拟公司为单位,围绕下面给出的情境进行沉浸式体验训练。

是严格管理,还是自我控制?

在车间领导班子会议上,两位车间副主任就如何进一步提升管理工作水平问题发表了意见。王副主任主张应向严格管理方向努力,重点是加强管理的规范化。他强调要进一步加强制度建设,严格劳动纪律,加大现场监督力度,杜绝一切怠工或违纪现象,以确保流水线生产的顺利进行。并引经据典地指出,这是依据被称为"科学管理之父"的泰罗的经典管理思想提出来的。而吴副主任则不赞成这种意见。他认为这是传统的、已经过时的管理思想。他主张应坚持以人为本,重视人的需要,充分尊重员工,主要靠激励手段,由员工自我管理,自主控制。并强调,这是梅奥人际关系论的发展,是世界性的大潮流。而王副主任则坚持认为,在中国现阶段,又是这种流水线生产,还是规范化的科学管理更可行。在这种流水线生产条件下,过分依靠自觉是不可行的,强有力的现场监督控制才是唯一有效的管理。两个人争执不下。

小组思考:

1. 谈谈你们对"科学管理理论"的理解,该理论在你们模拟公司是否适用?
2. 谈谈你们对梅奥的人际关系理论的理解?
3. 结合上述案例你们赞成哪位副主任的意见?

请各CEO带领自己的团队进行讨论,并提交书面的讨论清单(表2-2)。

表 2-2 沉浸式体验讨论清单

组名		
公司名称		
公司CEO		
公司口号		
公司成员		
讨论清单	讨论内容	讨论结果
	1. 谈谈你们对"科学管理理论"的理解,该理论在你们公司是否适用?	
	2. 谈谈你们对梅奥的人际关系理论的理解?	
	3. 你们赞成案例中哪位副主任的意见?	

任务四 现代管理理论

一、管理理论的"热带丛林"

进入20世纪50年代,现代管理思想的发展异常活跃,众多的学者通过不同的角度与方法研究管理问题,各树一帜,建立了许多管理理论学派,美国管理学者孔茨和奥唐纳将这种现象称为"热带丛林"。

（一）管理过程学派

管理过程学派也叫作业学派。该学派是在法约尔管理思想的基础上发展起来的。他们把管理看作在组织中通过别人或同别人一起完成工作的过程。应该分析这一过程，从理论上加以概括，确定一些基础性的原理，并由此形成一种管理理论。有了管理理论，就可以通过研究，通过对原理的实验，通过传授管理过程中包含的基本原则，改进管理的实践。管理过程学派的代表人物是美国管理大师哈罗德·孔茨。

该学派认为管理是一个过程，此过程包括计划、组织、领导、控制等若干个职能。这些管理职能对任何组织的管理都具有普遍性。管理者可以通过对各个职能的具体分析，归纳出其中的规律与原则，以指导管理工作，提高组织的效率和效益。

（二）行为科学学派

行为科学理论是在早期人际关系理论的基础上发展起来的。人际关系理论也称行为科学理论，行为科学的产生源于梅奥有名的"霍桑试验"。该内容在教材的学习情境二有详细介绍，这里不再赘述。

该学派的代表人物很多，像马斯洛的需要层次理论、赫兹伯格的双因素理论、麦克莱兰的成就需要理论等。该学派认为管理中最重要的因素是对人的管理，因此作为组织的管理者，要研究人性，了解人的需求，满足人的需要，尊重人的个性，从而充分地调动组织中成员的积极性，并努力去创造一种能够充分发挥组织成员主动性和积极性的组织氛围。

（三）社会协作系统学派

社会协作系统学派又称社会系统学派，它与行为科学学派关系密切而常常互相混同。社会系统学派认为组织是由"两个或两个以上的人有意识地加以协调的活动或效力的系统"。管理人员的作用就是围绕组织系统中的物质因素，即厂房、机器和其他物质条件；生物因素，即组织成员；社会心理因素，即信息、热情、集体的相互作用等来进行管理。这个学派是从社会学的角度来分析各类组织的。

该学派认为，组织不仅是由人的相互关系组成的一种社会系统，同时也是社会系统的一个子系统，受到整体社会环境各种因素的影响和制约。美国管理学家巴纳德是这一学派的主要代表人物，他的著作《经理的职能》对该学派有很大的影响。社会系统学派对其他学派的形成影响很大，是现代管理理论最有影响的学派之一。

（四）决策理论学派

该学派代表人物是美国卡内基梅隆大学教授赫伯特·西蒙。西蒙是1978年诺贝尔经济学奖的获得者，他长期从事管理决策方面的研究。西蒙认为，整个管理活动的过程就是不断进行决策的过程。因此他认为，管理就是决策。鉴于决策问题的复杂性，西蒙主张运用有限理性决策理论，即满意决策，代替传统的最优化决策。这一观点得到现代管理学者的一致认可。西蒙还提出了新的决策分类方法，并倡导建立决策的"人-机系统"，以提高决策的速度、准确度与可靠性。

（五）经验主义学派

经验主义学派又叫经验管理学派、案例学派，代表人物是戴尔和德鲁克，他们主张从管理者的实际经验，特别是成功的管理者的经验中去寻求管理活动的一般规律和共性的东西，并使其系统化、理论化，以此指导其他的管理人员与管理工作。

经验主义学派的理论观点是，组织中的管理者和对管理进行研究的学者，通过大量管理案例研究，从中汲取经验和失败的教训，就能够深刻理解管理的问题，学会有效的管理。该派理论为管理学的案例教学法提供了重要的理论依据，并在培养高层次管理者方面取得了良好的效果。

（六）管理科学学派

管理科学学派也叫数量学派、运筹学派，它产生于第二次世界大战之后。一些知名的运筹学家或运筹分析家就属于这个学派，其代表人物是美国的伯法。管理科学学派认为，管理就是制定和运用数学模型与程序的系统，就是用数学符号和公式来表示计划、组织、控制、决策等合乎逻辑的程序，求出最优的解答，以达到企业的目标。

管理科学学派解决问题的七个步骤是：观察和分析、确定问题、建立一个代表所研究系统的模型、从模型中得出解决方案、对模型和得出的解决方案进行验证、建立对解决方案的控制、把解决方案付诸实施。以上七个步骤相互联系、相互影响。

（七）系统理论学派

系统管理理论源于一般系统论和控制论，侧重于用系统的观念来考察组织结构和管理的基本职能。代表人物为美国管理学者卡斯特、罗森茨韦克和约翰逊。系统管理理论的主要观点如下：

1. 组织本身是一个以人为主体的人造系统

组织是由许多相互联系的子系统组成的，这些子系统包括：目标、技术、工作、结构、正式组织与非正式组织、外界因素等。组织系统中任何子系统的变化都会影响其他子系统的变化，系统的运行效果是通过各个子系统相互作用的效果来决定的。

2. 组织是社会大系统中的一个子系统

组织不是一个封闭的人造系统，而是社会系统中的子系统，是一个开放的，而非封闭的社会系统。因此组织会受到社会大环境的影响，同时他会对整个社会系统也会产生相互的影响作用，在相互作用中达到自身的动态平衡。

3. 管理必须建立在系统的基础上

管理要善于将各种资源要素集合起来，在同一目标下形成一个整体。管理人员必须从组织的整体出发，研究组织各部分之间的关系，研究组织与外部环境的关系，以便作出正确的决策和进行组织与协调。

（八）权变理论学派

权变理论是在20世纪70年代开始形成、发展起来的，其代表人物是美国管理学家卢桑斯以及英国学者伍德沃德等人。所谓权变就是具体情况具体分析、具体处理。权变理论认为，管理并不是一成不变的，没有一种管理的方法，是适应于一切组织的。要在管理的过程中，根据组织所处的具体环境而调整管理方法，根据组织面临的不同情况，找到解决问题的方案。

权变理论在提出以后的几十年内，其理论价值和应用价值日益为管理实践所证明，故而得到了越来越多的人的支持，成为具有重大影响的管理学派之一。其主要观点如下：

1. 环境变量与管理变量之间存在着函数关系，即权变关系

这里所说的环境变量，既包括组织的外部环境，也包括组织的内部环境。而管理变量则指管理者在管理中所选择和采用的管理观念和技术。

2. 在一般情况下环境是自变量，管理观念和技术是因变量

如果环境条件一定，为了更快地达到目标，必须采用与之相适应的管理原理、方法和技术。

3. 管理模式不是一成不变的

要适应不断变化的环境而有所变革，要根据组织的实际情况来选择最适宜的管理模式。

二、管理理论的新发展

进入20世纪80年代，由于科技的发展、生产社会化程度的提高、竞争环境的迅速变化、社会关系的复杂化、政府干预和法律作用的强化等组织外部环境的变化，以及组织特点、工作性质和价值观、组织成员构成、企业生产方式的等内部环境的变化，对管理理论和实践提出了一系列新的课题，要求传统管理理论与实践全面革新，新的管理理论陆续出现，提出了学习型组织、企业流程再造、知识管理、虚拟组织、精益生产方式、战略管理等理论。

（一）学习型组织

"学习型组织"理论产生于20世纪90年代，随着知识经济的到来，信息与知识成为重要的战略资源，相应诞生了学习型组织理论。"学习型组织"理论是美国麻省理工学院教授彼得·圣吉在其著作《第五项修炼》中提出来的。彼得·圣吉认为"未来真正出色的企业，将是能够设法使各阶层人员全心投入，并有能力不断学习的组织"。学习型组织是更适合人的成长和发展的组织模式，这种组织强调的是团队成员要有强烈的学习意识，组织中每一个团队都是学习型的团队，有着正确的核心价值取向，有着清晰的组织发展使命和为组织共同目标奋进的内在驱动力，能够始终保持创新意识，不断开展创新，使组织保持长久的竞争优势。

彼得·圣吉认为，一个组织要想成为学习型组织，必须掌握以下五项核心的修炼：

1. 系统思考

系统思考是要全面地考虑问题，同时要善于抓住问题的本质，以求从根本上解决问题。

彼得·圣吉在系统思考的阐述中发明了一种系统原型，它能帮助经理找出重复形式，诸如某些问题的产生方式和系统内置的发展局限。他认为因为事物彼此相关，所以系统思考才是最好的选择。他的"公司是一系列复杂系统"的论断大大推动了管理理论在探索复杂性思考方向上的进展。

2. 自我超越

自我超越是一项关注个人成长的修炼。追求自我超越，是学习不断理清并加深个人的真

正愿望，集中精力，培养耐心，并客观地观察现实；是鼓励人们做事要精益求精，努力实现心灵深处的愿望。彼得·圣吉举例说："对于想改变组织，但是又觉得自己人微言轻，成就不了什么大事的人而言，自我超越提供了一个选择——你永远可以努力发展自我，超越自我。"

3. 改善心智模式

心智模式不仅决定我们如何认知世界，也影响我们如何采取行为。心智模式是一种思维定式，不同的心智模式导致不同的行为方式。当我们的心智模式与认知事物发展的情况相符时，就能有效地指导行动；反之，就会使自己好的构想无法实现。在组织中，心智模式具有多方面的体现，对心智模式的检视是学习型组织的重要工具。彼得·圣吉提醒经理们注意在组织层次进行的思考方式会产生强大力量，而且针对这些方式的本质进行的非防御性探索非常重要。

4. 建立共同愿景

共同愿景是组织中人们所共同持有的意愿，它创造出众人是一体的感觉。如果有任何一项领导的理念几千年来一直在鼓舞着人心，那就是拥有一种能够凝聚并坚持实现共同愿景的能力。彼得·圣吉在此强调了共同创造的重要性，而且指出共同愿景只能是众多个人愿景汇聚而成。只有当愿景带来的工作不再被团队成员视为与自己无关时，这一愿景才成为共同愿景。

5. 团队学习

团队的集体智慧高于个人智慧，团队拥有整体搭配的行动能力。当团队真正学习的时候，不仅团队整体会产生出色的成果，个别成员的成长速度也比其他的学习方式要快。团队学习是发展团队成员整体搭配与实现共同目标能力的过程。团队学习的修炼包括两个方面：深度会谈和讨论。前者是一个团队的所有成员，摊出心中的假设，利用真正一起思考的能力，对本质进行深入的探索；后者相反，它逐步缩小范围，直到最佳选择。这两种方法相互补充，但要想获得互补的好处，就必须将两者区分开来。许多团队不能将两者区分开来，因而也无法做到有意识地在两者之间进行转换。

（二）企业流程再造

业务流程再造（BPR）也译为"企业再造""公司再造""再造工程"。美国人迈克哈默和詹姆士·钱皮认为，自亚当·斯密以来的企业运营，都是建立在分工论的基础上的，这种效率低下的功能组织不能适应以顾客主导、竞争激烈、变化迅速为特征的现代企业经营环境，必须彻底摒弃大工业时代的企业模式，即将硬性拆开的组织架构，如市场开发、生产、营销、人事、财务、后勤等功能性部门，按照自然跨部门的作业流程重新组装回去，从协作的角度出发，用整体思想重新塑造企业的所有流程，使企业模式与当今时代信息化、全球化相适应，才能大幅度提高企业生产力。显然这种重新组装是对过去组织赖以运作的体系与程序的一种革命。

在1994年出版的《再造企业》中，他归纳了企业流程再造的四个关键词。

1. 彻底的

彻底的（Radical），从根基上重新设计，不是"改进"而是"革命"。彻底性意味着对企业从深层次开始进行追根溯源，对既定的企业流程、制度以及管理不是进行肤浅的改变或调整修补，而是摒弃以前的流程、制度以及管理，完全进行疾风暴雨式的革命，所以在这里绝对不可以把BPR归属于改革或者改良。

2. 根本的

根本的（Fundamental），从"为什么做，为什么这样做？"这种最基本的地方开始反思，抛弃一切理所当然的前提。根本性这个特点是 BPR 所应关注的核心内容。它限制了我们不能给企业内任何小的变化都戴上"BPR"的大帽子；另外，它表明了 BPR 所关注的是企业核心或者说是关键的问题，也就是关系企业生死存亡的命运问题；BPR 的根本性还紧紧地瞄准"企业的经营目标"，任何企业的经营目标都包含获得最大的利润；BPR 的根本性还需要针对业务来说，也就是企业必须了解自己的经营状况、管理状况、资本运营状况和企业文化状况，找准目前的状况和最优状况之间的差距，寻找出一条最大利润的最优途径来开展 BPR 实施。

3. 显著性的

显著性的（Dramatic），不是改造提高，而是跃迁，是产出的特性，可以分成两种：从定性的层次上来说，意味着 BPR 追求的不是简单层次上的经营业绩、管理效益和资本运营的小幅度提升、略有改善或者稍有好转等，而是开展 BPR 意味着要使企业经营业绩、管理效益、资本运营有显著的增长、极大的飞跃；从定量的层次上来说，BPR 对"显著性"的具体要求如下：将生产周期缩短 70%，成本降低 40%，顾客满意度、产品质量和总收入均提高 40%等。

4. 流　程

流程（Process），是提供对客户有价值的输出的一系列活动。

迈克尔·哈默在 1995 年出版的另一本重要著作《再造的大革命》中曾做了一点反思，觉得以前过于强调"戏剧化""抛弃一切"等，他写道："彻底这个特征对于再造固然重要和令人兴奋，但并不是其最重要的方面。在重规划的定义中的关键字是'流程'：一系列从终点到终点的完整活动，这些活动一起为顾客创造价值。"

（三）虚拟组织

1990 年，《哈佛商业评论》第六期发表了一篇题为《公司核心能力》的文章，作者建议公司将经营的焦点放在不易被抄袭的核心能力上，由此引发后来的"虚拟组织"热。虚拟组织与传统的实体性组织形态是不一样的。虚拟组织是围绕组织的核心任务，充分挖掘组织的核心能力，利用信息技术平台实现组织资源的整合，与系统外部企业一起实现资源互补和价值共创。组织合作目标任务实现后，虚拟合作关系就可以解散。这种组织形式最大的优势是能够获取组织外部的优势资源为组织所用，从而缩短服务目标的实现周期。

不仅如此，灵活的"虚拟组织"还可避免环境的剧烈变动给组织带来的冲击。1994 年由史蒂文·L·戈德曼、罗杰·N·内格尔及肯尼斯·普瑞斯合著的《灵捷竞争者与虚拟组织》，是反映虚拟组织理论与实践的具有代表性的著作。

（四）精益生产方式

精益生产是美国麻省理工学院数位国际汽车计划组织的专家对日本丰田准时化生产方式的赞誉称呼。精，即少而精，不投入与生产目标无关的生产要素，就在生产周期最合理的时间点上生产必要数量的必要产品或下一阶段生产工序的必要半成品。益，即所有经营活动都要有效，具有经济效益。

第二次世界大战后，日本工业发展面临的是资源的稀缺与多品种小批量的市场需求的影响。从丰田公司开始，这种生产方式不断被推进，到 20 世纪 60 年代逐渐趋于完善。

精益生产方式的实质是管理过程的优化，通过大力精简中间管理层，进行组织扁平化改革，减少非直接生产人员；推行生产均衡化、同步化，实现零库存与柔性生产；推行全生产过程（包括整个供应链）的质量保证体系；减少和降低任何环节上的浪费；最终实现拉动式准时化生产。精益生产方式的用户关系，是精益生产方式的重要组成部分，用户（买主）被厂商看成生产过程的组成部分，是实现精益销售的前提。

（五）战略管理理论

20 世纪 70 年代前后，管理学界开始重视充满危机和动荡的外部环境的变化，谋求企业的长期生存发展，注重构建竞争优势。这样，在经历了长期规划、战略规划等阶段之后，形成了较为系统的战略管理理论。

比较有代表性的人物是迈克尔·波特。迈克尔·波特是美国哈佛大学商学院的教授，他于 1980 年出版的著作《竞争战略》是战略管理理论的代表作，其贡献如下：

（1）波特的行业结构模型。一个行业的竞争状况取决于五种竞争力量，这些力量汇集起来决定着该行业的利润率和利润潜力。这五种力量是：新进入者的威胁、替代品的威胁、买方的讨价还价能力、卖方的讨价还价能力和现有竞争对手的竞争。

（2）提出企业构建竞争优势的三种基本战略，即成本领先战略、差异化战略、集中化战略。

（3）价值链的分析。波特认为企业的生产是一个创造价值的过程，企业的价值链就是企业所从事的各种活动的集合体。价值链能为顾客生产价值，同时也能为企业创造利润。

沉浸式体验

同学们！任务四学习完了，相信大家对现代管理理论有了一定的认识和掌握，现在请以模拟公司为单位，围绕"管理理论'热带丛林'主要学派""管理思想理论的新发展"进行沉浸式体验训练。各 CEO 带领自己的团队进行讨论，并提交书面的讨论详单（表 2-3）。

表 2-3 沉浸式体验任务清单

组名		
公司名称		
公司 CEO		
公司口号		
公司成员		
讨论清单	讨论内容	讨论结果
	1. 在管理理论"热带丛林"中，你们模拟公司可以借鉴的有哪些？	
	2. 在管理理论的新发展中，任选一种，谈谈你对该理论的认识？	
	3. 请预测未来管理理论发展的趋势是什么？	
	4. 你们觉得一种新理论的出现和什么有关？	

课后习题

一、单项选择题

1. 对劳动分工的最佳描述是（　　）。
   A. 将整体工作细分成范围较窄的重复性的任务　　B. 将劳动力划分成几个小组
   C. 由上级委任各项工作　　D. 整体劳动力的分析研究
2. （　　）提出了 14 项管理原则，并认为这些原则广泛适用于任何管理系统。
   A. 玛丽·福莱特　　B. 韦伯
   C. 亚当·斯密　　D. 法约尔
3. 霍桑研究考察的是（　　）。
   A. 这些工人的安全需求
   B. 被替代的家庭工作人员的心理需求
   C. 各种照明水平对工人生产率的影响
   D. 公司的高层管理人员追求受下属尊重的需求
4. 霍桑研究对（　　）这种管理理念产生了巨大的影响。
   A. 高层管理责任的重要性　　B. 组织中个人行为的作用
   C. 管理中科学原则的重要性　　D. 组织可以通过多种方式运用等级原则
5. （　　）应该具有发展随环境不断学习、适应和改变的能力。
   A. 多元化的劳动力　　B. 传统型组织
   C. 学习型组织　　D. 主要知识的提供者

二、判断题

1. 劳动分工的概念最初由亚当·斯密在他的《国富论》中提出。（　　）
2. 泰罗被认为是"科学管理之父"。（　　）
3. 霍桑研究持续了数年并由几个不同的实验组成，这一研究对组织行为学的发展做出了重要的贡献。（　　）
4. 管理者的部分责任是在组织上下建立学习能力。（　　）
5. 组织核心能力具有价值性、独特性、持续创造价值的能力、难以模仿、不可替代性和长期性的特点。（　　）

三、简答题

1. 泰罗科学管理思想包括了哪些内容？
2. 法约尔认为管理的基本职能是什么？
3. 韦伯行政组织理论给现代管理带来了哪些启示？
4. 梅奥人际关系理论的主要观点是什么？
5. 什么是管理理论丛林，有哪些主要的管理学派？

本项目案例分析——广东北电的人性化管理

广东北电通信设备有限公司成立于 1995 年，是北电网络在中国成立的第一家合资通信公司，被誉为"集优秀的东西方文化为一体"的合资企业，2003 年，全球通信市场步入低潮，广东北电在不得不大幅降薪的情况下，员工流失率仍保持在2%左右，一直为人们津津乐道。那么，广东北电的人力资源管理体系究竟有着怎样的优势，以吸引、保留住大批的优秀员工呢？

一、以人为本

作为合资公司，广东北电充分吸收了具有百年历史的北电集团的优秀企业文化与管理理念，真正将"以人为本"贯彻于人力资源管理的每一个细节当中。这主要体现在：

（1）所有员工在人格上一律平等。这是"以人为本"的核心与首要前提。这种平等的氛围最直接地表现为：无论领导还是普通员工，在食堂吃饭时都是同样排队、打卡。

（2）创造宽松、自由、开放的工作氛围。广东北电处于高新技术行业领域，对研发人员的要求在于专业技术和对市场需求的准确把握，而非异常严格的管理制度。宽松的工作环境更能够激发知识型员工的创造性，广东北电尽量将约束性的规则减少，如员工上下班不用打卡，也不对工作时间的着装加以限制，同时，崇尚开放的沟通，员工可以就公司的政策、经营状况等自由发表观点和看法。

（3）对员工充分关怀的个人保障体系。广东北电的员工个人保障体系包含很多人文关怀的因素，如员工生病、亲属过世，公司都会派人前往慰问。为缓解员工的心理压力，广东北电采用EAP系统，当员工遇有心理负担、心理障碍时，可拨打免费电话，向专家咨询求助。

但是作为一个拥有千余名员工的大型企业，如何在如此宽松的工作氛围中保证生产、管理的秩序井然？这就是流程规范的作用。1995年公司成立之初即引入了ERP系统，这在当时国内通信行业尚属超前之举。同时，引入了成就管理体系（manage for achievement），并相继通过ISO9000、ISO14000，以及针对电信行业的TL9000认证。通过这些举措，广东北电实现了从信息流程到管理流程的规范化。

二、完善的个人发展计划

在知识经济时代，组织员工更为看重的不是薪酬、福利，而是个人发展与个人价值的实现。广东北电建立了完善的员个人发展计划与培训计划。

（1）持续完善的员工职业生涯规划。广东北电认为，员工职业生涯规划不是一成不变的，而是要寻求动态中的平衡，每一年度，公司都会根据员工具体情况制定个性化的培训计划，如沟通技巧培训、当众表达技巧培训等。同时通过内部轮岗帮助员工充分发掘自身潜力，更好地认识自我，寻求职业生涯发展的更多可能。

（2）完善的内部晋升体系。上升空间对于员工不仅仅意味着更高的职位与薪酬，更是对其价值的肯定，以及获得更多工作经历的机会。在广东北电出现职位空缺时，人力资源部会及时发布公告，所有员工都可以根据自身的能力、兴趣竞聘，这为员工提供了在不同部门、方向发展和不断学习的机会，对其个人发展有很大帮助。

（3）多层次的员工培训系统。广东北电为员工的学习、发展提供了很多资源，不仅鼓励员工在本岗位上不断提升，而且鼓励员工就未来可能担任的岗位进行学习。首先，对于新入职员工采用"师傅制度"，每名新员工都有师傅在工作、生活上给予其帮助、指导，使其尽快融入企业。其次，公司引进了E-learning系统，在这个统一的系统平台上，员工能够通过局域网、外部网学习共500多门课程，进行不同类型的培训，人力资源部也会指导各部门经理创造支持学习的环境。同时，公司自主开发了领导力课程，供内部不同层次的管理人员学习。

三、全球技术交流平台

通过完善的薪酬福利体系、良好的员工个人发展计划与完善的培训体系，广东北电吸引了大批知识型员工的加入，建立了一支强大的高科技人才队伍，员工队伍中78%以上具有大学或以上学历。那么，广东北电是如何保持住如此众多知识型员工的呢？其人力资源总监认为，知识型员工最为看重的是其个人潜能能否得到充分发挥，个人价值会不会增值。

对于技术人员而言，在专业领域内可以与世界先进技术接轨，保持同步，不断学习、成长，这一点尤其重要。广东北电开放式的企业文化为研发人员提供了这样一个机会，技术人员可以分享所有最尖端的技术和资料，档案室、资料查阅室也对其完全开放。更为重要的是，广东北电广州研发中心作为北电网络全球三十余个研发中心之一，其每星期的进程都与世界其他研发队伍保持同步。北电网络的研发系统有着极为细致的分工，如CDMA的研发，在全球各地有很多研发小组同时进行，并定期通过公司的ESN系统（北电网络类似电话分机的电话系统）召开电视会议，共同讨论研发进程以及技术的完善。广州研发中心的技术人员也可以同来自法国、印度、美国、加拿大等不同地区的员工共同开发同一项目。与世界上最先进的技术保持同步，对于员工而言不仅仅意味着自身含金量的增加，更充满了职业自豪感。人力资源总监说，"在广东北电，员工人在广州，但他的心、他所从事的工作却是全球的，绝不会落后！"

（资料来源网络：https://www.docin.com/p-1741046630.html）

思考题：
1. 结合案例谈谈"以人为本"是一种什么样的管理思想？
2. 广东北电的管理理念具有怎样的优势？从中我们可以得到哪些启发？

本项目实训——利用管理理论解决该公司难题

【实训目标】

（1）使学生充分理解古典管理理论和现代管理理论各学派观点的内容。

（2）能灵活选择和运用现代管理理论的思想解决实际管理问题。

【实训内容与要求】

1. 模拟情景

假如你所在的模拟公司在过去一年里利润持续下降，可相反的是，在同一时期，同行们的利润却在不断上升。公司上下非常关注这一问题，为了找出利润下降的原因，公司董事局委派有关人员对公司的各个方面进行了一次调研，以下是调研的结果。

（1）公司有着健全的组织结构，严格规定了各等级管理人员的管理职责，并对管理人员的升迁奖惩制定了明确的规章制度和考核机制。

（2）公司在过去的一年内，各部门都制订了详细的计划，明确了自己部门的职能和工作目标。

（3）在劳工关系方面，公司支付给员工的工资一直至少和工会提出的工资一样高，并持续给员工提高工资，但并没有换回相应的生产率。车间工人一直没能生产足够的产量，以把利润维持在原有的水平之上。

（4）公司去年一年人员变动比较频繁，尤其是销售部门。截至去年年底，销售队伍中工作经验未满1年的员工占比高达47%。

（5）公司内部员工普遍认为，本公司平时的工作环境很枯燥，缺乏生机，让员工缺乏归属感，并且员工很难在工作中实现自我能力的提升。

请针对上述的情况，模拟召开一次公司董事会，商讨解决对策，改进公司现有的管理活动。

2. 讨论问题

该项目以 7~8 人为一组，进行分组模拟训练。每组选出一名学生担任董事长，其他组员担任董事会成员。大家讨论的主要内容可围绕以下两个问题进行开展。

（1）现行指导公司管理活动的管理理论是否可行，如何完善？

（2）还应参考哪些管理理论改进自身的管理活动，可以采取哪些具体措施？

3. 总结及分析报告

讨论完毕后，各组模拟公司每名学生完成一份有关问题分析和解决对策的分析报告。

【实训成果】

每组提交一篇分析报告。

【实训考核与评价】

由教师根据表 2-4 所示的实训项目考核成绩表，对小组作出考核与评价。

表 2-4 实训项目考核成绩表

考评项目	考评内容		考评标准	小计
1. 讨论发言	内容	条理性	10 分	40 分
		准确性	10 分	
	现场表现	语言流利	10 分	
		表现自如	10 分	
2. 书面报告	内容	合理性	20 分	60 分
		完整性	20 分	
		创新性	20 分	
合计			100 分	

学习情境三　管理环境分析

学习目标

● 知识目标
1. 掌握管理环境的作用和内容。
2. 熟悉外部环境的构成和特点。
3. 熟悉内部环境的构成和特点。

● 能力目标
1. 能利用环境分析方法解决企业实际问题，学会审时度势，理性决策。
2. 增强学生准确判断环境和形势的能力，适应环境，改善环境。
3. 具备利用环境分析工具学会趋利避害、有效规避风险的工作能力。

● 课程思政目标
1. 引导学生树立危机意识与居安思危意识。
2. 引导学生认识到加强学习、收集信息、适应环境变化的重要意义，进一步提高自己的学习能力，增长自己的工作本领。
3. 引导学生因势利导，学会适应环境，能在复杂多变的环境中保持清醒认识，乐观理性地蜕变和成长。

沉浸式导入

同学们，根据你的专业领域，回顾一下最初你们所组建的模拟公司属于什么行业，它是一家什么性质的企业，它的经营范围是什么？在这个行业中若要生存发展下去，会面临什么样的机遇和挑战？这些机遇和挑战都来自哪些方面？自己的优势和劣势有哪些？面对种种环境因素，你们的态度和做法是什么……带着一系列这样的问题，请各组在 CEO 的带领下，组织开展环境调研，认真讨论分析，趋利避害，找出适合企业发展的道路。

任务一　外部环境分析

管理环境是指影响组织生存和发展的各种内外因素的组合。从总体上看，管理环境包括内部环境和外部环境两个方面。内部环境是组织生存和发展的基础，外部环境则是组织生存和发展的前提条件。组织的生存发展，从根本上来说，就是要利用自身的内部环境条件去适应所处的外部环境。外部环境又可进一步分为宏观环境和行业环境。

一、宏观环境

宏观环境又叫一般环境，是指在一定时空内存在于社会中的各类组织均会面对的环境和条件，大致可归纳为以下几种。

1. 政治环境

政治环境是指制约和影响组织发展的各种政治要素及其运行所形成的环境系统，涵盖一个国家或地区的政治体制、社会制度、国家方针、政策、法令等。不同的国家有着不同的政治体制和社会制度，不同的政治体制和社会制度又对企业组织活动有不同的要求和限制，即使在政治体制和社会制度不变的同一个国家，在不同的历史时期，由于执政党不同，其政府的方针、政策、法令等都会对企业组织活动产生不同的态度和影响。对于这些不同和变化，企业管理者必须通过对政治环境的研究和了解，明晰国家和政府目前允许或者鼓励组织做什么，限制或者禁止组织不能做什么，从而使组织活动受到政府支持和保护，并符合全社会的利益需要。

2. 经济环境

经济环境是一个国家的社会经济运行状况，一般包括其所在国家的经济制度、经济结构、物质资源状况、经济发展水平、国民消费水平等方面。反映经济环境的指标有：经济增长率、通货膨胀率、失业率、银行利率、税率、汇率、进出口总额、资源分布状况、消费者收入水平、消费者储蓄、消费结构、投资机会和消费者信贷水平等。

经济环境因素主要是通过对各种资源的活动方式、价格水准和对市场需求结果的作用来影响各类组织的生存和发展的。

不同的经济制度产生不同的资源供给方式，在市场经济下很容易通过市场获得的某些资源在计划经济制度下就可能很难获得。

价格水准的变化将会明显地影响各类组织的投入和产出，劳动力、原材料价格及其他项目成本的升降，既可能为一些组织的发展创造机会，也可能会导致一些组织走向破产。

在不同的经济环境中，市场需求结构是不同的，现在畅销的商品在将来不一定畅销，而现在没有市场的产品在将来可能成为畅销商品。

管理小故事

柯桥重拳整顿印染业——排污权抵押贷款缘何成融资新宠？

在浙江省绍兴市柯桥区的印染企业中，排污权不仅仅是正常排污运转的保证，还是企业用来抵押获得贷款的无形资产。

2016年4月10日上午，柯桥区一家印染企业在区环保局行政窗口申请了一笔排污权抵押贷款，利用其2000多吨排污权作抵押，从招商银行成功获得了1400万元的1年期贷款。该企业经营者张先生透露，由于手续简单，无须担保，排污权抵押融资已成为公司主要融资渠道了。

柯桥区排污权抵押贷款业务的推行已经有6年了，刚开始的时候，只有一小部分企业尝试这种比较新兴的贷款模式。近几年，随着排污权指标日趋紧张，其交易价格一路走高，这使排污权抵押贷款也"水涨船高"，不仅有银行贷款，还可以拍卖或者出租。

柯桥区环保局的最新数据显示，目前过半数印染企业已习惯利用排污权来融资。

> **课程思政、师生互动**
>
> 请同学们结合上面的案例谈谈环境对企业发展的影响。促使学生进一步认识到加强学习、收集信息、注意环境变化的重要意义，提高自己的学习能力，增长自己的工作本领。

3. 社会文化环境

社会文化环境是指组织所在国家或者地区在一定社会形态下已形成的被社会所公认的各种行为规范，包括价值观念、审美观念、道德规范、宗教信仰、风俗习惯等，以及人口状况、家庭结构、文化教育水平等。它们主要通过人口结构和生活方式这两个方面的改变，影响着一个国家或地区的经济活动，其中人口结构包括人口数量、年龄构成、人口分布等；生活方式包括家庭结构、文化教育水平、价值观念等。社会文化环境将会对劳动力的数量、质量、就业机会，以及所需商品和服务的类型等方面产生比较大的影响。

例如，在有的国家和地区，人们把服装式样看作是自己社会地位的一种象征，因此他们很讲究服装的式样并很愿意为此花钱；而在有的国家和地区，人们对服装的式样并不讲究，只要经济实用即可。对于从事国际贸易的服装企业，就必须注意到不同国家在风俗习惯上的这方面差异。

再如，为了保证顺利达成一笔商业交易，支付给政府官员以及可以施加影响的人一笔费用，有的国家认为这是贿赂，有的国家则认为是正当的报酬，是可以接受的经营方法。人是社会的人，要受到人们普遍接受的各种行为准则的约束。道德准则或社会公德虽然大多并没有形成法律条文或规定，但对于约束个人或集体的行为仍具有事实上的作用和威力，任何组织的行为都必须考虑社会文化和伦理道德的影响。

管理小故事

孟母三迁

孟子年少时，家住在一处坟墓附近。孟子经常喜欢学别人办丧事玩。孟母见此情景，说："这个地方不适合我儿子成长。"于是就带着孟子搬迁到了一处市场附近居住下来。可是，孟子又玩闹着学商人做买卖。孟母又说："此处也不适合我的儿子"。于是又搬迁到书院附近住下来。孟子以进退朝堂的规矩作为自己的游戏。此时，孟母说："这正是适合安顿我儿子的地方。"于是就定居下来了。等到孟子长大了，最终成为了圣贤。

启示：良好的人文环境对人的成长和生活是十分重要的。"环境育人"，社会环境与一个人特别是青少年的成长有直接的关系。孟子后来成为大学问家，与社会环境对他的熏陶感染有很大关系。

4. 法律环境

法律环境是指与组织相关的社会法律系统及其运行状态，包括国家的法律法规、国家的司法与执法机关以及企业的法律意识等。法律环境对一个企业的影响力和约束力是具有刚性的，同时也对企业的发展方向产生影响，良好的法律环境对企业发展具有积极的促进作用。

管理小故事

不遵守法律的处罚

某市机器厂（甲）家属楼与棉纺厂（乙）纺织车间仅一墙之隔。纺织车间新上了一条生产线，因扩大生产规模，鼓风机日夜运作，致使甲厂家属楼的居民无法入睡，严重影响人们的正常生活秩序和身心健康。甲厂职工多次反映，要求环保部门予以处理。

市环境监理总站经调查、监测证实，纺织车间厂界噪声为74分贝，所处区域为II类混合区。为此市环保局向乙厂下达书面通知，要求缴纳超标排污费，但乙厂置之不理。随后，市环保局对乙厂作出行政处罚：（1）征收噪声超标排污费25 000元；（2）追缴滞纳金1 500元；（3）罚款5 000元。

5. 技术环境

技术环境是指组织所处的环境中科技要素以及与该要素直接相关的各种社会现象的集合，包括国家科技体制、科技政策、科技水平和科技发展趋势等因素。技术的进步与人类社会的切身利益息息相关。技术环境不仅包括能够引起时代变革性的发明，而且还包括与企业生产紧密关联的新材料、新工艺、新技术的出现，以及发展趋势和应用前景。

在如今瞬息万变的世界里，任何企业或组织欲求得生存和发展，都必须要在产品和服务，以及经营方式等方面取得技术的先进性，并保持领先地位；同样，军队也必须采取措施在导弹、飞机、潜艇等军事设备方面保持技术的先进性，这不仅是军队自身利益之所在，更重要的是保证社会安全所必需的。任何组织，欲求经营有效而与技术和技术发展无关，几乎是不可能的。那些能适应于技术进步的组织，相对于不关注技术进步的组织，在竞争中占据了更有利的地位。

技术进步从生产力的三要素方面推动着生产力的发展，即劳动者、劳动资料和劳动对象，不同的技术条件和技术过程，又对应着不同的管理模式与方法，技术的日新月异也影响着企业管理活动的进行。在企业计划、决策、协调、控制等方面，技术都起着至关重要的作用，组织方式和领导方式也随着技术的发展而改变。

拓展阅读

新技术革命

当今社会，一场以电子科技和信息处理技术为标志的新科技革命正在迅猛发展，任何人都可以感觉到技术革命对人们工作、生活所带来的影响。现在人们有自动化的办公室，制造过程中的机器人、3D打印、集成电路、缩微照片、微处理器及合成燃料等，以及在此基础上产生的物联网、电子商务、微信平台、新媒体等，都为人们的工作生活带来很大的方便。由于电子计算机和信息处理技术的发展，使组织可能逐步建立大规模、反应灵敏、反馈速度快的管理信息系统。在这种系统中，电子计算机能够迅速处理、分析各种文件、报表及数据，并向管理者提出处理问题的可行方案，大大提高了决策的准确性和及时性。

由此可见，新技术革命对组织管理产生了多么重要的影响。

6. 自然环境

自然环境是指组织所处的地理位置、地形、地质、气候、自然资源等。自然环境对企业选择厂址、供应原材料、采用技术与设备等密切相关。如在不同的地域环境中，由于人口的构成、国民收入、消费水平、消费习惯不同，所以对产品的需求也不同。企业必须分析自然环境的特点，因地制宜、有针对性地开展经营活动。

管理小故事

上偷天时 下偷地利

明朝时候，南安县（今南安市）丰州西边某村有个寡妇生了个遗腹子，取名苏文。寡妇对苏文事事迁就，处处溺爱。苏文从小娇生惯养，长大后不求上进，游手好闲，偷鸡摸狗。眼看苏文成了浪荡儿，母亲心里十分焦急。

一天，母亲恳切地对苏文说："听说丰州桃源村傅裕是一个大富人。你何不前去向他求教，学点发家致富的本领？"

苏文听从母亲的劝说，向东走了十多里路来到傅裕家，一进门就向主人说明来意。傅裕谦虚地说："我的发家之道归纳起来就是一个字、两句话。一个字是'偷'，两句话是……"苏文没等他说完就站起来，边往外跑边叫喊着："我完全明白了！原来如此呀！"苏文回家后，自以为从傅家取到了"真经"，不劳而获的思想越来越严重，偷窃的胆量也比以前更大了。一日，苏文在大白天破门入屋，偷窃一富家的金银财宝时，被主人当场抓获，连人带赃扭送南安县衙。

知县老爷升堂后，苏文狡辩说："此皆桃源傅裕教唆，小民无知深受其害。"知县听后，立即派差役去带傅裕到公堂对质。不久，傅裕被带上公堂。

傅裕大声说："小民实在是冤枉呀！那天，苏文来到寒舍，问我发家之道，我归纳为，一个字'偷'，两句话'上偷天时，下偷地利'。谁知苏文只听到一个'偷'字，就赶快跑回家了。"

知县觉得事有蹊跷，又再追问："你把一个字和两句话细细地说来听听。"傅裕胸有成竹地说："一个字'偷'就是'善于利用'的意思。我掌握一年二十四个节气的规律，适时播种、中耕和收成，使五谷丰收，增加经济收入，这叫作'上偷天时'。我在草埔饲鸡、水沟养鸭、池塘放鱼、草场放牧牛羊、山坡种果造林，合理地利用自然条件创造财富，这就叫作'下偷地利'。"

知县听罢傅裕的陈述，感到新奇独创，情不自禁地说："巧偷智取，何罪之有？治家有方，名不虚传。苏文不听，罪责自负。"

苏文听了，身软骨散，无奈地哀叹："早知如此，何必当初？"

管理启示：在做任何事情之前都需要考虑自己的"地利"因素，企业也不例外，因为企业所处的地理位置决定了其可能获取的交通运输条件、通信条件、人力资源条件、政策优惠条件等，这些都影响到组织的生产经营成本或运行成本、人员素质、信息获取、社会负担等。例如，位于沿海经济较发达地区的企业，各种运输费用都可能较低，相反，企业如果位于交通不便的偏远山区，运输方面的困难便随之而来，必然会增加其运营成本；位于生产性基础设施比较齐全地区的企业，可以节省大量的相关费用，从而可获得较好的投资收益。

> **课程思政、师生互动**
>
> 请同学们结合上面的案例谈谈组织如何利用环境。引导学生因势利导，增强对环境的适应能力。

二、行业环境

对于一个特定的组织来说，它的存在离不开某一行业环境，而这个行业环境直接影响着组织的生产经营活动，这一类的行业环境就是组织的外部微观环境，即行业环境。行业环境分析主要是分析行业中组织的竞争格局及本行业和其他行业的关系。

（一）行业环境分析的内容

对于大多数组织而言，行业环境分析的内容不仅包括对供应商、服务对象、竞争对手的分析，也包括对政府管理部门和社会特殊利益代表组织等群体的分析。

1. 供应商

向组织提供生产所需资源的人或者单位即为供应商。这里所说的资源，不仅包括原材料、劳动力、设备、资金，也包括提供信息、技术和服务等。对于大多数组织来讲，政府部门、金融部门、股东是其主要的资金提供者；主要的人力资源供应商包括劳动人事部门、学校毕业生就业部门、各类人才培训机构、人才市场、职业介绍所等；主要的信息供应者包括各类情报信息中心、咨询服务机构、新闻机构、政府部门；而主要的技术源泉则来自于各大专院校、科研机构，以及发明家等。

现代组织倾向于选择较少的几个供应商，并与其建立良好合作关系，以便获得物美价廉的原材料等资源。因为组织每个阶段的正常运转都离不开供应商的资源供应，如果资源供应一旦出现问题，就会导致整个生产经营过程减缓或中断，所以，组织管理者一般都很重视与供应商的关系，避免在不了解供应商的情况下进行有关决策，而且为了使组织有稳定的资源供应，在战略的选择上倾向于几个良好的供应商，而不会过分依赖一两个资源供应者。

2. 顾 客

顾客是组织的服务对象，是指一个组织为其提供产品或服务的人或者机构，例如，企业的客户、商场的购物者、学校里的学生、医院的病人等，他们都可以被称为相应组织的服务对象。

作为组织产品的接受者，顾客决定了组织的成败。任何组织的存在，取决于其服务对象的存在，如果没有了服务对象，组织也就失去了存在的价值和意义。也就是说，服务对象的存在是组织自身存在的基础。我们可以试想，如果一个企业生产的产品无人问津，必然走向破产和消亡。

由此可见，组织的服务对象是影响其生存的关键因素，而任何一个服务对象对企业来讲都具有不确定性，因为服务对象的需求是多方面的，而且也不是一成不变的，为了成功拥有和维护顾客，组织必须想方设法满足服务对象的多样化需求。为此，组织管理者就必须要进行市场调研，分析服务对象的心理，掌握顾客需求的变化，以便及时、准确地更新产品和服务，确保能够给服务对象提供优质的商品和满意的服务，这几乎已成为如今组织管理者所面临的头等大事。

3. 竞争对手

竞争对手之间的博弈和对立是组织管理者需要认真对待的最具有威胁性的一种力量。竞争对手是指与组织属于同一行业，并与其争夺所需资源、服务对象的个人或者组织。也可以说，竞争对手就是与特定组织争夺顾客的另一组织，任何组织都不可避免地存在一个或者多个竞争对手。例如，苹果公司的对手有IBM、联想集团等，铁路运输有公路、水路、航空运输等与之竞争。另外，对于资源的竞争，一般出现于许多组织都需要同一类型有限资源的时候，最普遍的资源竞争是原材料竞争、人才竞争和资金竞争。对经济资源的竞争可能来自不同类型的组织，而当各部门竞争有限资源时，该资源的价格就会上扬。例如，当资金短缺时，利率就会上升。基于顾客的竞争一般发生在同一类型的组织之间，这些组织提供的产品或服务方式或许不同，但他们的服务对象是相同的，则同样会发生竞争，如航空运输部门与铁路运输部门之间、铁路运输部门与公路运输部门之间就可能为争夺货源和顾客而展开竞争。

竞争也不限于国内。随着中国对外开放政策的实施，国内的各类组织不仅面临着国内的竞争，而且还直接面临来自国外的竞争。在这种情况下，竞争者之间有时可能会出现某种程度的联合。

没有一个组织可以在管理过程中忽视其竞争对手，否则便会付出惨痛的代价。竞争对手是组织管理者必须及时了解并准确做出反应的重要环境因素。

4. 政府管理部门及其政策法规

政府管理部门主要是指国务院、各部委及其地方政府的相关机构，例如，工商行政管理局、物价局、烟草专卖局、卫生防疫站、无线电管理委员会等。政府管理部门拥有一定的官方权力，可以制定有关的政策法规，并对违反法律法规的企业或者组织采取必要的行动，也可以规定价格波动幅度、征收税款等。而这些政府权力对一个组织可以做什么和不可以做什么，以及能够取得多少收益都会产生直接的影响。有的组织由于其组织目标的特殊性，更是直接受制于某些政府部门，如我国的电信业、医药业和饮食业，就各自受到工信部、医药管理局、卫生防疫管理部门的直接管理。政府管理部门的政策法规，一方面会限制管理者决策的选择余地，另一方面则会增加组织的运营成本。某些政策法规规定了组织可以做什么和不可以做什么，从而限制了管理者的选择范围，例如，劳动保护条例就对组织的招工、用工、辞退决策有一定的限制；为了符合政府的政策法规和政府管理部门的要求，组织必须按规定安装消防设备等。

5. 社会特殊利益团体

社会特殊利益团体是指能够代表社会上某些群体特殊利益的组织，如工会、妇联、消费者协会、环保组织等。它们虽然没有政府管理部门那么大的权力，但同样可以对各类企业或者组织施加较大的影响。它们既可以直接向政府主管部门反映情况，也可以通过各种宣传渠道制造舆论以引起人们的普遍关注,从而对各类企业和组织的经营管理活动产生影响。事实上,有些政府法规的颁布,就是对某些社会特殊利益代表组织所提要求的回应。

(二)行业环境分析方法——波特五力模型

行业环境分析方法,也称"五力分析"、组织竞争分析法。组织竞争战略的选择由两个中心问题构成。第一个中心问题是行业吸引力,它由行业长期盈利能力及其影响因素所决定;第二个中心问题是决定行业内相对竞争地位的因素。

在大多数行业中,无论其行业平均盈利能力如何,总会有一些组织比其他组织获利更多。

波特在《竞争战略》中提出了一种结构化的环境分析方法(有时也被称为"五力模型",见图3-1)。他选取的五种环境要素包括潜在竞争对手的进入威胁、替代品的替代威胁、购买者的议价能力、供应商的议价能力以及产业内现存竞争对手之间的竞争。

在任何行业中,不论是国际还是国内,不论提供的是产品还是服务,竞争的规则都包括在五种竞争力内。组织通过改变这五种作用力决定组织的盈利能力和水平,以赢得竞争优势。

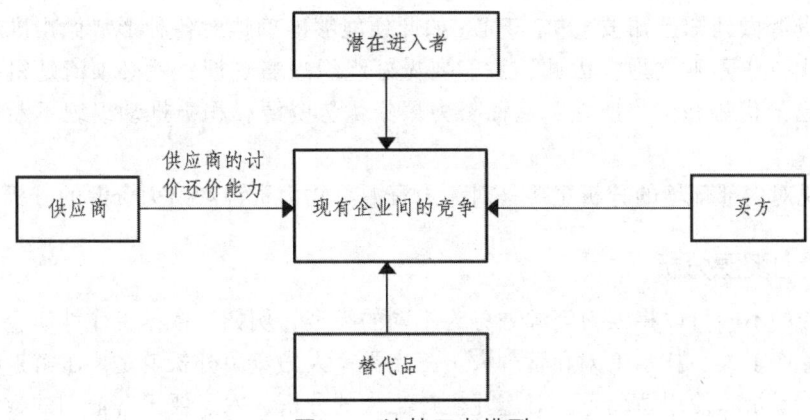

图3-1 波特五力模型

五种作用力通过三条途径来影响企业的盈利能力和水平,分别是价格、成本和投资。首先,从价格方面来讲,购买者的议价能力通过价格直接影响企业的毛利率,替代品替代威胁的强弱也会影响到企业或组织的定价策略,从而影响其获利能力。其次,从成本方面来讲,购买者的力量会影响成本,因为有实力的购买者会要求高成本的服务;供应商的议价能力也会影响到原材料的成本波动;竞争对手相互之间竞争的强度也会促使组织成本的增加。再次,从投资方面来讲,厂房、设施设备、销售渠道、广告投入等都受到竞争对手动向的影响;替代品的升级换代,也必然会导致现有产业的技术升级和新一轮固定资产的投资与更新;另外,不断的投资也是防御潜在竞争对手的手段之一。

课程思政、师生互动

结合五力模型,引导学生趋利避害,在复杂多变的环境中保持清醒认识,乐观理性地蜕变和成长。

任务二　内部环境分析

孙子在《孙子兵法·谋攻篇》中讲道："知己知彼，百战不殆；不知彼而知己，一胜一负；不知彼不知己，每战必殆。"因此，组织战略目标的制定和选择既要做到"知己"也要"知彼"，其中"知己"就是要了解组织的内部环境或条件，并分析组织内部的优势和劣势。对组织内部环境的分析和判断，有助于组织有效利用自身资源，在发挥优势的同时避免劣势，能够做到扬长避短；或者采取积极有效的策略改变劣势，从而制定行之有效的战略，更利于组织百战不殆地经营和发展。

内部环境的分析主要包括：组织资源分析、组织文化分析和组织能力分析等内容。

一、组织资源分析

组织的任何活动都离不开资源，因为资源是组织存在的基础，对资源的拥有和利用状况决定了组织活动的规模和效率。组织资源包括人、财、物、技术、信息等。一个组织如果没有充分的优势资源，是很难发展的。组织必须对自己的资源构成、资源数量、资源质量以及竞争者的资源做到知己知彼、熟知于心，如此便能够准确地对各种形势做出准确的判断，才能在竞争中立于不败之地。因此，我们要做好组织战略管理，就必须清楚组织的内外资源，清楚自己的优势和劣势所在，从而努力聚集优势资源，积极推动组织不断向着更高的目标前进。

一般来说对内部环境的分析主要是对人力资源、物力资源和财力资源的分析。

（一）人力资源分析

依据标准的不同可以将人力资源划分为不同的类型。例如，依据工作性质企业可以将人力资源分为生产工人、技术工人和管理人员三大类。人力资源分析就是要了解这些不同类型人员的数量、质量和使用情况等。对企业生产工人的分析，除了要了解他们的数量，还要掌握其文化程度和技术水平，看其是否符合企业生产经营和发展的需要，在对生产工人进行培训的时候就可以根据各自特点进行合理有效的使用；对企业技术工人的分析，需要明晰技术人员的数量和技术水平以及知识构成等，在利用过程中要人尽其才，充分发挥技术骨干作用；对管理人员的分析，就是要了解管理人员的配备状况、年龄结构、知识结构、专业构成等，根据能力现状和要求，判断通过培训提高其管理素质的可行性。

（二）物力资源分析

对物力资源的分析，就是要分析企业生产经营活动过程中的物资条件，包括物资的拥有数量和利用效率。例如，要了解企业拥有的厂房和设备数，分析其是否与当前的技术发展水平相适应，是否需要改造和更新；还要了解厂房和设备的利用状况，是否需要采取措施提高其利用效率等。

（三）财力资源分析

财力资源分析就是要分析企业资金的筹措情况、拥有情况、构成情况、利用情况等。财力资源实质上是一种能够获取和改善企业其他资源的资源。对企业财力资源的分析，就是判断企业是否有足够的财力去拓展新的业务，以及是否有必要对原有活动的条件和手段进行改造提升等。

总之，组织资源除了在公司资产负债表上体现出的诸如房地产、生产设备、原材料等有形资产外，还包括公司的品牌、文化、技术知识、专利、声望、商标以及各种日积月累的知识和经验等无形资产。这些无形资产在运用过程中不但不会被消耗，相反，正确地运用还会使无形资产升值。无形资产往往是公司的品牌实力的体现，是企业的核心竞争力。例如，迪士尼最重要的无形资产便是迪士尼的品牌以及米老鼠和唐老鸭等经典的卡通形象。

拓展阅读

管理环境分析的方法——SWOT分析法

《孙子兵法·谋攻篇》中，孙子曰："知己知彼，百战不殆；不知彼而知己一胜一负；不知彼不知己，每战必殆"。因此，企业制定正确的经营战略和经营计划，既要做到"知己"，也要做到"知彼"，所谓"知己"就是要了解企业的内部环境或者条件，分析其内部优势和劣势，而"知彼"就是要了解企业的外部环境，分析企业所面临的机会和威胁。对管理环境的分析大多采用SWOT分析法。

1. SWOT分析法的含义

它是通过对企业内外部环境的综合分析，找出企业的优势、劣势、机会和威胁，从而将企业的计划与企业内部资源、外部机会有效结合。

SWOT分析法中，S（strength）代表优势，是指分析比较该企业在外部市场环境、内部经营条件方面相对于其他竞争对手的优势；W（weakness）代表劣势，是指分析比较该企业在外部市场环境、内部经营条件方面相对于其他竞争对手的劣势；O（opportunity）代表机会，是分析在目前的市场竞争态势下企业存在的发展机遇和机会；T（threat）代表威胁，是分析在目前的市场竞争态势下企业存在的威胁和挑战。S、W是内部因素，O、T是外部因素。

2. SWOT分析法的步骤

首先，根据企业的发展目标，列出对企业发展有重大影响的外部及内部环境因素，判断其是机会还是威胁，是优势还是劣势。

接着，构造SWOT矩阵（见表3-1）。

表3-1　SWOT矩阵

外部因素	内部因素	
	优势	劣势
机会	优势—机会（S-O）战略（发展型战略）	劣势—机会（W-O）战略（转型战略）
威胁	优势—威胁（S-T）战略（多元化战略）	劣势—威胁（W-T）战略（防御型战略）

最后，在完成环境因素分析和SWOT矩阵的构造后，制订出相应的行动计划。

生生互动，课堂讨论

在广袤的草原上，一只小羚羊忧心忡忡地问老羚羊："这一望无际、没遮没拦的，我们又没有锋利的牙齿，难道天生就要成为狮子和老虎的腹中之物不成？"老羚羊回答道："别担心，孩子，我们的确没有锋利的牙齿，但我们却拥有可以高速奔跑的腿，只要我们善于利用它，即使再锋利的牙齿，它又拿我们有什么办法呢？"

学生讨论：
1. 老羚羊对小羚羊所做的回答有什么意义？
2. 组织在发展中应该如何利用自身的资源和优势？

二、组织文化分析

组织文化分析主要是分析组织文化的现状、特点以及它对组织活动的影响。组织文化是组织战略制定与成功实施的重要条件和手段，它与组织内部物质条件共同组成了组织的内部约束力量，是环境分析的重要内容。

（一）组织文化的概念

关于组织文化，人们一般认为，是指一个组织在长期的发展过程中逐步形成的、相对稳定的、具有本组织特色并得到组织成员认同的价值体系，它是以价值观为核心的思维方式、群体意识、道德准则、行为规范、风俗习惯等的总和。通俗地说，组织文化就是一种存在于组织成员之中的共同理解，或者说是组织成员所共有的价值判断。在每一个组织中都存在着组织文化，它决定着组织成员的看法并约束着他们的行为。

在一个组织中并非只是单一的文化，往往是多种文化并存。其中，有一种能够被大多数人认同的文化，称为主文化或主流文化，它体现的是组织的核心价值观。其他文化则称为亚文化或次文化。由于组织内部的部门划分、地理间隔、等级界限、学历差异等诸多因素，组织成员事实上形成了一个又一个的内部群体，在这些群体中通常会产生亚文化。亚文化既体现组织的核心价值观，又体现该内部群体的独特价值观。例如，在统一的公司文化之下，可能会形成技术开发部门更加强调创新的文化、质量监管部门更加强调细节的文化、市场营销部门更加强调进取和成果的文化的情况。亚文化可能是与主文化互相补充的，也可能是互不相干的，还可能是一种反文化，各种亚文化之间也经常会出现冲突。管理者最重要的工作就是要用主文化来支配亚文化，调和不同亚文化之间的差异。只有这样，组织文化才能成为引导组织成员行为的有力工具。

组织文化对成员的影响程度有强弱之分。在强文化中，核心价值观可以得到组织成员大范围的认同和强烈的认可。接受这种核心价值观的组织成员越多，信仰就越坚定，组织文化就会越强。与之相对应的，组织文化越强，成员对什么是重要的、什么是优秀的、自己应该干什么和应该怎样干都十分清楚，因而对组织成员行为的影响就越大。强文化可以导致内聚力、忠诚感和组织承诺，提高行为的一致性，降低人员流动率，提高工作绩效，这些都与管理者尤其相关。相反，弱文化的组织往往分不清什么是重要的，什么是不重要的。这种价值观不清晰的弱文化，就会对管理者的影响就小，严重影响组织的进一步发展。

(二) 组织文化的作用

组织文化在管理中起着重要的作用。对内它能激励员工重视职业道德，改善人际关系，培养组织精神，积极锐意进取；对外它有利于树立组织形象，提高组织的声誉，扩大组织的影响；同时它也是组织进行改革、创新和实现发展战略的思想基础，是组织增强环境适应能力的支柱。可以用下面几个比喻来说明组织文化的作用：一是"发动机"。企业用什么来激励员工？工资、奖金、股权、期权都是重要的。然而完全靠物质奖励是行不通的，因为物质刺激的激励作用是边际效率递减的。人的社会性决定了物质奖励刚开始时是有用的，但随着收入的增加，当财富累积到一定程度后，物质奖励的作用就越来越小了。此时，利用组织文化来激励员工，可以为组织的发展注入新的动力。二是"指南针"。组织制度的设立，是为了规范员工的行为，然而市场瞬息万变，仅仅依靠固化的组织制度，很难适应市场的变化，这个时候，员工行为更多地需要依靠组织文化的引导。例如，曾经有个农民在购买海尔洗衣机之后，竟然用其洗红薯，结果可想而知洗衣机被损坏了，所以他要求海尔公司退赔。怎样处理这件事，特别考验员工的智慧，最后问题的完美解决不是依靠企业制度，而是服务理念，依据海尔"真诚到永远"的服务理念，海尔公司不仅妥善解决了该消费者的诉求，而且在服务至上文化的引领下，公司居然发明了可以用于洗红薯的洗衣机，这正是海尔的优秀企业文化的"指南针"作用。三是"消毒剂"。市场经济并不是万能的，还存在"市场失灵"的情况。除此之外，市场竞争中也会存在不择手段的情况。这个时候，多强调公平、正义、诚信、博爱、友好等组织文化，就可能成为组织的消毒剂，组织文化可以让组织摒弃唯利是图思想，让员工在义与利、个人追求与团队利益之间寻求平衡点。四是"黏合剂"。组织文化通过为成员提供言行举止的标准而把整个组织聚合在一起。试想如果人与人之间的关系完全建立在自私自利的基础之上，那么组织就不得不依靠制度来防止员工的背叛或者避免员工会做出有损于组织的行为。此时，组织的制度就如同"防盗门"一样，安装了一个又一个，虽然能起到一些作用，但是成本高昂，而且效果不一定很好。因此，用组织的信任文化去影响员工，也许是更好的办法。五是"心灵鸡汤"。优秀的组织文化能给员工们带来极大的愉悦感和满足感，就如同心灵鸡汤一样，况且员工其实是需要这样的鸡汤，并且乐于"消费"这样的鸡汤的。

(三) 组织文化建设

爱德加·沙因（Edgar H. Schein）最先提出组织文化可以划分为三个层次，他的观点被大多数学者接受，并在此基础上进行了完善。组织文化的第一层是物质层，它是组织文化的表面层，看得见摸得着，包括组织的名称、标志、标准字、标准色、产品的外观和包装、厂徽、厂旗、厂歌、厂服、厂花、纪念性建筑等；组织文化的第二层是制度层，也叫作价值层，它位于表层下面，主要反映核心价值观，包括基本制度（如管理制度、工作制度、各种责任制度）和特殊制度（如绩效考核制度、员工评议干部制度、干部员工平等对话制度、总结表彰制度）；组织文化的第三层是精神层，它是组织文化的核心层，主要反映文化基本假设，包括使命、愿景、哲学、精神、风气、道德等。

一个组织的文化通常是创始人愿景的现实反映，因为创始人独创性思想的存在，所以他们也对这些想法的实施存在倾向性，不会被固有的习惯或者思维束缚。创始人一般会以描绘未来场景的方式来建立早期的组织文化，而且由于组织的早期规模较小，从而会使创始人的独创性设想深深地影响组织全体成员。所以，一个组织的文化是由以下两个方面因素相互作用的结果：一是创始人的设想和倾向性；二是第一批员工从自身工作经验中的所悟所得。

组织文化可以有多个途径传递给员工，其中较为重要的是故事、语言、仪式和信条。例如，在清朝后期，晋商中有一个最大的商号叫大盛魁，这家商号在每年开张时，大家不吃肉不喝酒，而是在大掌柜的带领下统一喝稀粥。晋商就是希望通过这种仪式，弘扬艰苦奋斗的精神、善有善报的理念和诚信经商的信条。在20世纪后期，美国玫琳凯化妆品公司每年都要为销售代表举办年会，年会地址通常会选在一个豪华的礼堂，与会者都身穿晚礼服，销售业绩突出者会得到一系列奖品。公司创始人玛丽 凯正是想通过这种仪式来激发员工的积极性，并向销售人员传递一个信条"只要努力工作就能获得成功"。

组织文化不是一蹴而就的，它是一项长期的系统工程，也是一个细致、复杂的过程。管理者应当注重以下六个方面的工作：一是选择价值标准，二是规范组织行为，三是强化成员认同，四是设计组织形象，五是重视文化网络，六是完善组织制度。

三、组织能力分析

组织能力是指组织有效组合资源和利用资源的能力。拥有资源不一定能够有效利用资源，因此资源的有效利用是分析组织内部条件的关键因素。

能力是资产、人员和组织投入产出过程的一种复杂结合，通常表现在整合资源以完成任务或者从事生产经营活动的成效上。这种观念重在资源的整合，通过整合可以充分发挥资源优势、提高配置效率，因此能力蕴含着各种有形资源和无形资源之间的复杂互动。

显而易见，资源不等于能力。尽管资源有重要价值，但仍然不可以与能力画等号，比如说某一物流组织拥有为数众多的仓库和配送中心，而另一家物流组织仅有几个仓库和配送中心，但是这家物流公司有强大的物流信息系统作支持，在这种情况下就不能贸然断定拥有众多仓库和配送中心的物流公司的服务能力要强于另外一家。

现实生活中不少组织都存在这样的状况，那就是组织资金实力雄厚，人才资源也充足，技术设备先进，但是经营业绩还是不佳，究其原因不在于资源，而在于组织缺乏高效利用资源的能力，缺乏将资源有效整合并为组织利润作贡献的能力。最后，大家需要注意的是，虽然不能把资源等同于能力，但拥有优势资源确实能够给组织带来较强的市场竞争优势。

沉浸式体验

同学们！本项目学习完了，相信大家对管理环境的内容有了一定的认识和掌握，俗话说知己知彼才能百战百胜，现在请以模拟公司为单位，结合最初各模拟公司涉足的行业进行沉浸式体验训练。

1. 认识SWOT分析工具的特点。
2. 梳理SWOT分析中"S""W""O""T"的内容。
3. 审视模拟公司所处行业的现状、发展趋势。
4. 认清自己模拟公司中所扮演的职务角色以及岗位职责。

请各组在CEO的带领下，归纳模拟公司外部环境中的机遇和挑战、内部环境中优势与劣势，形成"SO""ST""WO"和"WT"，成员间要进行充分沟通，制定一种适合企业自身发展的战略方案，并分析选择此种战略的原因，小组分享并开展评价，评价表详见表3-2。

表 3-2　模拟公司"SWOT 分析"小组评价表

组　名		
公司名称		
组　长		
组　员		
评价项目	评价内容	得分
	1. 行业趋势分析是否合理？（10分）	
	2. 外部机遇分析是否全面？（10分）	
	3. 外部威胁分析是否全面？（10分）	
	4. 公司内部优势分析是否到位？（10分）	
	5. 公司内部劣势分析是否到位？（10分）	
	6. 公司最终战略方案是否与其SWOT分析结果吻合？（20分）	
	7. 该公司最终的行动方案是否可执行？（15分）	
	8. 该公司对最终方案的评估是否具有可操作性？（15分）	
得分合计		

课后习题

一、单项选择题

1. 组织必须通过（　　）的研究，了解国家和政府目前允许组织做什么，从而使组织活动受到政府的保护和支持，符合社会的利益需要。
　　A. 政治环境　　　　　B. 经济环境　　　　C. 社会文化环境　　　D. 法律环境
2. 利率、通胀率、汇率、可支配收入及证券市场指数等因素的改变，意味着（　　）的变化。
　　A. 政治法律环境　　　B. 经济环境　　　　C. 社会文化环境　　　D. 技术环境
3. 消费观念、生活方式的不同，是受（　　）的影响。
　　A. 技术环境　　　　　B. 经济环境　　　　C. 社会文化环境　　　D. 政治法律环境
4. 所谓"天时、地利、人和"中的"地利"主要指的是（　　）。
　　A. 经济环境　　　　　B. 社会文化环境　　C. 自然环境　　　　　D. 技术环境
5. 管理环境分析的方法——SWOT分析法中的"O"指的是（　　）
　　A. 优势　　　　　　　B. 劣势　　　　　　C. 机会　　　　　　　D. 威胁

二、判断题

1. 企业应及时关注技术环境的变化不断开发新的产品。　　　　　　　　　　　　（　　）
2. 社会经济结构中最重要的是产业结构。　　　　　　　　　　　　　　　　　　（　　）

3. 如果供应商垄断控制了供货渠道,且不存在替代品,而企业对这种货物的需求量又很大,则要求供应商要有很强的价格谈判能力。（   ）
4. 组织在研究法律环境时,不但要研究本国本地区的法律法规,而且要研究其他国家和地区的法律。（   ）
5. 优势资源的拥有不一定能够给组织带来较强的市场竞争优势。（   ）

三、简答题

1. 简述管理环境的重要意义。
2. 管理的外部环境包括哪些内容？
3. 管理的内部环境包括哪些方面？
4. 怎样理解经济环境对管理的影响？
5. 如何更好地运用环境为企业的发展创造条件？

本项目案例分析——抓住首要原则

诺亚机械是一家生产机械产品的公司。近些年来,机械产品市场行情看好,政策优惠。于是,大大小小的厂家纷纷上马生产同类产品,因此同类产品及配套产品的数量剧增,利润也不断上涨,获得了令人满意的经济效益。然而,令人感到奇怪的是诺亚机械公司在如此良好契机中,效益却一降再降,经理刘辉为此深感困惑,他花了近半年时间进行调查、研究,并思考产生这一现象的原因。通过考察企业外部环境、同行业产品及企业内部后,他召开了各部门主管及负责人会议,将他的调查研究结论及一些解决方案在会上提出。

"大家一定都知道了,近年来整个行业利润呈上升趋势,而我们公司却一直在下降。几个多月来我一直在调查、研究、思考这一问题。我考察了公司内外及同行业产品,发现主要问题还是出在我们公司内部。当然,我认为大多数部门的工作做得还是不错的。比如说我们产品的开发设计有着其他厂家不可替代的优势,我们的产品质量始终处于同行业的领先地位,产品价格也很适中,推销策略及推销工作也很有效,在整个销售领域中并不亚于其他企业。"

会议室的气氛非常严肃,大家都在认真倾听刘经理的分析,部门主管们也想知道问题的原因所在。

"就我们厂内这几年的工作,大家都很清楚。公司早期我们狠抓生产效率,车间经济效益显著上升,为我们公司赢得了利润,在同行业中确立了重要地位,后来我们在抓生产效率的同时,抓产品质量和销售环节,均取得良好效益。"

刘经理抿了口茶,稍作停顿,接着说道:"这几年我们建起了职工活动中心,相应配套的服务设施也在不断完善,福利待遇也得到进一步改善,甚至为了进一步满足职工的需要,我们还将工资待遇提高到同行业的中上水平。可是我们的生产呢？仍然同过去一样,没能维持到相应的水平上,由于车间工人没能创造出足够的产量,因此我们的利润也不能维持在原有的水平上,更不可能上升,怎么办呢？"

大家都很期待刘经理的下一步解决方案。

"我觉得,应该像从前一样,近几年来,我们对职工的需要注意得太多了,而对生产效率却注意得不够。我们公司要生存、要发展,利润是保障,要想上利润,生产效率才是根本。早期的管理者们十分注重这一点,我们更应该关注的是如何将高新技术用于生产,以此提高生产效率，为企业带来利润。在我看来，如果职工待遇取决于他们的生产率，那么工人生产的产量一定会大大增加，只有抓住效率这一首要原则，才能改变我们公司目前的状况。"

思考题：
1. 请问你认为刘经理的分析怎么样？
2. 你认为造成生产效率低下的原因还有哪些？
3. 如果要想改变诺亚机械公司目前的处境，你认为该从哪些方面努力？

本项目实训——利用SWOT分析进行企业环境调研

【实训目标】
（1）熟悉企业环境分析的内容。
（2）培养企业外部和内部环境的分析能力。

【实训内容与要求】
（1）实地调查一家企业，或搜集一家企业的相关资料。
（2）运用SWOT分析法分析企业的内外部环境。
（3）根据SWOT分析的结果，为本企业经营发展提供合理建议。

【实训成果】
构建SWOT分析矩阵图，并提交调研报告。

【实训考核与评价】
组内组间互评+教师点评。学生展示后，教师引导在组内组间进行任务成果的总结和交流，根据学生在全班的交流表现，结合编制的方案策划书进行打分，形成组内自评（10%）、组间互评（20%）和教师点评（70%）三个评价维度。

由教师根据如表3-3所示的实训项目考核成绩表，对小组作出考核与评价。

表3-3 实训项目考核成绩表

考评项目	考评内容		考评标准	小计
1. 讨论发言	内容	条理性	10分	40分
		准确性	10分	
	现场表现	语言流利	10分	
		表现自如	10分	
2. 书面报告	内容	合理性	20分	60分
		完整性	20分	
		创新性	20分	
合计				100分

学习情境四　科学决策

学习目标

【学习目标】

● 知识目标
1. 了解决策的定义。
2. 认识决策在管理过程中的地位和作用。
3. 掌握决策应遵循的原则与方案优选的标准。
4. 掌握决策的不同类型。
5. 掌握各种决策方法。

● 能力目标
1. 能够区分不同类型的决策。
2. 能够运用定性决策方法进行具体问题分析。
3. 能够运用决策树法等方法进行具体问题定量分析。
4. 能够运用所学的理论和方法解决社会和经济管理实际问题。

● 课程思政目标
1. 了解中国特色社会主义的奋斗历程和发展方向，激励学生运用科学的方法做好人生决策，树立正确的世界观、人生观和价值观，不忘初心，砥砺前行。
2. 了解我国以人为本、执政为民的治国理政理念，提升中国社会主义制度自信、文化自信。
3. 提升学生观大局、识大局、顾大局的整体意识。
4. 提高学生系统地观察问题、提出问题、分析问题和解决问题的能力。

沉浸式导入

根据前期我们成立的模拟公司，请各位 CEO 带领你的团队用所学的理论与方法进行企业决策仿真系统的实训。仿真系统主要由市场经济条件下的产品销售竞争决策、企业内部的生产能力调整决策、生产材料订购批量决策及决策方案成果全面核算四大模块组成。根据给定的模拟市场与经济形势，制定出相应的模拟企业的销售、采购、生产、研发、人事、管理、财务等各环节的决策，各公司经过 6 个周期的模拟经营后从整体上对已实施的战略与决策进行剖析，寻找规律，总结经验。

任务一　认识决策

一、决策的含义

20世纪60年代，美国著名的经济与管理学家西蒙（H. A. Simon）在他的著作《管理决策新科学》中明确提出"管理就是决策"，突出了决策在现代管理中占有的核心地位。

正确的决策决胜千里；错误的决策南辕北辙。一个国家、一个地区、一个城镇的经济发展规划和各项政策的制定，企业的生产方向、产品销售、原料供应、技术革新、新产品研制，车间、班组的作业任务安排等，所有这些无论是宏观的还是微观的社会问题和经济问题，都需要作出合理的决策。决策几乎渗透于管理活动的全过程，决策正确与否是管理成败的关键。决策正确，各项事业就能按预期的目标迅速发展；决策失误，本来可以成功的事业也会失败。因此，决策是现代管理的核心问题。

在现代管理科学中，对决策常有两种理解：一种是狭义的理解，认为决策就是作出决定的行为，或者说是为了解决某个问题，从多种行动方案中选择一种方案，通常意义上就是我们所说的"拍板"；另一种是广义的理解，认为决策是一个过程，这个过程大体包括提出决策问题、确定决策目标、拟订备选方案、选择行动方案、决策实施与反馈等主要阶段。

决策定义的多样化，反映了人们对决策的多种理解，以及各管理学派的研究重点与特色。但是，不同的定义只是观察角度和侧重点不同，在总体上对决策实质的认识还是共通的。为了对决策进行比较广泛的研究，而不局限于某个侧面，本书采用下面的定义：

决策是指组织或个人为了解决某个问题或实现某种目标对未来一定时期内有关活动的方向、内容及方式进行选择或调整的一个分析判断的过程。

二、决策的基本要素

（一）决策者

决策者是指作出最后决定，对决策结果承担责任、承担风险的"人"，可以是个体，也可以是决策群体、集团或团体的代表，也可以是集体。

（二）决策目标

决策者必须有一个希望达到的明确目标，可以是单个目标，也可以是多个目标。

（三）决策方案

存在着供人们选择的不同的决策方案，包括明确方案和不明确方案两种。

（四）自然状态

自然状态是指决策者无法控制但可以预见的决策环境客观存在的各种状态。

（五）决策结果

决策结果即各种决策方案在不同的自然状态下所出现的结果。

（六）决策准则

决策准则是指选择方案、评价是否达到决策目标的价值标准，也是选择方案的依据。

三、决策的原则

孙子兵法曰："兵者，国之大事，死生之地，存亡之道，不可不察也。"对这句话稍作修改，把"兵"字改成"商"字，那么在商场如战场的今天也同样适用。企业中从经理等高级管理人员到普通员工，每个人每天都在进行决策，不同的只是决策的难度、大小及决策需要承担的风险。如果忽视决策的重要性，小则损害个人的生活，大则会对企业造成无法承担的伤害。在常规情况下，可以按照以下原则去进行决策，减少决策的失误。

（一）经济效益与社会效益相结合

任何决策的制定和实施、实现都存在于某一个决策环境中。对于国民经济中的各种组织、实体来讲，他们的决策环境就是整个国民经济和整个世界经济；对于一个个体来讲，他的决策环境就是他所处的组织或实体。不论是什么样的决策环境，它们都有作为一个系统的特性，也就是系统中的各种因素相互影响和相互作用的特性，同时系统中的各种因素的变化发展都应协调、平衡地变化发展。比如，在市场经济条件下，企业是独立的商品生产经营者，必须谋求企业的盈利，以盈利为标准衡量决策是否可行应该成为企业决策的首要标准。但一个企业的生存和发展与整个社会的发展是相互联系的，我们必须在作经营决策时兼顾社会的整体利益。制造企业在生产制造产品过程中还需遵循我国的《大气污染防治法》《海洋环境保护法》《固体废物污染防治法》《环境保护税法》等环保政策，使企业的盈利和社会公共利益尽可能圆满地结合起来。

课程思政，师生互动

疫情之殇，经济更难

请同学们谈谈在疫情发生情况下，控疫情还是保 GDP？互动时间为 10 分钟，首先启发学生谈谈决策为什么是满意原则而不是最优原则，经济效益与社会效益应相结合。然后教师引导学生学习我国抗疫工作者在履职中践行"初心使命"，在责任担当中彰显为民情怀，"生命至上、举国同心、舍生忘死、尊重科学、命运与共"的伟大抗疫精神，引导并号召学生树立"上下同欲者胜，同舟共济者赢"团结一心、凝心聚力的大局意识，人民至上、生命至上的服务意识。

（二）可能性和现实性相结合

在资源稀缺的约束条件下，决策者和决策实施者受到了他们所掌握的资源的影响，使得他们必须要考虑决策在技术上、经济上和社会效益上的可行性。只有在准确把握以上三个方面的可行性之后，决策者和决策的实施者才能运用最优化原则进行决策。尽管企业的经营思想、目标和方针是在根据企业内外部条件的基础上确定的，但是事物是在不断发展变化的过程之中的，在实施时又会遇到一系列新情况、新问题，需要在决策时加以考虑。为此，一方面应该把原先已经确定的经营思想、目标和方针进一步与不断变化着的实际情况结合起来；另一方面又应该把企业内部的条件，例如企业的产品开发能力、资金筹措能力等，与企业外部的条件，例如市场供求状况、竞争对手的状况结合起来。

（三）定量分析与定性分析相结合

现代决策必须尽可能地在决策中运用各种数学方法进行定量分析，使决策更精确、更可信，也更便于今后的操作。但是社会经济现象是十分复杂的，数学方法很难完全渗透于经营决策之中，仍有大量的决策需要利用人们的主观判断，为此仍然必须重视人们的传统经验，并把人们的传统经验与社会学、心理学等现代科学结合起来，使人们的主观判断更科学、更符合实际。

（四）领导者与专家相结合

科学技术的飞速发展，使得社会、经济、科技等许多问题的复杂程度与日俱增，不少问题的决策已非决策者个人和少数几个人所能胜任。有关业务性的决策涉及面窄，且有惯例可循，一般由个人决策即可；但有关企业的战略方面的重大决策，由于对企业的生死存亡至关重要，且此类决策涉及面广，影响因素极多，仅靠个人的知识和经验决策就难以胜任，因此需要由各方面专家集体决策，这样可以集思广益，作出的决策会更正确、更易被人接受。所谓集团决策，不是靠少数领导"拍脑袋"，也不是找某几个专家简单讨论一下，或靠少数服从多数进行决策，而是依靠和充分利用智囊团，对要决策的问题进行系统的调查研究，弄清历史和现状，掌握第一手资料，然后通过方案论证和综合评估，提出切实可行的方案供决策者参考。因此，集团决策是决策科学化的重要组织保证。

（五）局部和全局相结合

现代决策所面临的对象，已不再是单个物体机械的组合，而是极为复杂的系统。对于越来越多的多功能、大规模、相互交织的新系统而言，系统内部结构日益错综复杂，而且彼此之间相互制约、依赖和渗透，某方面的决策很快会影响到其他诸多方面，甚至会导致"一着不慎满盘皆输"的后果。因此，决策必须处理好全局和局部的关系，要站得高，看得远、看得全，以全局的眼光战略地把握工作的主次和轻重缓急；从全局着想，从局部着手，全局指导局部，局部服从全局，保证全局。

（六）近期利益和远期利益结合

这也是考验领导战略思想的原则，每一次决策都会对以后的经营带来正面或负面的影响，因此决策就必须考虑这些影响，保证企业经营的一致性、连贯性、继承性和可持续性。不能鼠目寸光，也不能舍近求远。远期是近期的指导，近期是远期的保证。

（七）决策工作的规范性和灵活性相结合

一方面，制定决策会有许多制度规定、程序、方法，这是正确决策的保证，领导要充分遵循这些规范;另一方面,管理工作永远是灵活、创新、开拓的,因此要搞好这两个方面的结合。

决策小启示

生活中时时处处都在进行着决策:小型决策如买什么样的化妆品;中型决策如买什么样的车子或房子;大型决策如企业的投资战略、发展项目的确定,以及国与国之间怎样处理纠纷等。其中,较小的决策即使错误,也不会对生活造成太大的损害,但是,如果中型、大型决策一旦做错,就可能带来难以弥补的损失。因此,一定要善于分析,谨慎决策,正确决策。

四、决策的分类

常言说,物以类聚。决策问题与决策分析也同样可进行分类。标准不同,分类的方式也不同。

(一) 按照决策的层次分类

1. 战略决策

战略决策对组织最重要,具有长期性、方向性的决策,一般由组织的最高管理层制定,故又称高层决策。企业的战略决策主要包括如企业经营目标、方针的确定,投资决策、市场开发决策、组织机构的调整等。

2. 战术决策

战术决策又称管理决策,是在组织内实施贯彻战略决策,属于战略决策执行过程中的具体决策。管理决策一般由组织的中间管理层做出。企业的管理决策主要包括制订生产计划、销售计划、产品定价、资金筹措、设备更新改造决策等。

3. 业务决策

业务决策又称基层决策,是日常工作中为提高生产效率、工作效率而做出的执行性决策。这种决策一般由组织的基层管理层做出。在企业中,属于这种决策的有工作任务的日常分配和检查,岗位责任制的制订和执行等。

决策类型与管理者的关系如图 4-1 所示。战略决策、战术决策、业务决策之间没有绝对的界限之分,尤其是战术决策和业务决策,在小企业很难截然分开。

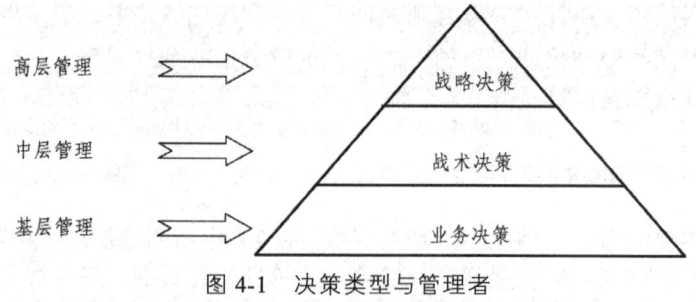

图 4-1 决策类型与管理者

(二) 按自然状态的种类分类

1. 确定型决策

若自然状态是完全确定的,即只有一种,从而可以不考虑自然状态而按既定目标及评价准则选择行动方案,这样的决策就叫作确定型决策。确定型决策问题相对来说较简单,其求解可直接利用现有的一些数学方法,例如,微积分中的函数极值法,确定性运筹学(线性规划、非线性规划、动态规划、图论等),并能得到确定的最优解。

2. 风险型决策

若出现的自然状态不是一种而是两种或两种以上,各种自然状态出现的可能性(概率)已知(即可以通过某种方法确定下来),则称这种条件下的决策为风险型决策,也称为统计型决策或随机型决策。

3. 非确定型决策

若决策者面临的可能出现的自然状态有多种,但各种自然状态出现的概率不能确定,这种情况下的决策称为非确定型决策。非确定型决策与风险型决策相比较,两者都面临着两种或两种以上的自然状态,所不同的是,前者对即将出现的自然状态概率一无所知,后者则掌握了它们的出现概率。由于非确定型决策所掌握的信息比确定型决策所掌握的信息要少,分析非确定型决策要比分析确定型决策困难得多。从现有的决策分析方法来说,非确定型决策分析方法比确定型决策分析方法要少得多。

三种决策分析方法如图 4-2 所示。

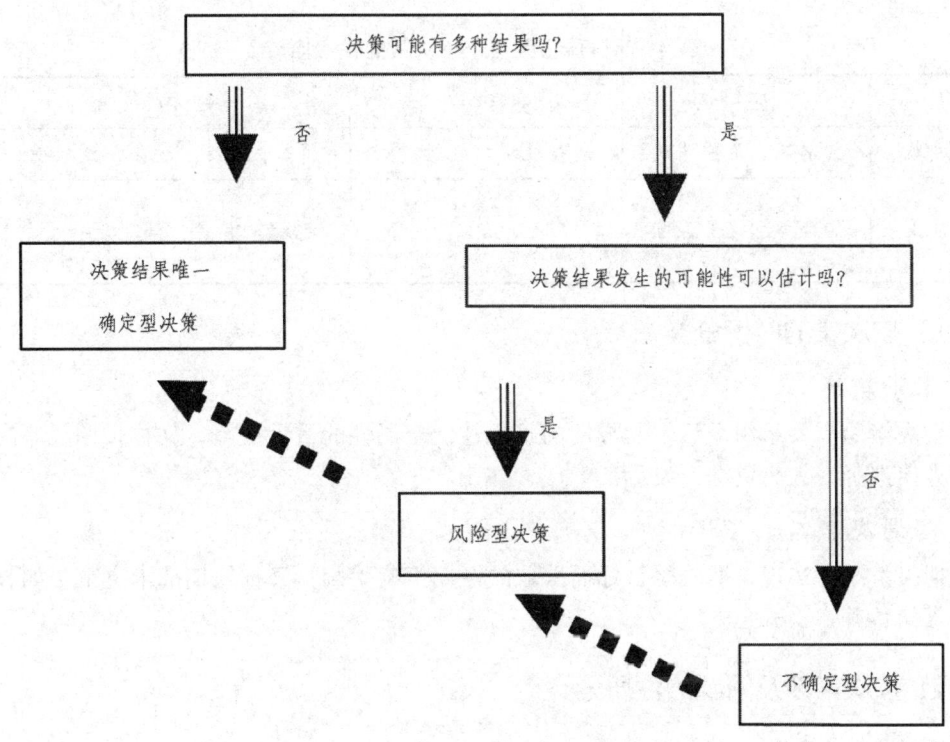

图 4-2 按照自然状态的种类决策的分类

三种决策环境的区别可用"是否带雨具"的问题来说明。某人早上离家去市郊联系工作,如当时已经下雨,且四周乌云,显然并非阵雨,出门时决定要带雨具,这属于确定型决策。如果根据早上的天气预报,有 0.7 的概率下小雨,0.3 的概率是阴天,或者气象台报告有雨,但从历史统计数据来看有错报的记录,这两种情况便属风险型决策。再设想,如此人住在一个窗户紧闭、隔光隔音的房间,又无电话、电视或收音机等通信手段,出门带雨具的问题就变成不确定型决策。

(三) 按决策的主体分类

1. 群体决策:多个人一起做出的决策

群体决策的典型案例是通用电气公司的全员决策。美国通用电气公司是一家集团公司,1981年杰克·韦尔奇接任总裁后,认为公司管理太多,而领导得太少,"工人们对自己的工作比老板清楚得多,经理们最好不要横加干涉"。为此,它实行了"全员决策"制度,使那些平时没有机会互相交流的职工、中层管理人员都能出席决策讨论会。"全员决策"的开展,打击了公司中官僚主义的弊端,减少了烦琐程序。实行"全员决策"后,公司在经济不景气的情况下取得了巨大进展,他本人也因此被誉为全美最优秀的企业家之一。

"全员决策"有利于避免企业中的权力过分集中这一弊端。让每一个员工都体会到自己也是企业的主人从而真正为企业的发展着想,绝对是一个优秀企业家的妙招。如果你希望部属全然支持你,你就必须让他们参与,而且越早越好。

2. 个人决策:单个人做出的决策

表 4-1 群体决策与个体决策的优劣比较

类型	优点	缺点	适用范围
个体决策	效率高、责任明确	质量低、接受性差	简单、次要、无须广泛接受的决策
群体决策	质量高、接受性强	效率低、责任不明确、屈从压力	复杂、重要、需广泛接受的决策

(四) 按决策的时间分类

1. 长期决策

长期决策是有关组织今后发展方向的长远性、全局性的重大决策,又称长期战略决策,如投资方向选择、人力资源开发等。

2. 短期决策

短期决策是为实现长期战略目标而采取的短期策略手段,又称短期战术决策,如日常营销、物资储备等。

(五) 按决策涉及问题的性质分类

1. 程序化决策

程序化决策是指决策可以程序化到呈现出重复和例行的状态,并能通过制定一套处理这些决策的固定程序,也称为结构良好决策,如处理例行问题,有固定程序、规则和方法。

2. 非程序化决策

决策要非程序化到使之表现为新颖、无结构、具有不寻常影响的程度,一般只能采取"现裁现做"的方式加以处理，如处理例外问题，无先例可循，依赖于决策者的经验、知识、价值观（风险观）、决断能力。

企业高层管理者面临的大多是非程序化决策，而中、基层面临的大多为程序化决策。决策类型与问题类型和组织层次的关系如图4-3所示。

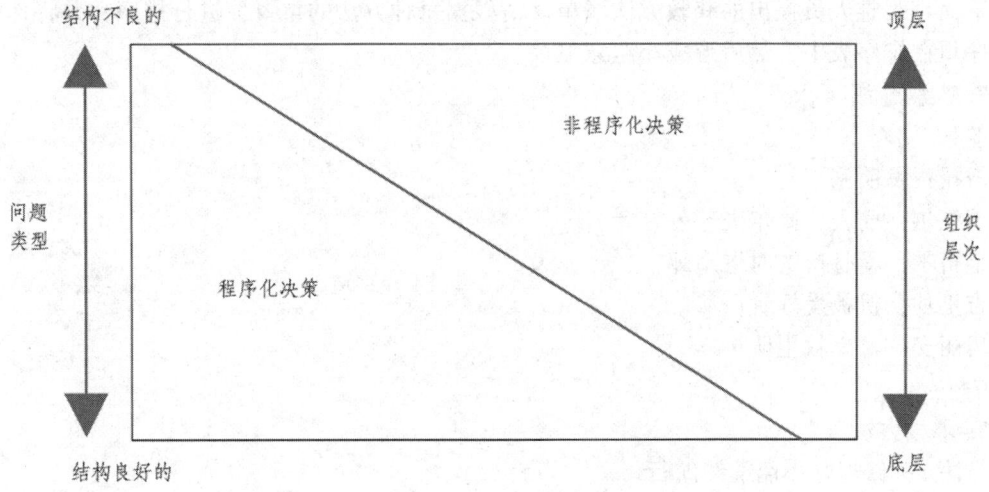

图4-3　决策类型与问题类型和组织层次的关系

（六）按决策的起点分类

1. 初始决策

初始决策是指组织对从事某种活动或从事该种活动的方案所进行的初次选择。

2. 追踪决策

追踪决策是在初始决策的基础上，对组织活动的方向、内容或方式进行重新调整。

初始决策是在对组织内部环境的某种认识基础上做出的，而追踪决策则是由于这种环境条件发生了变化，或者由于组织对环境特点的认识发生了变化而引起的。

> **课程思政，师生互动**
>
> **决策的追踪与调整**
>
> 1949年10月1日，中华人民共和国中央人民政府开始发布《第一号文件》，现在已成为中共中央、国务院重视农村问题的专有名词。中共中央在1982—1986年连续五年发布以农业、农村和农民为主题的中央一号文件，对农村改革和农业发展做出具体部署。2004—2021年又连续十八年发布以"三农"（农业、农村、农民）为主题的中央一号文件，强调了"三农"问题在中国社会主义现代化时期"重中之重"的地位。
>
> 请同学们汇总我国中央一号文件，总结其发展变化，并分组汇报。

同学们！本节内容学习完了，大家也进行了课堂讨论和课堂实践，对决策的含义、内容、类型有了一定的认识，现进行团队决策训练——集体逃出格里兰岛。

1. 集体逃出格里兰岛背景

一些人乘船去目的地 A。由于船只故障,小船损坏严重,人们被迫上了位于太平洋中热带地区的格里兰岛上。他们发现,岛上的控制塔年久失修,已经坏了。万幸的是该岛盛产金矿石,并且有椰子等可以充饥。为了尽快获救,他们集思广益想尽了一切办法。

想象你就是这些人中的一员。

下面是落难人员提出的获救方法清单。请根据每种方法的重要性进行排序,并将你的决定顺序填在排序表中,然后形成小组意见。

2. 人物介绍

船长

教授:发明家

郝维尔:商人,高尔夫球爱好者

金格尔:爱打扮的时髦女郎

吉里甘:帆板爱好者

玛丽安:海岸救生队员

……

3. 求救方法

方法 1:修理好小船继续航行。

方法 2:用船长建造的救生筏送玛丽安出去求救。

方法 3:重建控制塔来向经过的船只发出求救信号。

方法 4:往水中投放教授发明的荧光染料来发出求救信号。

方法 5:挥舞郝维尔的高尔夫球杆来向经过的飞机和船只求救。

方法 6:把旧帆板作为救生筏送吉里甘出去求救。

方法 7:把含金的矿石抛光作为反光板引起经过船只、飞机的注意。

方法 8:要求船长订一份比萨并叫送货员帮助求救。

方法 9:让教授利用椰子壳发明一种发声装置来向经过的船只发出求救信号。

方法 10:让金格尔用她衣服上的布料来制作一面信号旗。

4. 逃出格里兰岛(排序填入表 4-2)

表 4-2 排序表

	1. 个人排序	2. 团队排序	3. 专家排序	1 和 3 的差值	2 和 3 的差值
方法 1					
方法 2					
方法 3					
方法 4					
方法 5					
方法 6					
方法 8					
方法 9					
方法 10					

5. 专家排序表

①方法 7，②方法 4，③方法 10，④方法 5，⑤方法 3，⑥方法 9，⑦方法 1，⑧方法 2，⑨方法 6，⑩方法 8。

6. 结果汇总（表4-3）

表4-3 结果汇总表

	1. 个人平均分数	2. 团队分数	3. 1和2的差值
第一组			
第二组			
第三组			
第四组			
第五组			
第六组			
第七组			
第八组			

7. 问题：你的结果表明

（1）团队工作比个人工作更有效吗？如果是，为什么？如果不是，为什么？

（2）个人是否比团队拥有更高的分数？为什么会出现这种情况？

8. 讨论问题

（1）团队应该怎样做才能尽快地达成一致？

（2）团队的什么行为阻碍了一致意见的达成？

（3）你个人做了什么以促进或是阻碍了团队一致意见的达成？

（4）有什么为了达成一致性意见该做或是不该做的原则可能被你的团队接受。

任务二　决策的过程与影响因素

一、决策的过程

决策作为一门学科术语，它是从英文词汇 Decision Making 翻译过来的，其研究内容虽然也涉及社会系统中的个人、群体以及政府所面临的决策问题，但主要的还是经济系统中的管理和控制问题。由于经济问题在本质上应当是可计量的，因此，对经济系统（无论它是宏观的还是微观的）进行有效的决策，本质上也应当是可定量计算的决策。这就是说，任何成功的决策，都应当具有一套能对社会系统和经济系统不仅进行定性分析而且还可进行定量分析的方法和技术。实际上，自20世纪70年代以来，决策已经越来越依赖于科学技术的最新成果，如运筹学、计算机模拟等。

管理学上有一句名言：对一个错误的决策，100个行动也无法挽救。决策不仅仅渗透于管理活动的各个方面，同时，其正确与否直接关系着管理活动的成败，关系着一个组织的生存与发展。不断地正确决策会引导组织走向成功，相反，连续的失误决策必然使组织毁灭，如图 4-4 所示。

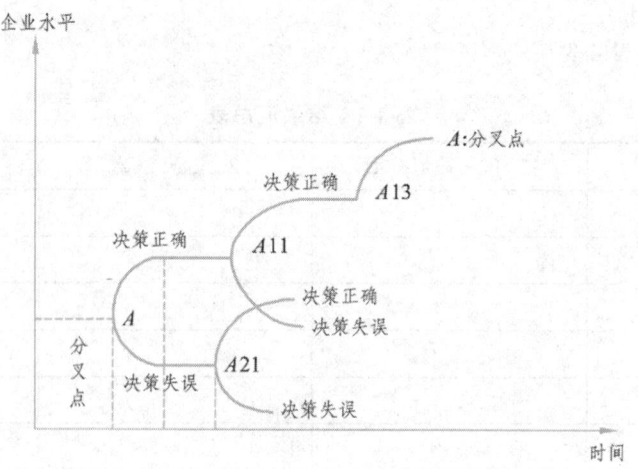

图 4-4　管理决策与分叉理论

美国《财富》杂志根据对 CEO 失败原因的长期分析，认为这些企业家的失败有六大原因，其中之一就是决策的失误。正如一位企业家曾经说过的："失败的企业家 70%~80%都是投资失败，而投资失败的主要原因则是决策失败。"这些决策问题主要表现为：决策的独断和无制约；决策的随意性；一夜暴富的投机性。20 世纪末，大批红极一时的民营企业纷纷陨落，从巨人集团到沈阳飞龙、三株集团、山东秦池、广东爱多等。这些企业曾经在中国市场上创造了一个个神话，取得了令人瞩目的成绩。但是仅仅在几年之间，它们就从人们的视线中消失了，其中最主要的原因就是决策的失误。飞龙的老总姜伟在总结自己失败的教训时，归纳出了"总裁的 20 大失误"，其中前三条分别是决策的浪漫化、决策的模糊化、决策的急躁化。三株的总裁吴炳新在总结经验教训时也就决策问题进行了分析，他认为，由于决策权过分集中且缺乏"智囊团"，而使决策出现了一些失误，对公司影响很大。总之，一个个失误的决策，给我国的企业造成了无法估量的损失。所以，如何进行正确的决策是企业必须解决的一大问题。

现代企业管理之父德鲁克说：不论管理者做什么，他都是通过决策进行的。德鲁克甚至断言：管理始终是一个决策的过程。正确的决策是建立在科学程序基础上的，实践证明，决策虽然不一定按固定的程序实施，但不按程序决策，常常会导致决策失败。完整的决策过程应包括以下七个步骤。

（一）发现问题——决策的开始

决策的第一步是认识决策的需要，因此，决策过程开始于一个存在的问题，或者是为了利用一个潜在的机会。发现问题的困难在于，现实管理中的问题很少是显而易见的，有时候问题本身并不明显，导致问题产生的原因也可能是错综复杂的。由于问题的识别通常带有很强的主观性，管理者需要认识到问题的三个特性：能意识到问题，不得不承受采取行动的压力，以及有采取行动所需的资源。

要想知道问题的本质，最低限度要问七个为什么，才有可能知道这件事情的真正本质是什么。在运用模型进行决策时，还需要运用逻辑思维，对掌握的资料和数据做出正确的判断推理。所以，识别问题或者发现机会,对于管理者作出有效决策而言,既非常重要,也相当困难。

(二)确定目标——决策的前提

目标体现的是组织想要获得的结果。决策目标是根据所需要解决的问题确定的。因此,必须把需要解决的问题的性质及其产生的原因分析清楚,目标才能确定。

决策目标的确定要符合一些要求:一是目标必须具体明确,不能含义不明;二是目标必须落实,并可以确定其责任;三是明确目标的约束条件;四是多目标问题的处理。当目标之间相互矛盾时,要以总目标为基准,进行协调。

(三)拟订方案——决策的基础

在目标确定之后,就要探索和拟订各种可行的方案。为了更好地达到解决问题或充分利用机会的目的,需要设计出尽可能多的备选方案以供评价和筛选。如果备选方案只有一个便谈不上选择,也就无所谓决策了。管理专家们认为,没有推出不同的备选方案并对它们进行比较分析,是管理者作出错误决策的重要原因之一。

备选方案既可以是标准化和常规性的,这可以借助于过去的做法与经验,也可以是独特的和富有创造性的,这就要求管理者彻底放弃固有的思想观念,转而使用一种全新的思维方式,大胆设想,勇于创新。如可充分发挥智囊技术的作用,在国外常用"头脑风暴法""对演法""哥顿法"等。

(四)方案选优——决策的关键

在拟订方案工作完成之后,就要对这些方案进行比较评价,从各种可供选择的方案中,权衡利弊,选择其一。因此,管理者必须具备评价各种备选方案的价值,也就是识别每一种备选方案的优点和缺点的能力。一些较差的管理决策产生的原因,可以追溯到对备选方案不良和错误的评价上。

要保证对备选方案进行正确的评价,最重要的是要能够确定出评价标准。西方学者认为,通常有四个基本标准可以用来对备选方案进行正反两个方面的评价,它们是:合法性、合乎伦理道德、经济可行性和实用性。当然,很多时候,管理者需要收集更多的补充信息,以保证评价的正确性。

(五)典型试验——决策的试点

方案选定后,要进行典型试验,以验证其方案的可靠性。典型试验也称为"试点",是一种科学的步骤,科学地进行,才有实际效果。为此,一方面被试验的点必须具有典型性条件,并严格按照决策方案实施;另一方面,简单地、走过场式地搞试点或有意给试点单位以优厚条件,以证明决策正确,均是错误的。如果试点成功,即可转入全面实施。否则,还必须反馈回去,进行决策修正。

(六)普遍实施——决策的落实

通过上一阶段的试验,如果证实可靠,即进入决策执行阶段。这就是把决策目标落实到每一执行单位,明确各自的责任,并及时掌握执行过程中的具体情况。

(七) 跟踪控制——决策的检查

决策付诸执行以后，在执行过程中可能会发生这样或那样与目标偏离的情况，因此，必须注意跟踪检查。如果偏离了原定的目标，就应及时反馈并进行控制，不断修正方案，以便实现原定的目标。如果有的方案几经修订，仍达不到预期结果，就要对决策本身进行分析，发现问题，及时改正，重新进行跟踪决策。

决策是一个动态过程，不一定机械地按顺序一步接着一步地做，这中间会有反馈，这种反馈不仅存在于各个大步骤之间，而且在各个大步骤之内的各个小步骤之间也同样存在，结果就会形成大大小小的反馈环，以及大环套小环的复杂情况，如图 4-5 所示。

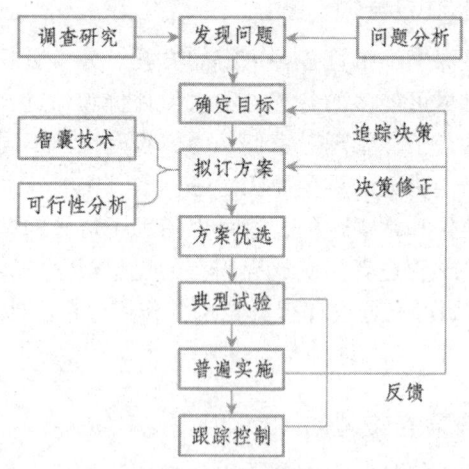

图 4-5 决策的程序

二、决策的影响因素

《孙子兵法·谋攻篇》中提出："用兵之法，十则围之，五则攻之，倍则分之，敌则能战之，少则能逃之，不若则能避之。"这段话充分体现出了任何决策都是在一定的条件下进行的，都会受到一些因素的影响和制约。

一般来说，影响决策的因素主要有以下几个方面。

(一) 环境因素

环境对决策的影响环境对组织决策的影响是双重的，即推动决策也制约决策。首先，环境的特点影响着组织的活动选择。组织决策要面临的环境包括企业经营的微观环境和宏观环境。企业中产、供、销、人、财、物、信息等直接发生关系的客观环境，是决定企业生存和发展的基本环境。为应对这些问题，需要决策。其次，管理者进行决策时，要考虑各种环境因素并受其制约，否则，决策就可能失误。

(二) 组织文化

文化通常指人民群众在社会历史实践过程中所创造的物质和精神财富的总和。它是一种历史现象，每一个社会都有与其相适应的文化，并随着社会物质生产的发展而发展。任何一个决策都会受到组织文化的影响。在进行管理决策和实施一个新决策时，组织内部的新旧文化必须相互适应，相互协调，这样才能为组织决策获得成功提供保证。虽然，决策时要考虑所做出的决策尽量与组织文化相适应，不要破坏企业已有的组织文化。但是，当企业环境发生重大变化，企业的组织文化也需要相应做出重大变化的情况下，企业应考虑到自身长远利益，不能为了迎合企业现有的组织文化，而将组织新的决策修订得与现行组织文化标准相一致。

(三) 决策者的个人因素

在决策活动中起决定作用的是决策者，决策者个人的能力、知识与经验、战略眼光、民主作风、偏好与价值观、对待风险的态度、个性习惯、责任和权力等都会直接影响决策的过程和结果。其中，决策者的个人能力以及对待风险的态度是决策成败的关键。该能力主要来源于渊博的知识和丰富的实践经验，一个人的知识越渊博、经验越丰富、思想越解放，就越乐于接受新事务、新观念，越容易理解新问题，也就能拟订出更多更合理的备选方案。

(四) 时间因素

美国学者威廉·金和大卫·克里兰曾提出了时间敏感型决策和知识敏感型决策的概念。时间敏感型决策是指那些必须迅速作出的决策，战争中军事指挥官的决策多属于此类。时间敏感型决策强调了时间对决策的影响，这种决策对速度的要求远甚于质量。例如，当一个人站在马路当中，一辆疾驶的汽车向他冲来时，关键是要迅速跑开，至于跑向马路的左边还是右边，相对于及时行动来说则显得比较次要。知识敏感型决策则对时间的要求不是非常严格，这类决策的执行效果主要取决于其质量，而非速度。

(五) 过去的决策

"非零起点"就是一切决策的基本特点。在管理实践中，现在的决策而是对初始决策的完善、调整或改革，是建立在过去决策基础之上的，过去的决策总是有形无形地影响现在的决策。这种影响有利有弊，利是有助于实现决策的连贯性和维持组织的相对稳定，并使现在的决策建立在较高的起点上；弊是不利于创新，不适应剧变环境的需要，不利于实现组织的跨越式发展。一般来说，过去的决策对现在决策的影响程度，取决于它们与决策者的关系，这种关系越紧密，现在的决策受到的影响就越大。

三、决策失误的类型

1. 决策错误

作出不正确的决策和不恰当的决策，例如为企业选择了错误的经营方向或造成损失。

2. 决策失效

决策虽然有效果但没有达到预期要求；或者虽然达到预期要求但作出了本可以避免的诸多努力，很是费劲。

3. 决策终止

制定的决策并没有得到付诸实施，可能由各种主客观原因造成。对好的决策没有付诸决策，领导应该检讨问题出在哪里。

4. 机会失误

可能由各种主客观原因造成。这种失误不会给企业带来实际的损失，带来的往往是事后的后悔，但机遇的丧失也是非常可惜的。例如当初企业由于决策不及时，丧失重大发展或扩张机会；或者当时由于不谨慎，没有选择更好的方案。

决策就会存在风险，通过正确决策降低决策风险是必要的。但是，风险越高往往意味着收益越大，所以，仅仅考虑这一个问题还不够。更为重要的是，企业应当如何增强自身承受风险的能力。因此，必须要建立决策的模型，在模型里使用一系列的分析工具，用正确的工具、模型和方法来解决决策中的问题，并进行科学决策。

任务三　决策的方法

管理中的问题千差万别，所以决策也就多种多样。进行决策必须解决多方面的问题，所以在决策过程中可以而且应该用到各种各样的决策方法。每一种决策方法都有其科学的一面，同时也存在一定的局限性。把握决策类型的特点，掌握科学决策方法是提高决策正确性及决策效率的重要保证。概括起来说，决策的方法有定性决策法和定量决策法。

一、定性决策法

定性决策法又称主观决策法，是指在决策中主要依靠决策者或有关专家的智慧来进行决策的方法。定性决策法侧重于确定决策的方向，也被称为决策软技术，能够充分发挥管理者的潜在能力和创造力。

1. 头脑风暴法

头脑风暴法（Brain-storming）的创始人是英国心理学家奥斯本。头脑风暴法是一种集体决策方法，便于发表创造性意见，因此主要用于收集新设想。头脑风暴法的目的在于针对需要解决的问题，将相关专家聚集在一起，在完全不受约束的条件下，敞开思路、畅所欲言，诱发创造性思维的共振和连锁反应，产生更多的创造性思维，以形成多样化的决策思路和方案。

头脑风暴法要求遵循以下几项原则：

（1）勿评优劣：各自发表自己的意见，任何人不得对他人的建议发表评论或提出批评。

（2）畅所欲言：建议越多越好，而各种建议不必经过深思熟虑，与会专家不宜宣读事先准备好的发言稿。

（3）大胆创新：鼓励独立思考和奇思妙想。

（4）集思广益：所有的建议都当场记录下来，留待稍后通过进一步讨论和分析加以补充和完善。

头脑风暴法是一种被广泛运用于群体决策的有效方法，这种方法的时间安排应为20～60分钟，参加者以10～15人为宜。

管理小游戏

"头脑风暴法"游戏

1. 确定一样物品,比如"回形针"或者其他任何东西,想出尽可能多的它的用途。

2. 5~10人为一个小组,每个组选出1人记录本组所想出的主意的数量,在5分钟之后,推选出本组中最新奇、最疯狂、最具有建设性的主意,想法最多、最新奇的组获胜。

3. 游戏规则:

(1)不许有任何批评意见,只考虑想法,不考虑可行性。

(2)想法越古怪越好,鼓励异想天开。

(3)所要求的是数量而不是质量。

(4)可以寻求各种想法的组合和改进。

(5)发言简练。

4. 游戏启示:

(1)人的大脑是一个无比奇怪的器官,它所蕴藏的力量是无法估量的。在短时间内,聚精会神努力搜索大脑会有助于许多创造性思维的提出。

(2)不要嘲笑人们想法的异想天开,要知道科技和人类的进步正是建立在一项一项的异想天开的基础上的。

(3)在解决问题的时候,头脑风暴往往用来解决诸如创意之类的难题,但是它还取决于一个环境氛围的因素。只有在一个民主、完全放松的环境中,人们才能异想天开地解决问题。并不是所有的员工都缺乏创意,而是缺乏一个民主的氛围。

2. 德尔菲法

德尔菲法(Delphi Technique)是20世纪40年代由美国学者赫尔姆和达尔克首创,经过戈尔登和兰德公司进一步发展而成的。德尔菲法又称专家意见法,是采用匿名发表意见的方式征询专家小组成员的决策意见,即团队成员之间不得互相讨论,不发生横向联系,只能与调查人员发生联系,经过几轮征询,反复地填写问卷来集结问卷填写人的共识及收集各方意见使专家小组的意见趋于集中,最后作出选择结论。所以,德尔菲法是一种利用函询形式进行的集体匿名思想交流过程,其实施步骤如图4-6所示。

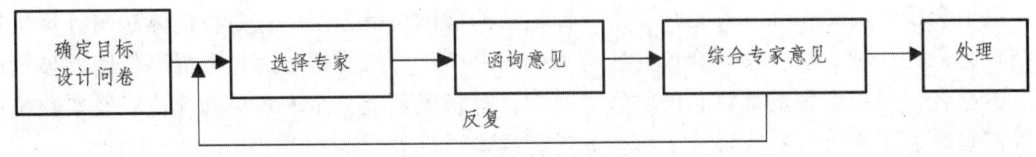

图4-6 德尔菲法实施步骤

德尔菲法的具体实施步骤如下。

(1)确定目标。明确调查主题,设计调查问卷,收集整理相关材料,做好准备工作。

(2)组成专家小组。按照课题所需要的知识范围确定专家。专家人数的多少,可根据预测课题的大小或涉及面的宽窄而定,一般不超过20人。

(3)反复征询意见。逐轮收集意见并为专家反馈信息是德尔菲法的主要环节。将调查问卷分发给所有专家,并要求每一个专家独立地、以匿名的方式完成问卷;将各位专家第一次问卷的结果进行编辑、汇总和分析,并把第一轮问卷的结果反馈给所有专家,以便他们参考后激发他们的创意或促使他们调整和改变原来的看法，做第一次修改。收集所有专家的修改意见，汇总分析后再次分发给各位专家，做第二次修改。收集意见和信息反馈一般要经过三四轮。在向专家进行反馈的时候，只给出各种意见，但并不说明发表各种意见的专家的具体姓名。这一过程重复进行，直到每个专家都不再改变自己的意见，获得相对一致的意见为止。

（4）综合处理意见。对各专家最后一次征询的意见进行统计处理，做出预测结果。

与其他专家决策方法相比，德尔菲法有三个明显的特点：

（1）匿名性，即专家组成员不直接见面，只通过函件交流，这样就可以消除权威的影响。

（2）反馈性，即需要若干轮信息反馈，使得最终结果基本能够反映专家的想法和对信息的认识，所以结果较为客观、可信。

（3）统计性，即对诸多专家的意见进行统计学处理，并以概率的形式反映专家意见的集中度。

德尔菲法的优点主要是：简便易行，具有一定的科学性和实用性，可以避免会议讨论时产生随声附和等弊病，同时也能较快形成易接受的结论，在一定程度上具有综合意见的客观性。缺点包括：一是由于决策主要依靠专家，因此，仍属专家们的集体主观判断；二是在选择合适的专家方面比较困难；三是决策速度太慢。

3. 哥顿法

哥顿法（Gorden）又称提喻法，是美国人哥顿于1961年发明的一种创新思维的方法。它主要是通过会议形式，根据主持人的引导，让与会者进行讨论。哥顿法与头脑风暴法相类似，先由会议主持人把决策问题向会议成员做笼统的介绍，然后由会议成员（专家成员）海阔天空地讨论解决方案；当会议进行到适当时机时，决策者将决策的具体问题展示给会议成员，使会议成员的讨论进一步深化，最后由决策者运用讨论结果，进行决策。其中的一个基本观点就是"变熟悉为陌生"，即抛开对事物性质原有的认识，在"零起点"上对事物进行重新认识，从而得出相应的结论。这样做的目的是避免思维定式的约束，使大家能跳出固定框架去思考，充分发挥群体智慧，以达到方案创新的目的。

4. 电子会议

电子会议（Electronic Meeting）是一种较新的群体决策方法，它是将群体法与计算机技术结合起来的一种方法。参与会议的所有人拥有一个计算机终端，通过大屏幕将问题显示给所有参会者，每一个成员都将自己的意见打在计算机屏幕上，个人意见和评论以及票数统计结果都实时显示在会议室大屏幕上，由此进行决策讨论。

电子会议的主要优点是匿名、诚实和高效。它鼓励群体成员大胆地表达自己的想法而不必担心会受到惩罚，同时也避免了闲聊和讨论偏题，并且不需要担心打断他人的"讲话"。电子会议的缺陷是，那些打字速度快的人使得那些打字速度慢的人相形见绌；电子会议方法缺乏面对面的口头交流所传递的大量丰富的信息。可以预见，随着电子技术的日益成熟，电子会议在群体决策领域中将得到越来越广泛的运用。

二、定量决策法

定量决策法是一种客观决策的方法，又称为决策的硬技术，是建立在数学模型和电子计算机手段应用的基础上的决策方法。常见的定量决策法详见表4-4。

表4-4 定量决策法

决策类型	分析方法
确定型决策	（1）线性规划、库存论、排队论、网络计划等数学模型法 （2）盈亏平衡分析法
风险型决策	决策树法
不确定型决策	（1）悲观法则 （2）乐观法则 （3）折中法则 （4）后悔值法则

（一）确定型决策方法

确定型决策是指在确定条件下进行决策，决策面对的问题的相关因素是确定的，从而建立的决策模型中的各种参数是确定的，且每一方案只有一个确定的结果。常用的确定型决策法有线性规划法和盈亏平衡分析法。

1. 线性规划法

线性规划法是在一些线性等式或不等式的约束条件下，求解线性目标函数的最大值或最小值的方法。运用线性规划法建立数学模型的基本步骤如下。

（1）确定影响目标大小的变量，列出目标函数。

（2）找出实现目标的约束条件。

（3）找出使目标函数达到最优的可行解，即线性规划的最优解。

2. 盈亏平衡分析法

盈亏平衡分析法又称保本分析法或量本利分析法，它主要是综合分析产品成本、销售量和销售利润这三个变量之间的关系，来预测利润、控制成本、判断经营状况的一种数学分析方法。通过掌握盈亏变化的临界点（即保本点），掌握盈亏变化的规律，指导企业选择能够以最小的生产成本生产最多产品并可使企业获得最大利润的经营方案。决策者分析决策方案对企业盈亏的影响，可借助它对方案进行设计和选优。

盈亏平衡法，首先分析产销量：产量即生产量，销量即销售量。其次分析成本：

（1）固定成本是指在一定产量范围内，不随产量变动而变动的成本之和，是即使产量为零也要照常支出的总费用。如厂房、机器设备的租金、折旧费、水电费等。但是，从每单位产品的分摊额来看，则产量增加，单位成本降低；产量减少，单位成本增加。

（2）变动成本是随着产量的变动而变动的成本，包括原材料成本，劳动力成本等。产量增加，单位变动成本不变，总变动成本增加。最后，分析利润：利润 = 销售额 – 总成本，其中，总成本 = 固定成本+变动成本，而变动成本 = 单位变动成本×销量，因此利润 =（单价 – 单位变动成本）×销量 – 固定成本。

盈亏平衡点是指利润为零，边际贡献等于固定成本，或销售收入等于全部成本的点，如图4-7所示。

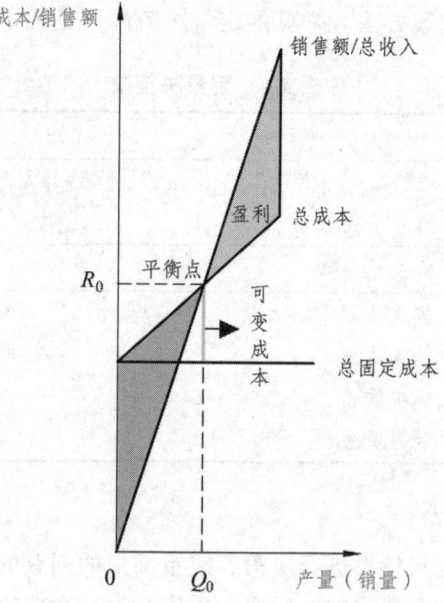

图 4-7 盈亏平衡分析基本模型图

盈亏平衡分析法的基本公式如下。

（1）盈亏平衡点产量的计算公式：

$$Q_0 = C/(P-V) \tag{4.1}$$

式中，Q_0 为盈亏平衡点产量（销量），即利润为零时的产量（销量）；C 为总固定成本；P 为产品价格；V 为单位变动成本。

（2）计算盈亏平衡点时的业务收入：

$$R_0 = P \times Q_0 \tag{4.2}$$

式中，R_0 为盈亏平衡点营业额。

（3）利润的计算公式：

$$TP = (P-V) \times Q - C \tag{4.3}$$

式中，TP 为利润额。

当 $TP < 0$ 时，$Q < Q_0$，企业处于亏损状态；
当 $TP = 0$ 时，$Q = Q_0$，企业处于盈亏平衡状态；
当 $TP > 0$ 时，$Q > Q_0$，企业处于盈利状态。

（4）当获得一定目标利润时，产量的计算公式：

$$Q = (C+B)/(P-V) \tag{4.4}$$

式中，B 为预期的目标利润额；Q 为实现目标利润 B 时的产量或销售量。

【例1】某乳酸生产企业的平均价格为777元/吨，年固定费用为1 270万元，可变费用为650元/吨。

求：（1）该企业的盈亏平衡点产量应为多少？

（2）该企业盈亏平衡点时的业务收入是多少？

（3）如果要实现利润 2 000 万元时，其产量应为多少？

（4）如果企业完成销量 23 万吨，该企业能否盈利，盈亏多少？

解：（1）计算盈亏平衡点时的产量：

$$Q_0 = C/(P-V)$$
$$= 1\,270/(777-650)$$
$$= 10（吨）$$

（2）计算盈亏平衡点时的业务收入：

$$R_0 = 10 \times 777 = 7\,770（万元）$$

（3）计算实现利润 2 000 万元时的产量：

$$Q = (C+B)/(P-V)$$
$$= (1\,270+2\,000)/(777-650)$$
$$\approx 25.75（吨）$$

（4）计算企业完成销量 23 万吨时盈亏状况：

$$TP = (P-V) \times Q - C$$
$$= (777-650) \times 23 - 1\,270$$
$$= 1\,651（万元）$$

所以销量 23 万吨时盈利。

（二）风险型决策方法

在风险型决策中，决策者对未来可能出现何种自然状态不能确定，但其出现的概率可以大致估算出来。风险型决策常用的方法是决策树分析法。

决策树法是指模拟树木生长的过程，绘制树形分析图，计算与比较各种自然状态出现的概率及方案预期损益，以各分枝的损益期望值中的最大者作为选择的依据，抉择最优方案的方法。

1. 决策树的构成（见图 4-8）

（1）决策节点。它以"□"表示，用来表示决策的结果。

（2）状态节点。它以"○"表示，用来表示各种行动方案，上面的数字表示方案的效益期望值，某方案的期望值等于方案中多种随机状态可能出现的概率与其对应的损益值的乘积之和。

（3）方案枝。它是由决策点起自左而右画出的若干条直线，每条直线表示一个备选方案。

（4）概率枝。从状态节点引出的若干条直线称为概率枝，每条直线代表一种自然状态及其可能出现的概率（每条分枝上面注明自然状态及其概率）。

（5）结果点。它是画在概率枝末端的"△"，用来表示不同状态下的期望值（效益值或亏损值）。

2. 绘制决策树法的步骤

（1）分析决策问题，确定有哪些方案可供选择，各方案又面临哪几种自然状态，从左向右画出树形图。

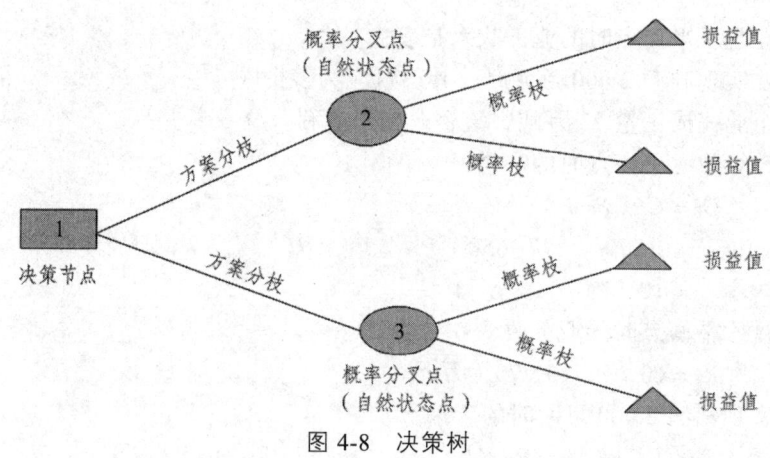

图 4-8 决策树

（2）将方案序号、自然状态及概率、损益值分别写入状态节点及概率枝和结果点上。先画一个方框"□"作为决策节点，从出发点向右引出若干条直线即方案枝，在每个方案枝的末端画一个圆圈"○"为概率分叉点，概率分叉点引出代表各自然状态的概率分枝，如果问题只需要一级决策，则概率分枝末端画三角形，表示终点。

（3）计算损益期望值。把从每个状态节点引入的各概率分枝的损益期望值之和标在状态节点上，选择最大值（亏损则选最小值），标在决策节点上。

（4）剪枝决策。凡是状态节点上的损益期望值小于决策点上数值的方案枝一律剪掉，剪枝用"//"表示，最后剩下的方案分枝就是要选择的决策方案。

【例2】假设有一项工程，施工管理人员需要决定下月是否开工。如果开工后天气好，则可为国家创收 4 万元，若开工后天气坏，将给国家造成损失 1 万元，不开工则损失 1 000 元。根据过去的统计资料，下月天气好的概率是 0.3，天气坏的概率是 0.7。请做出决策。

解： 现采用决策树方法进行决策。

第一步：将题意表格化，见表 4-5。

表 4-5 各种方案损益值

自然状态	概率	行动方案	
		开工	不开工
天气好	0.3	40 000	−1 000
天气坏	0.7	−10 000	−1 000

第二步：画决策树图形，根据第一步所列的表格再绘制决策树，如图 4-9 所示。

第三步：计算期望值。一般按反向的时间程序逐步计算，将各方案的几种可能结果的数值和它们各自的概率相乘，并汇总所得之和，其和就是该方案的期望值，如图 4-10 所示。

方案 B 期望值 = 40 000 × 0.3 − 10 000 × 0.7 = 5 000

方案 C 期望值 = −1 000 × 0.3 − 1 000 × 0.7 = −1 000

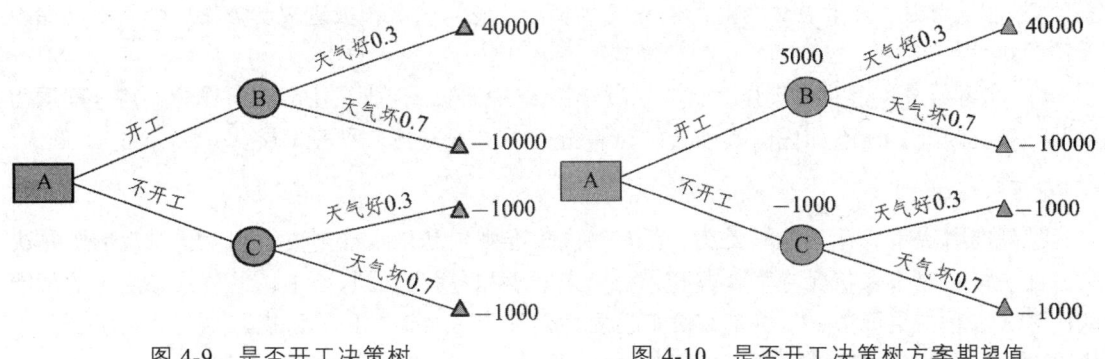

图 4-9 是否开工决策树　　　　图 4-10 是否开工决策树方案期望值

第四步：确定决策方案。在比较方案考虑的是收益值时，则取最大期望值；若考虑的是损失时，则取最小期望值，如图 4-11 所示。

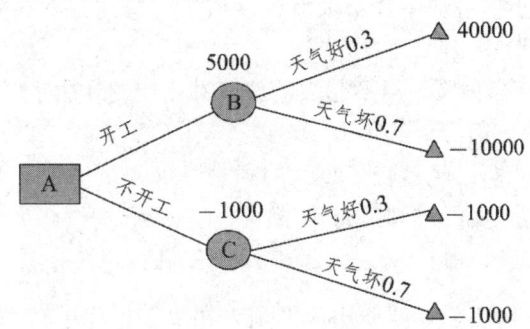

图 4-11 是否开工决策树方案剪枝

根据计算出的期望值分析，本题采取开工方案较好。

（三）不确定型决策方法

不确定型决策是对未来自然状态完全不能确定的情况下进行的。由于决策主要依靠决策者的经验、智慧和风格，于是产生了不同的评选表准，因而形成了多种具体的决策方法。常用的不确定型决策方法有乐观准则、悲观准则、折中准则、后悔准则等。

1. 乐观准则

乐观准则决策又称大中取大法、冒险法，是采用最大期望值决策准则进行的一种决策方法，即好中求好。

（1）乐观法的决策步骤。

① 在各方案的损益中找出最大者。

② 从中再选出最大期望值，该值所对应的方案即为决策者所选取的方案。

（2）乐观法适用范围。

① 高收益值诱导。决策者运用有可能实现的高期望值目标，激励、调动人们奋进的积极性。实际结果如何并不重要，关键是重视决策目标的激励作用。

② 绝处求生。企业处于绝境，运用其他较稳妥的决策方法难以摆脱困境，此时，和其等着破产，还不如决策最大期望值的方案，通过拼搏，以求获得最后一线生机。

③ 前景看好。决策者对企业的前景充满信心，应当采取积极进取的方案，否则就会贻误最佳时机。

④ 实力雄厚。企业力量强大，如果过于稳妥、保守，企业往往会无所作为，甚至削弱力量及地位。因此，还不如凭借其强大的风险抵御力勇于开拓，积极发展。

2. 悲观准则

悲观准则决策又称小中取大法、瓦尔德决策准则。和乐观准则决策相反，悲观准则是决策者在决策时对未来状况持悲观态度，在未来发生的各种自然状态中，最坏状态出现的可能性比较大。悲观决策法，虽然带有决策性质，但它留有余地，稳妥可靠，是在"最不利"中找出"最有利"的方案，即坏中求好。

（1）悲观法决策步骤。

① 在各方案的损益值中找出最小者。

② 在所有方案的最小损益值中找最大者，该值所对应的方案即为决策者所选取的方案。

（2）悲观法适用范围。

① 企业规模较小、资金薄弱，经不起大的经济冲击，或者决策者认为最坏状态发生的可能性很大，对好的状态缺乏信心，等等。

② 在某些行动中，人们已经遭受了重大的损失，如人员伤亡、天灾人祸需要恢复元气，一般也往往采用这一较为稳妥的准则进行决策。

3. 折中准则

折中准则决策也称平均法、赫威斯决策准则。在决策过程中，一般人们往往认为乐观法决策过于乐观、冒进，不愿采用。认为悲观准则决策过于保守、悲观，也不愿采用。在这种情况下，鉴于"坏中求好"准则和"好中求好"准则都属于走极端，赫威斯建议采取两者的折中，提出了"乐观系数"的概念。给最好的自然状态以一个乐观系数 a（$0 \leq a \leq 1$），给最差的自然状态以一个悲观系数 $1-a$，两者之和为 1，是决策者乐观或悲观程度的度量。

（1）折中法决策步骤。

① 找出各方案在所有状态下的最小值和最大值。

② 决策者根据自己的风险偏好程度给定最大值系数 a（0~1），最小值的系数随之被确定为 $1-a$。

③ 用各方案在最好状态下的损益值与乐观系数相乘所得的积，加上各方案在最差自然状态下的损益值与悲观系数的乘积，得出各方案的期望值。

$$折中损益值 = 最大损益值 \times a + 最大损益值 \times (1-a)$$

④ 最后比较各方案折中收益值的大小，确定折中收益值最大的那个方案为最优方案。

当乐观系数 $a=0$ 时，结果与悲观原则相同；当 $a=1$ 时，结果与乐观原则相同。因此，悲观原则与乐观原则便成为折中原则的两个特例。用折中法选择方案的结果，取决于反映决策者风险偏好程度的乐观系数的确定。

4. 后悔准则

后悔准则又称最小最大后悔值法，是指通过计算各种方案的后悔值来选择决策方案的一种决策准则。该方法以避免决策者将来对自己的决策感到后悔为原则。在决策时，当某种自然状态可能出现时，决策者必然首先选择受益最大的方案，如果决策者由于决策失误没取到这一方案，而是选择了其他方案，就会感到后悔，两个方案的收益值之差叫作后悔值。

（1）后悔值法决策步骤。

① 计算损益值的后悔值矩阵。将决策矩阵从利润矩阵转变为机会损失矩阵，方法是用各自然状态下的最大损益值分别减去该状态下所有方案的损益值，从而得到对应的后悔值。

后悔值=各自然状态下的收益值-该情况下该方案的收益

② 从各方案中选取最大后悔值。

③ 在已选出的最大后悔值中选取最小值，对应的方案即为用最小后悔值法选取的方案。

（2）后悔值法适用范围。

后悔准则决策的适用于有一定基础的中小企业。因为这类企业一方面能承担一定风险，因而可以不必太保守；另一方面，又不能抵挡大的灾难，又不能像乐观准则决策那样过于冒进。对这类企业来讲，采用最小最大后悔值准则决策法进行决策属于一种稳重求发展的决策。

【例3】某商业企业存在三种可选择的方案，即甲：大批经销、乙：中批经销、丙：小批经销。并且，各种自然状态下的收益值可以事先作出分析，见表4-6。请根据乐观原则、悲观原则、折中原则、后悔原则进行决策。

表 4-6 各种方案损益值　　　　　　　　　　　　　　　　　单位：万元

方案	销路好	销路一般	销路差
甲	60	40	−10
乙	40	30	5
丙	25	20	15

解：1. 乐观准则决策分析

在每种方案中，把最大值找出来，放到右侧，见表4-7。然后在最右列中找出最大值，60＞40＞25，对应的方案就是甲方案：大批经销。

表 4-7 乐观准则决策　　　　　　　　　　　　　　　　　单位：万元

方案	销路好	销路一般	销路差	最大损益值
甲	60	40	−10	(60)
乙	40	30	5	40
丙	25	20	15	25

2. 悲观准则决策分析

在每种方案中，把最小的值找出来，见表4-8。然后，从最右侧最小损益值一列中找出最大的值来，15＞5＞−10，与其对应的方案就是丙方案：小批经销。

表 4-8　悲观准则决策　　　　　　　　　　　　　　　　　　单位：万元

方案	销路好	销路一般	销路差	最小损益值
甲	60	40	−10	−10
乙	40	30	5	5
丙	25	20	15	(15)

3. 折中准则决策分析

确定乐观系数为 0.3，悲观系数为 0.7；在每种方案中，找出最大损益值及最小损益值，见表 4-9。然后，计算各个方案的期望值：甲 = 60×0.3−10×0.7 = 11，乙 = 40×0.3+5×0.7 = 15.5，丙 = 25×0.3+15×0.7 = 18。最后，从最右侧期望值一列中，找出最大的值来，18 > 15.5 > 11，与其对应的方案就是丙方案：小批经销。

表 4-9　折中准则决策　　　　　　　　　　　　　　　　　　单位：万元

方案	销路好	销路一般	销路差	最大损益值	最小损益值	期望值
甲	60	40	−10	60	−10	11
乙	40	30	5	40	5	15.5
丙	25	20	15	25	15	(18)

4. 后悔准则决策分析

计算各状态下选择不同方案的后悔值（后悔值=自然状态下最大值−原数值）。找出各个方案的最大后悔值，见表 4-10。最后，从最右侧最大后悔值一列中，找出最小的值来，20 < 25 < 35，选择其对应的方案就是乙方案：中批经销。

表 4-10　折中准则决策　　　　　　　　　　　　　　　　　　单位：万元

方案	损益值			后悔值			
	销路好	销路一般	销路差	销路好	销路一般	销路差	最大后悔值
甲	(60)	(40)	−10	0	0	25	25
乙	40	30	5	20	10	10	(20)
丙	25	20	(15)	35	20	0	35

由于定性决策法和定量决策法各有所长，也各自存在一定的局限性，因而在决策中应根据决策问题的性质和决策过程各个阶段的情况，灵活应用各种方法。人们往往把两类方法结合起来，以便更进一步地提高决策的科学化水平。

课后习题

一、单项选择题

1. "管理就就是决策"就是下列哪位经济学家的观点？（　　）
   A. 泰罗　　　　　　　　　　　　　B. 法约尔
   C. 西蒙　　　　　　　　　　　　　D. 韦伯

2. "其人存则其政举，其人亡则其政息"，据此观点描述企业的状况，可见该企业明显的弊端在于（　　）。
   A. 企业领导水平低下　　　　　　　B. 企业决策过分依赖决策者个人因素
   C. 领导水平高　　　　　　　　　　D. 不放权

3. 该项决策具有极大偶然性与随机性，又无先例可循且有大量不确定因素，其方法与步骤也难以程序化与标准化，这项决策就是（　　）。
   A. 风险型决策　　　　　　　　　　B. 不确定型决策
   C. 程序化决策　　　　　　　　　　D. 非程序化决策

4. 如果你是公司的经理，当企业出现以下几件事情需要作出决策时，你将把主要精力放在哪件事上？（　　）
   A. 原材料的采购　　　　　　　　　B. 资金的安排
   C. 组织结构的调整　　　　　　　　D. 生产计划的规定

5. 越就是组织的高层管理者，所做出的决策越倾向于（　　）。
   A. 战略的、程序化的、确定型的决策　　B. 战术的、非程序化的、风险型的决策
   C. 战略的、非程序化的、风险型的决策　　D. 战略的、非程序化的、确定型的决策

二.判断题

1. 决策者在作决策时，应正确处理组织内部各个单元之间、组织与社会、组织与其他组织之间的关系，在充分考虑局部利益的基础上，把提高整体效用放在首位，实现决策方案的整体满意。这就是决策的经济效益原则。（　　）
2. 《资治通鉴》中"兼听则明，偏听则暗"反映了决策时要听取多方信息。（　　）
3. 高层管理者所作的决策多属于战术性决策。（　　）
4. 管理者为解决日常问题而进行的决策属于非程序化决策。（　　）
5. 在决策实践中，在特定时间、资源与人的认识能力等条件的约束下，不存在"最优化"的方案，只存在"满意"的方案。（　　）

三、简答题

1. 科学决策应该遵循哪些原则？
2. 影响决策的因素有哪些？
3. 决策的程序是什么？
4. 决策的方法有哪些？
5. 头脑风暴法的实施原则是什么？

四、计算题

1. 企业某企业生产某产品的固定成本为 50 万元，单位价格为 80 万元，单位可变成本为 40 万元，若企业目标利润为 30 万元，企业应完成多少销售量？若本年利润预计销量为 50 000 件，其利润额或亏损额是多少？

2. 某企业准备今年 5 月生产某种新产品，根据预测估计，这种产品的市场销售状况的概率：畅销为 0.3，一般为 0.5，滞销为 0.2。产品生产提出改进生产线、新建生产线、外包生产三种方案，怎样决策才能取得最大经济效益？有关数据见表 4-11。

表 4-11　生产新产品各种方案损益值

方案	畅销 概率 0.3	一般 概率 0.5	滞销 概率 0.2
改进生产线	30	25	12
新建生产线	25	20	14
外包生产	18	16	15

本项目案例分析——赵武灵王"胡服骑射"军事改革决策

春秋战国时期，赵国近胡地，常与胡人发生冲突，在长期的作战实践中，赵武灵王认识到，身穿长袍的赵国步兵很难与装束精干、行动敏捷的胡人骑兵相抗衡。但由于根深蒂固的传统观念束缚，人们很难接受胡人的装束和作战方式。

一天，武灵王与肥义闲谈，肥义说："大王是否着眼世事变化，分析过军队的作用，回忆过（赵）简主和（赵）襄主的业绩，谋划过胡地和狄地的利益呢？"武灵王说："贤良的君主平时要制定利于人民的政令，并不失时机地教导他们，在战争年代，要建立空前绝后的功业。作为大臣，闲居时要尊敬长辈，谦恭辞让；在朝做官时，要能够辅佐国君、造福百姓。这是为君者、为臣者应该遵循的道理。现在，我想继承（赵）襄主的功业，开拓胡、狄之地，但我的这些想法恐怕难以被人理解。现在看来，如果进攻弱小的胡、狄，用力不大，也不至于使百姓受苦，却能获得很大收益。想建立盖世功业的人，必然会遭到一般人的非议；有独到见解的人，必然会遭到世俗的嫉恨。如今，我想改穿胡服，学习骑马射箭，但顾忌世人的议论。"

肥义说："我听说，办事如果犹豫不决，就不会成功；行动如果瞻前顾后，就不会成名。大王如果已经决定承担天下非议，就不能再顾忌世人的飞短流长。从前，舜跳有苗氏（上古南方部族）的舞蹈，世人不理解；禹赤身裸体地进入不知穿衣服的部落，世人更是不解，但他们都是为了以德行来感化尚未开化的人。愚蠢的人对即将成功的事也看不清楚，聪明的人在事情尚未出现之前就能预知未来。有鉴于此，大王不要再犹豫了。"

赵武灵王说："我并不介意胡人服装的长处，只是担心天下人会笑话我。狂狷的人觉得快乐的事，聪明人会为此感到悲哀；愚蠢的人觉得可笑的事，贤能的人会对此担忧。既然有人赞同我的主张，那么胡服骑射的改革就必然能够取得成功，其作用也将是难以估量的。即使世上的俗人都笑话我，我也一定要改革胡服骑射，占领胡人的领地。"

在肥义的鼓励和帮助下，赵武灵王果断地下达了胡服骑射的法令，军队和百姓都换下了不便于作战和劳动的长袍，穿上了极具胡服特色的短衣，使赵国的军队作战能力大大增强，再加上配合实行其他有利于富国强兵的政策，如修筑长城等，赵国迅速地富裕起来，很快成为了强国。

资料来源：《决策与信息》，2016年第5期。

思考题：

1. 读了赵武灵王"胡服骑射"的军事改革故事，同学们有什么启示？
2. 社会转型过程中会出现众多的矛盾和问题，如何正确决策？

本项目实训——企业运营决策仿真模拟对抗赛

【实训目标】

（1）培养学生熟练运用决策方法的能力。
（2）提升学生统筹兼顾正确决策的能力。
（3）培养学生分析和解决实际问题的能力。

【实训内容及要求】

（1）分组。以模拟公司为小组单元，在CEO带领下进行成员分工管理，确定制造商、分销商、物流商、零售商四个角色。

（2）企业运营决策仿真模拟系统认知。以模拟公司为小组单元进入企业决策仿真系统了解实训系统。决策仿真系统中集合了"采购、生产、库存、销售、订单、财务"六大管理系统，基本涵盖典型企业的日常业务，提取了各业务模块中的管理决策点。各小组同学了解决策仿真系统模块后，进行管理决策的讨论，并完成表4-12。

讨论后进行生产系统、采购策略、库存策略、销售策略、运输策略等决策部署，以决策执行方式进行模拟仿真。严格遵循"管理就是决策"理念，让学生在庞杂的企业活动中学到管理的精髓。

表4-12 沉浸式体验讨论清单

组名		
公司名称		
公司CEO		
公司口号		
公司成员		
讨论清单	讨论内容	讨论结果
	1. 我们公司需不需要决策？	
	2. 决策是CEO的工作还是大家共同的工作？	
	3. 我们可以制定哪些策略？	
	4. 决策在公司中的作用是什么？	
	5. 如何进行销售决策？	
	6. 如何进行采购决策？	
	7. 如何进行生产决策？	
	8. 如何进行人事决策？	
	9. 应采用什么决策方法？	

(3)企业运营决策实战对抗赛练习。基于不同产品行业(快消、服装、家电、重工等)学生在仿真系统中进行实战对抗。各组内学生以角色扮演方式,各自选择其扮演角色,在系统中相互合作。小组间就集中化分销、分散化分销、连锁零售、电子商务网络零售等运营模式进行决策、竞争对抗。

(4)企业运营决策对抗赛分析。仿真系统会根据整个对抗过程自动生成各自企业的对抗分析报告。学生根据经营过程中的问题了解所在企业以及同优秀企业之间的差距,分析各项决策的主要影响因素。

(5)企业运营决策对抗赛情况汇报。各模拟公司派一名代表在全班进行PPT汇报分享交流。

【实训成果】

各模拟公司就企业运营决策对抗实战进行PPT汇报答辩。

【实训样表】

PPT汇报答辩讲解评分选择评分组打分的方式,评分组成员由授课教师、本组1名学生以及其余组抽取1个学生组成,见表4-13。

表4-13 运营决策仿真对抗赛PPT答辩内容及评分标准

模块		具体内容	分值
PPT内容	运营决策内容	运营决策内容包含以下几点: 1. 需求预测。 2. 根据相关数据选择企业规模、位置。 3. 根据相关数据选择采购策略。 4. 根据相关数据选择生产方式。 5. 根据相关数据选择库存管理方式。 6. 根据相关数据确定商品价格	30分
	运营复盘总结	1. 根据企业经营报告数据对本企业经营的相关情况进行总结分析。 2. 在经营过程中遇到哪些困难,你是如何决策应对的,结果如何?	20分
PPT讲解	方案讲解	1. 对方案设计的内容讲述完整,详略得当,重点突出。 2. 重点突出决策过程,并如何实现的。 3. 总结比赛过程中运营情况,有哪些精彩的地方	30分
	演讲表达	讲台表现大方得体,语言表达清晰准确,着装整洁,精神饱满,轻松不紧张	20分
总分			100分

【实训评价】

组内组间互评+教师点评。学生展示后,教师引导在组内组间进行任务成果的总结和交流,根据学生在全班的交流表现,结合PPT汇报进行打分,形成组内自评(10%)、组间互评(20%)和教师点评(70%)三个评价维度。评价样表见4-14。

表 4-14　企业运营决策仿真模拟实训评价表

组名		
公司名称		
CEO		
成员		
评价项目	评价内容	得分值
	1. 决策讨论过程中各组员是否积极参与？（20分）	
	2. 对抗赛中团队合作是否良好？（30分）	
	3. 对抗赛运营结果如何？（30分）	
	4. PPT 汇报是否全面？（20分）	
	得分合计	

学习情境五　制定计划

学习目标

● 知识目标
1. 掌握计划的含义。
2. 了解计划的性质。
3. 明确计划的作用。
4. 掌握计划的内容。
5. 了解计划的表现形式。
6. 区分计划的类型。
7. 熟悉制定计划的步骤。
8. 掌握计划的方法。
9. 知道目标管理的性质。
10. 掌握目标的原则。
11. 熟悉目标的程序。

● 能力目标
1. 通过学习计划，培养学生预见力、决策力、计划力和执行力。
2. 能区分计划的类型，学会制定基本的业务层计划。
3. 明确计划的5W2H内涵，能编制简单的计划方案书。
4. 根据滚动计划法和网络计划技术，能解决实际企业计划的时效性和实操性。
5. 领会目标管理的本质和过程，学会目标分解与实施。

● 课程思政目标
1. 培养系统思维、具备长远眼光。
2. 培养观大局、识大局、顾大局的大局意识。
3. 树立危机意识，趋利避害，增强环境应变能力。
4. 结合个人目标与人生目标的制定，激励当下大学生不忘初心，砥砺前行。
5. 号召广大学子树立正确的人生价值取向，制定明确的人生目标体系。

案例导读

凭智慧战胜对手[①]

山田本一曾经是一名很不起眼的日本马拉松运动员,在1984年东京举办的国际马拉松比赛中,他却出乎意料地夺得了世界冠军。当时记者采访他,问他是凭什么取得如此惊人的成绩的,他却只说了一句:"凭智慧战胜对手。"

当时很多人都觉得,这个名不见经传且个子不高的山田本一能取得冠军纯属偶然。因为大家都知道,马拉松比赛主要凭借的是个人体力和耐力,运动员好的身体素质和耐力是夺冠的首要条件,其次才是爆发力和速度,说自己是凭智慧取得胜利,确实让大家难以置信。

两年后,也就是到了1986年,在意大利再次举办国际马拉松邀请赛,作为日本代表队成员,山田本一再次参加比赛。结果这一次,他又摘得冠军荣誉。记者们又追问他夺冠的经验,山田本一的回答跟两年前一模一样,还是那句话:"凭智慧战胜对手。"

十年后,这个谜底终于被揭开了,山田本一在他的自传中这样写道:每次在比赛前,我都要乘车前往比赛沿线,把线路仔细勘察一遍,把沿途一些比较醒目的标志标记出来,例如我先看到了一家银行;隔了一段距离,我看到一棵大树;然后再往前,我看到了一座红房子……一直到比赛终点,我把这些标志全画出来。等比赛开始的那天,我就把第一个标志先当作我的第一个目标,并以百米的速度奋力地冲去,到达第一个目标后,我又以同样的速度冲向第二个目标。就这样,四十多公里的赛程,被我分解成一个又一个的小目标,最后就能轻松地冲向终点了。刚开始,我并不懂这样的道理,我把我的目标定在40多公里外终点线上的那面旗帜上,结果我跑到十几公里时就疲惫不堪了,我被前面那段遥远的路程给吓倒了。

沉浸式导入

我们不是因失败而放弃,而是因为倦怠而失败。在人生的旅途中,我们要学会把整体宏观的目标分解开来,制订出即时的、具体的、明确的分步计划,成功也许就在不远处向我们招手了。

根据前期我们成立的模拟公司,请各位CEO带领你的团队开展公司例会,讨论公司目前面临的形势和所处的内外部环境,确定未来公司发展的前提条件,制定战略目标。各部门负责人结合公司整体要求,对目标进行分解,制定本部门的短期、中期和远期计划。现在各部门分头行动,要求在两周内拿出具体的行动方案。

任务一 计划概述

一、计划的含义

在日常的学习与生活中,我们经常会看到或听到"计划"这个词。大到国家的国民经济发展计划,小到我们身边的一次周末娱乐活动计划,计划几乎无处不在。我们经常会为自己

[①] 案例来源自"http://blog.sina.com 切割大目标变成小目标去一步步实现,这就是大智慧"

制订一些个人计划，如一学期的学习计划、社会兼职计划、假期旅行计划等。我们常常会有这样的体会，如果在每项活动开展之前对整个事情有一个周密的计划，对要做什么以及如何去做都能了然于胸，那我们往往能以更大的信心和把握投入到事情中去，而最终的成功率也会高得多。

计划是面向未来的，计划是管理的首要职能，也是基本职能。计划职能的主要任务是根据组织任务和目标，制订完成任务和目标的行动方案。没有计划职能，组织职能、领导职能和控制职能将无从谈起，其他管理职能都是围绕着计划职能而展开的，以保证组织计划中既定的目标的实现。所谓计划，就是预见未来及预见未来所要实现的目标和实现这一目标的具体行动方案。选定目标以及实现该目标的途径意味着在未来的各种可能中进行抉择，这就是计划工作的内容。由于各种方案是不可能凭空产生的，所以有效的计划工作必须考虑它所做的决策在其实现时所处的未来环境的特点，也就是需要确定计划工作的前提条件。

对计划的含义，可以从名词角度或动词角度去理解。从名词角度来看，计划是指用文字、指标等形式表述的一个组织在未来一定时期内的行动方向和活动安排，可以简单理解为方案书。从动词角度来看，计划是指计划工作的动态过程。总体来说，计划是根据决策的结果，在未来一定时期内，从时间和空间两个层面对组织的行动方向和活动方式做进一步安排，同时又为后续的组织工作、领导工作、控制工作和创新工作等管理职能奠定基础。

二、计划的性质

计划的性质可以概括为五个方面，即首位性、目的性、普遍性、效率性和创新性。

（一）首位性

凡事预则立，不预则废。计划是开展其他管理活动的前提，处于首要地位。首先，计划的首位性表现在管理过程中的时间顺序上，计划在先，组织、领导、控制等职能在后，其他的管理职能都是为计划目标的实现提供保证的，这些职能都是以计划职能为基础和前提的，只有计划工作中的任务和目标确定后它们才能进行。没有计划工作，其他管理职能就无从谈起，如图5-1所示。

其次，计划的首位性还表现为，计划可以帮助组织进行某些新任务的前期论证工作，论证某些任务有没有采取进一步行动的必要，比如，某旅行社打算开辟一条新的国际旅游线路，首先要做的就是对路线、旅游设施、国内外形势等进行可行性分析，如果分析完得出的结论是此旅游线路目前还不成熟、不具备开发条件的话，那么也就意味着其他的管理职能没有必要再开展了。

（二）目的性

计划的制订和执行是为了使组织以最少的耗费实现其预定的目标。明确的计划能够使组织成员了解组织的目标以及自己的职责，在计划的实施过程中，计划中所规定的工作任务和衡量标准又是控制的依据。所以，计划可以为组织成员指明方向，可以让组织的整个活动变得高效、有序，有利于组织目标的实现。反之，若没有计划，组织活动势必变得杂乱无章，一片混乱局面。正如管理学家哈罗德孔茨所说："虽然计划不能完全准确地预测将来，但是如果没有计划，组织的工作往往会陷于盲目或者碰运气。"因此，计划工作具有强烈的目的性，它以行动为载体、引导着组织的正常运转。

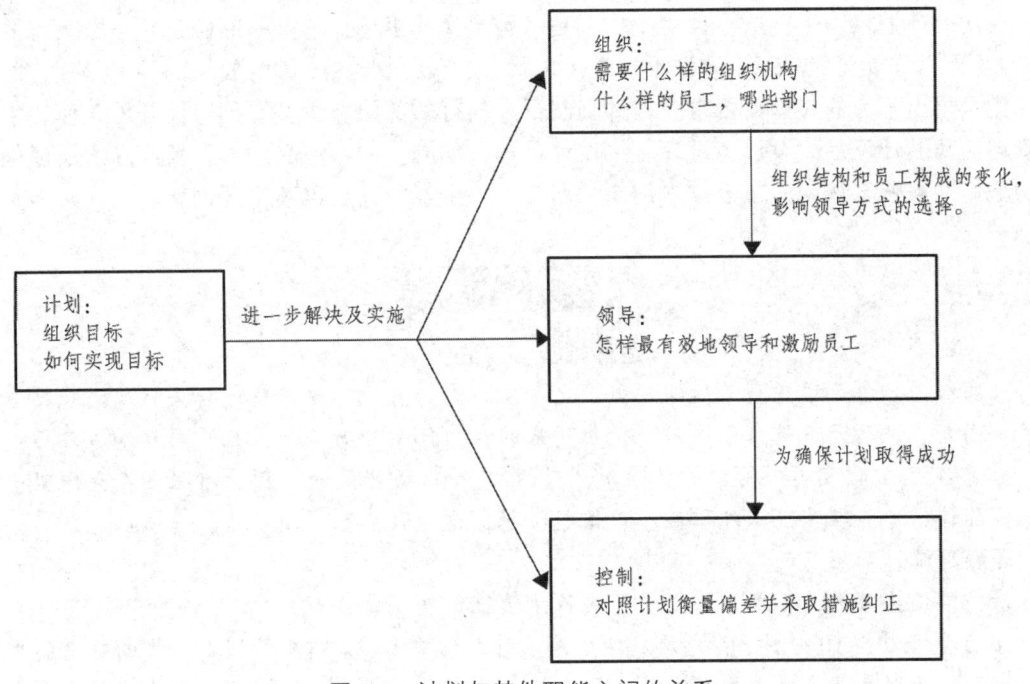

图 5-1 计划与其他职能之间的关系

(三) 普遍性

计划工作的普遍性表现为计划工作应涉及组织管理区域内的每一个层级，从高层管理人员到基层管理人员都需根据自己的工作内容和职责范围制订计划。通常有一种片面的理解认为，计划工作仅仅是高层决策者的工作内容，这种想法是非常狭隘的。在一个高效的组织中，每一个管理人员都需从事计划工作。高层管理人员负责组织的总体计划，把握全局方向和目标；中层管理人员制订本部门计划；而基层管理人员则要制订具体的作业计划，以配合总体计划的最终实现。在组织中，计划可以直接由上而下、层层分解地制订，也可以先自下而上地层层草拟，然后再由高层整合后制订出组织的总体目标，自上而下地最后确认。但无论采用哪种形式，计划工作总是建立在组织的各个不同管理层面上的。因此，在组织中，计划是无处不在的，是普遍存在的工作。

(四) 效率性

计划的效率性包含对一份计划经济性和时效性的考量，换句话说，计划的效率性是指根据计划的制订和执行，在实现组织目标的过程中所有的产出和所有的投入之间的比较。如果是投入远大于产出，则说明这个计划的效率性很低，没有为组织带来最大效益，就不是一份好的计划。因此，计划既要保证经济性，制订多个备选方案，然后比较评价各个方案，以资源节约和资源优化配置为前提，从中选择最满意方案。同时，一份计划还应该有时效性，即时间期限的要求，包括执行计划最佳时机的选择，确定计划的开始时间和结束时间，按照时间期限的要求，保证计划目标高效率地完成。

（五）创新性

成功的计划依赖于创新，计划工作不是一劳永逸的事情，它是不断修正、不断改善的过程。计划是为了更好的明天，计划不是维持现状，更不是走老路，因为组织的环境是变化的，新问题是层出不穷的，这就要求参与计划制订和执行的部门和人员要创造性开展工作，它是对管理活动循环反复的设计、设计、再设计过程，如同一件新产品一样，新产品之所以能够成功上市并被顾客认同就在于技术创新，同样，一个好的计划也离不开创新。

管理小故事[①]

运筹帷幄，决胜千里

汉高祖刘邦打败了楚霸王项羽，当了皇帝，行赏的时候，把张良评为头功。元帅韩信听了很不高兴，认为天下是自己一刀一枪打下来的，为什么论功不如张良？刘邦知道以后，说了一句著名的话："运筹帷幄之中，决胜于千里之外。"意思是说，因为有张良在大帐里出谋划策，你韩信才能在千里以外取胜。韩信想了想，这才服了。

课程思政，师生互动

请同学们谈谈对"运筹帷幄之中，决胜于千里之外"的理解。

互动时间为5~10分钟，首先启发学生谈谈计划的重要性，明确计划在人生的路上的重要性，然后教师引导并号召学生顾大局、识大体，要有大局意识，规划意识，立足现在，合理规划未来。

三、计划的作用

一个组织能否正常运行、管理目标能否有效实现，很大程度上取决于正确的决策，而如何将正确的决策执行下去，就要发挥计划职能的作用了，计划职能完善与否成为一个组织生存发展的关键，计划职能对于任何组织都是至关重要的。在组织运行过程中，为了实现组织目标、适应市场发展需要、提高企业经济效益和社会效益，就必须将计划工作放在首位，计划先行，未来可期，因此，建立和加强计划职能，对于一个组织的发展具有重要的意义和作用。具体来说，计划的作用主要表现在以下几个方面。

（一）可以为组织指明方向

管理学家孔茨曾说："计划工作是一座桥梁，它把我们所处的此岸和要去的彼岸连接起来，以克服这一天堑。"从这句话可以看出，计划在现实位置和未来目标之间架起一座桥梁，为组织实现目标指明方向，使每一位组织全体成员有了明确的努力方向，这就要求组织各部门、各成员之间要心往一处想、劲往一处使，相互配合，把注意力始终集中在既定目标上。当然，在实现目标的过程中，可能存在各种不确定因素和环境的突变，会使实际工作出现偏离预期目标的现象，但这种偏离，在有计划时会比没有计划时要小得多，并且有了计划以后，会让管理者和组织成员始终将注意力放在目标的实现上，认真工作，做到有的放矢。

[①] 资料来源：李香慧.蕴含人生哲理的100个成语故事[M].北京：京华出版社，2008.

（二）可以帮助组织降低风险

计划是面向未来一段时间的，而未来往往有很多的不确定性，这些不确定性会对组织产生冲击，进而形成一定的风险性。面对未来的不可控性带来的风险，通过计划，可以帮助组织预先做出预测，制订预案，提早做准备，变被动为主动，将不利因素转化为有利因素，把风险尽可能降到最低。需要值得注意的是，计划并不能消除变化，但可以预测变化，从而制订相应措施。

当今社会，组织处在一个高度变化的时代，变化就意味着有风险。通过计划工作不断地预测环境变化的趋势与影响，适时地把握机会，确定适当的发展方向与目标，可以避开或降低风险，从而做到趋利避害。

（三）可以帮助组织提高效益，减少浪费

科学严密的一个计划，可以帮助组织减少未来活动中的盲目性，减少不必要的重复所带来的损失和浪费，还可以指导组织在最短的时间内完成工作，有利于组织实行更经济的管理，提高效率，增长效益。

（四）有利于组织制定标准，便于控制

计划是控制的基础，控制中几乎所有的标准都来自于计划，如果没有既定的目标和指标作为衡量尺度，管理人员就无法检查目标的实现情况，失去纠正偏差的标准，也就无法加以有效控制。

针对计划有一种误解，认为计划一旦制订，就意味着所有工作必须一成不变地严格按照计划执行，"计划降低灵活性"。事实上，在一个变化的环境中，计划需要被不断地制订和修订，以适应变化。另外，计划并不是死的规章制度，制订的计划内容可以根据不同情况留有一定的弹性空间。

四、计划的内容

在企业中，计划工作的内容可以概括为以下七个方面（5W2H）。

1. What to do——"做什么"

明确一个时期内计划工作的任务和目标。例如，企业制订的生产计划需明确所生产的产品名称、产品品种和数量等，确保有效使用企业现有资源，按期完成生产计划并为考核提供依据。

2. Who to do——"谁来做"

明确实施计划的部门或人员，包括每一阶段的责任者、协助者及利益相关者。

3. When to do——"何时做"

明确计划工作中各项任务什么时候开始、什么时候结束以及完成进度的安排。在实际工作中，对计划制定严格的时间进度安排，以便进行有效控制，并对组织资源进行合理安排。

4. Where to do——"何地做"

明确实施计划的地点和空间场所，了解计划实施过程中面临什么样的环境，有哪些限制

条件。计划要根据不同的环境、市场、途径等空间因素制订，地区间存在差异性，计划也就有必要进行调整。

5. Why to do——"为什么做"

明确计划的原因和目的，使计划执行者了解、支持计划，以便发挥执行者的积极性、主动性，以期实现预期目标。

6. How to do——"怎么做"

明确完成计划需要的方法和手段，以及对组织资源进行合理的预算、分配和使用等。

7. How much——"多少钱"

进行效益分析、成果评估，分析计划给企业带来的盈亏和机会得失，具体见表 5-1。

表 5-1 5W2H 工作分析法

5W2H	现状如何	为什么	能否改善	怎么改善	结论
What	何事	为什么做这个事	有更合适的事情吗	为什么是更合适的事情	定事
Who	何人	为什么是他	有更合适的人吗	为什么是更合适的人	定人
When	何时	为什么是这个时间	有更合适的时间吗	为什么是更合适的时间	定时
Where	何地	为什么是这个地点	有更合适的地点吗	为什么是更合适的地点	定位
Why	何故	为什么是这个原因	有更合适的理由吗	为什么是更合适的理由	定原因
How	何法	为什么采用这个方法	有更合适的方法吗	为什么是更合适的方法	定方法
How much	花费	为什么要这些花费	有更合理的花费吗	为什么是更合适的花费	定耗费

> **生生互动，课堂实践**
>
> 以小组为单位，结合计划的 5W2H，以合理、有效、可行、经济为原则，制定周末班级出游计划方案，时间为 30 分钟，并以小组为单位进行展示汇报，组间讨论评价，从中选出最佳的出游方案。

五、计划与决策的关系

计划与决策是既有联系又有区别的。二者的区别在于解决的问题不同。决策是对组织活动方向、内容和方式的选择；计划是对组织内部不同部门和成员在一定时期具体任务的安排，它详细规定了不同部门和成员在该时期内从事活动的具体内容和要求。

但是，计划与决策又是相互联系的。决策是计划的前提，计划是决策的逻辑延续。决策为计划工作的任务安排提供了依据，计划则为决策所选择的目标活动的实施提供了组织保证。在管理实践中，决策和计划活动往往相互渗透，有时甚至是交织在一起的，很难割裂开来。

> **管理小故事**
>
> **诸葛亮的"隆中对"**
>
> 三国时期，刘备三顾茅庐请出诸葛亮，诸葛亮被刘备的诚心打动，便邀请刘备在他隐居的茅庐中，为其分析天下形式，制定战略方针，这就是著名的隆中对。

诸葛亮指出，要想建立大业，要分三步走，首要任务是兴汉室，图中原，统一天下，这一步为组织确定目标。

其次是分步实施，先取荆州为家，形成"三分天下"之势；然后再取西川建立基业，壮大实力，以成鼎足之状，这一步是制定分步实施方案，即确定分步计划的阶段目标。

最后是"待天下有变,命一上将将荆州之兵以向宛、洛,将军身率益州之众以出秦川"。这样，"则霸业可成，汉室可兴矣"。这一步是确定实现目标的指导方针："北让曹操占天时，南让孙权占地利，将军可占人和。"内修政理，外结孙权，西和诸戎，南抚夷越，等待良机。

此外，"隆中对"还对管理环境（天、地、人、敌、我、友）进行了非常详细的分析，论证了为什么应当有这样的指导方针。

管理启示：计划工作能够细致地组织各项活动，有利于更经济地进行管理，保证各种资源取得最佳的利用效果。计划工作正确与否，关系到发展目标能否实现，从而决定了整个企业管理活动的成败。

沉浸式体验

同学们！本节内容学习完了，大家也进行了课堂讨论和课堂实践，对计划的含义、性质、作用和内容有了一定的认识，现在请以模拟公司为单位，进行沉浸式体验训练，各CEO带领自己的团队进行讨论："我们公司需不需要计划？""计划是CEO的工作还是大家共同的工作""我们可以制定哪些计划""计划在公司中的作用""如何制定计划？"……。当然，讨论内容也不限于此，发挥你们团队集体智慧的力量，畅所欲言，写出讨论清单，详见表5-2。

表5-2 沉浸式体验讨论清单

组名		
公司名称		
公司CEO		
公司口号		
公司成员		
讨论清单	讨论内容	讨论结果
	1. 我们公司需不需要计划？	
	2. 计划是CEO的工作还是大家共同的工作？	
	3. 我们可以制定哪些计划？	
	4. 计划在公司中的作用？	
	5. 如何制定计划？	

任务二　计划的表现形式与类型

一、计划的表现形式

计划是面向未来，是对未来行动的安排。因此基于这一认识，我们可以看到计划的表现形式是多种多样的。管理学家哈罗德·孔茨和海因·韦里克认为，在组织当中，计划在不同的管理层次上，不同部门中表现出不同的形式和层次体系。从高层到基层这一层级体系中，计划表现为从抽象到具体，具体表现为9种形式，如图5-2所示。

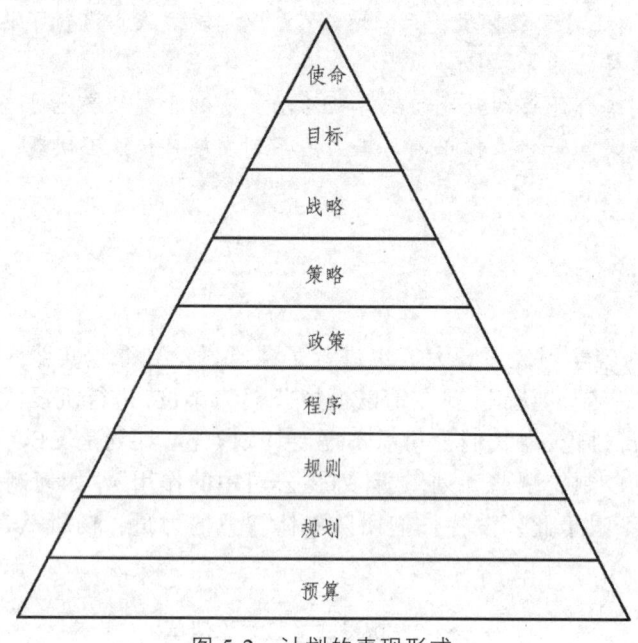

图 5-2　计划的表现形式

（一）使　命

使命是指一个组织在社会经济发展中所扮演的角色、所处的地位和承担的责任。它反映的是一个组织的性质及其鲜明特征，是区别于其他各组织的重要标志。一个组织存在的意义就在于它有着明确的目的或使命，例如，军队的使命是保家卫国，医院的使命是救死扶伤，学校的使命是教书育人，企业的使命是生产与销售产品和提供服务。

（二）目　标

将组织的使命进一步分解后就是目标，往往组织使命显得比较抽象，需要将它进一步分解为组织和组织内各部门在一定时期内的行动标准。组织使命支配并影响着组织目标，组织目标和组织内各部门目标围绕组织使命来制定，是对组织使命的具体化表达，是为了完成组织使命制定的具体行动标准。例如，生产、销售产品和提供服务是企业的使命，但是为了完成这个使命，会细化到企业各部门的目标，如人员招聘目标、培训目标、采购目标、生产目标、销售目标、客户服务目标等。

（三）战　略

战略是为了达到组织目标而采取的行动，也是对利用资源的总计划，是关乎企业长远发展的指导性纲领和行动指南，具有指导全局的作用。战略主要通过目标的实现去描述未来一段时期内组织是一个什么样的组织，应该是一个什么样的组织，将来会发展成什么样的组织。关于组织如何去实现它的目标，战略没有详细描述，只是提出多个主要的和次要的支持性计划的任务。

（四）策　略

策略是管理者为实现未来总体构想和目标而制定出的一套整体的、具体的谋略方案。首先，为保证策略的有效性，组织要进行一次彻底的自我评价。其次，制定策略还需注意这几点：一是策略要紧紧围绕组织目标，保证组织目标的实现和计划的完成；二是策略要保证连续性或一贯性；三是策略制定应保证一定的灵活性或适应性；四是策略应当以文字的形式呈现，并下达到组织内部的各个部门及人员。

（五）政　策

政策是组织做出决策或解决问题所应遵循的行动方针的一般规定。政策不要求采取行动，而是用来指导和决策行动的。一方面政策为组织活动指明行动的方向，可以对某些事情有自由处理的权利，另一方面又给出行动的界限，即把这种自由处理的权限限制在一定的范围内，这种自由处理的权限取决于政策本身及管理者的管理艺术。

（六）程　序

程序是完成未来某项活动的方法和步骤。它是按照时间先后或工艺流程顺序对某项活动的完成过程做出详细的计划和安排。它指明了具体的行动流程，可以理解为是实实在在可参照执行的操作手册，对组织的例行活动具有重要的指导意义。

在实际工作中，程序的表现形式很多。比如，一家生产企业的订单处理流程、研发部的新产品开发程序、物流部的货物往来程序、员工的排班值班程序等。组织内的各个部门都有各自的程序，并且越往基层，程序表现得越具体、数量也越多。

（七）规　则

规则可以理解对执行程序过程中的必要行动和非必要行动的阐述和说明，与程序的不同之处在于，规则用来指导行动，但不说明时间的先后顺序，可以理解为程序是由一系列的规则构成的，但每一条规则又不一定是程序的组成部分，例如"禁止大声喧哗"是一条规则，但是和程序没有任何联系，而一个电商平台的客户服务。程序可能表现为一系列的规则，如在接到客户订单的5至10分钟之内要进行订单确认。另外，规则也不同于政策，政策在指导行动时，给予执行人员酌情处理的权限，而规则虽然也有指导行动的作用，但执行人员没有自由处理的余地。

值得一提的是，从本质上来讲，规则和程序在组织中均可用来指导行动和约束思想，当不需要组织成员使用自行处理权时，规则和程序就会发挥作用。

（八）规　划

通俗讲，规划就是方案或者工作计划，它是一个计划的综合反映，主要包括目标、政策、程序、规则、任务分配、资源保障要求、执行过程与步骤以及完成既定行动目标所需要的其他要素等。一个规划有大有小,如业务人员需求计划、新市场的开拓计划等。一般来说,一个规划需要在众多支持性计划的配合与协调下实施完成。

(九)预 算

预算是用数字表示预期结果或资源分配的一种数字化形式的特殊计划,是计划的数字性体现。预算中的数字化表现为两类,一类是财务性质的,如货币形式的资金、收支等;另一类是非财务性质的,如工时、工期、产销量等非货币形式。

预算是对计划内容的量化过程,是对计划工作的数字化表达,预算的精确性可以为汇总工作提供便利的手段,同时可以直接作为控制工作的依据,所以说在计划过程中预算编制尤为重要。但是,值得注意的是,编制和执行预算时不能一味追求精确化而脱离企业实际,编制预算只是落实计划需要的一种手段,要紧密结合所要落实的具体任务的要求和上一层次的计划和目标,服务于特定的对象。

拓展阅读

撑竿跳高的游戏规则

1904年,在美国举行的奥运会撑竿跳高比赛中,发生了一件意外的事情。有一名日本的参赛选手,他在比赛时做出了一个超乎常人的动作,只见他从容淡定地走到沙坑前,将手中的撑杆用力插进沙土中,接着整个人开始顺着杆子往上爬,到达最高处后,他越过横杆跳了下来。这一幕让所有在场的人都吃惊坏了,裁判也显得非常为难,不知如何给他打分,因为他并没有违反比赛规则,只不过是投机取巧罢了。经过一番讨论,裁判组决定还是取消了他的比赛成绩。当这位日本选手据理力争时,裁判补充了撑杆跳高的比赛规则,要求运动员必须要有一段助跑过程。这位日本选手听罢,在第二次试跳中有了助跑动作,但跑到沙坑边又故伎重演,顺着杆子爬到了最高处,然后越过横杆跳下来,并再次取得了最好成绩。这让裁判组更加难堪,不得不再次举行紧急会议,最后规定:撑竿跳高比赛必须有助跑,并且不能交替使用双手动作。这项规则被明确下来后,一直沿用至今。

这个故事说明,政策、程序和规则不是一成不变的。一项好的政策、程序或规则,是人们在实践中反复博弈、不断修改的结果。

二、计划的类型

由于人类活动的复杂性和组织活动的多样性,计划的类型也是多种多样的,可以从多个角度对计划进行分类。在组织活动中,由于活动特点、活动的性质、活动的目的各种各样,需要制定形形色色的计划,可以从不同标准对计划进行分类,常见的计划类型有以下几种分类。

(一)按照计划涉及的范围或广狭程度划分

从这一角度,可将计划分为战略计划、战术计划和作业计划。

战略计划的覆盖范围最广,涉及整个组织方方面面的、关乎组织全局的重大计划,一般面向组织未来较长的时期(一般为5年以上)内设立的总目标和总安排。一般由公司中的高层管理者来制订,对战术计划和作业计划具有指导作用。

战术计划是面向具体部门的,涉及一个具体部门整体的业务和目标,是对战略计划的具体分解和执行。在内容上,战术计划是由中层管理者来指定的,主要规定实现组织目标的具体方案和细节,比战略计划具体、详细。可以说,战略计划是明确企业"做正确的事",而战术计划则在规定"正确地做事"。

作业计划是基层管理者来制订的,虽然战术计划已经比较具体了,但在时间安排、预算分配和工作流程上还不能满足计划实施的需要,因此作业计划是对战术计划的进一步细化和分解,具体到人和事,划分责任范围,明确相应任务和职责,是战术计划的具体操作过程。

(二) 按照计划涉及的时间长短划分

根据这一角度,计划可被分为长期计划、中期计划和短期计划。

长期计划是指在未来一段较长时期内,一般指5年或5年以上的计划,组织制订的各个部门未来的发展规划或目标,描述组织未来将会是什么状态,应该成为什么状态,勾勒出组织长期发展的蓝图。

中期计划通常是介于长期计划和短期计划之间,时间跨度一般是大于1年而小于5年的计划。中期计划是为了确保组织长期计划的实现,制订的从现在到未来的各个相对较短的时间间隔内,组织所应该从事的各项工作和活动,以及从事该种活动所应达到的水平和所应采取的行动方案。

短期计划一般是1年以内的,是保证长期计划和中期计划具体落实到位、执行到位的各个较短时期内的计划,具体表现为季度计划、月计划、周计划和日计划等。这种计划是表述一个季度内或者一个月内应该从事的具体活动,以及从事这种活动应达到的水平要求,短期计划为组织内各成员的近期行动指引方向,给予引导。

需要说明的是,这种划分并不是绝对的,不同规模的组织、不同行业的组织,对于计划的时间期限会有所不同,比如高精尖的科技型大规模企业,在攻克某项技术难关的时候,可能将5年计划划分为短期计划,而一家小型服装企业由于季节变动和市场变动较快,可能将短期计划定为3个月左右,甚至更短。

(三) 按照组织职能活动的多少进行划分

组织是通过从事一定业务活动立身于社会的,根据业务的多少,组织内设置不同的职能部门。以一个生产型企业为例,在企业内部根据生产的需要,业务涉及"人、财、物、供、产、销",相应的就有人力资源和社会保障部、财务部、物资部、物流部、供应部、生产部和销售部等职能部门,各职能部门在一定时期内均要制定本部门的长期计划、中期计划和短期计划等,涉及产品设计与研发、原料采购、仓储配送、生产制造、市场销售、人事管理及财务管理等内容。

因此,计划就衍生出与职能活动相适应的形式,比如关于组织中"人"的人事计划,包括人员需求计划、人员供应计划、人员招聘与培训计划、人员考核计划和薪酬计划等,关于"财"的财务计划,比如资金使用计划、投资计划、融资计划等。

(四) 按照计划的内容是否明确具体划分

根据这一角度,可将计划分为指导性计划和具体性计划。

指导性计划是指计划内容中只规定出一些大致的方针和行动方向,指明了行动的重点,但没有规定出明确具体的行动安排,也没有制定具体的行动方案来。例如,某销售部经理要求未来三个月将销售额提高15%左右,这就是指导性计划。由于组织环境的不确定性,具体计划要求的明确性和可预见性就不一定能够满足,指导性计划的灵活性就能防止行动的意外变化。

具体性计划是指在计划内容中规定了明确的行动目标,不存在模糊不清或模棱两可和的情况。例如,企业总经理计划实现销售额在 5 个月内增加 25%,所以为了实现这一销售目标,它还会制订特定的工作程序、预算分配方案以及与实现该销售目标有关的各项活动的日程进度表,这就是具体性计划。

(五) 按照计划的重复性程度划分

从这一划分角度,计划可被分为程序性计划与非程序性计划。

美国决策理论之父赫伯特·西蒙把组织中的事务分为两类:一类是例行事件,是指那些经常出现、重复发生、稳定性高的日常性工作,如原料采购、产品的出入库、车间的生产、人员请销假等。这类事件是重复出现的概率较高,并且具有一定的规律和固定结构,所以可以建立一套固定的工作流程形成工作手册。每当出现这类事务或问题时,就利用既定的程序来解决,而不需要重新研究。另一类是例外事件,是指那些不重复发生的、随机的,甚至突发的非常规事件,这类事件没有固定的模式,有些可能是企业初次碰到、前所未有的,或者捉摸不定的复杂事件,比如组织结构的调整、人事变动、工资改革、产品品种的调整等。解决这类问题一般没有固定的方法和程序,只能根据问题的特点和性质进行灵活处理、个别对待,因此,非程序性计划对管理者的应变能力、决策能力等提出更高的要求。

沉浸式体验

同学们!本节内容学习完了,相信大家对计划的表现形式和各种类型有了一定的认识和理解,接下来请大家根据自己在模拟公司中所扮演的角色,进行沉浸式体验训练,梳理自己所在部门在短期内会制定什么计划,未来 3 至 5 年内会有什么计划,哪些计划是程序性的,而哪些计划是非程序化的,大家会不会认为计划不如变化快,与其花时间制定无用的计划,不如用此时间多做些事情。针对这些问题,模拟公司在 CEO 带领下展开充分讨论,写出讨论清单,详见表 5-3。

表 5-3 沉浸式体验讨论清单

组名		
公司名称		
公司 CEO		
部门名称		
讨论清单	讨论内容	讨论结果
	1. 本部门短期计划有哪些?	
	2. 本部门长期计划有哪些?	
	3. 本部门程序性计划有哪些?	
	4. 本部门非程序性计划有哪些?	
	5. 你会不会认为计划不如变化?	
	6. 一般不做计划的理由有哪些?这些理由成立吗?	

任务三　计划的编制过程

凡事预则立，不预则废，计划是管理的首要职能，计划是组织对未来工作的预先安排，因为环境是变化的，所以计划的编制也是一个动态循环的过程。尽管各类组织编制的计划内容差异性较大，但计划的编制过程所遵循的逻辑和步骤大都是相同的。为了确保决策的组织落实，保证计划的合理性，计划的编制过程必须采取科学的流程和方法，一般来说，计划的编制过程由以下9个方面构成。

一、估量机会

估量机会即进行组织内外部环境分析，估量机会是在真正的计划工作开始之前就要进行的，严格讲，它不是计划工作的组成部分，但却是计划工作的起点。没有这一步，计划工作如同无源之水、无本之木。估量机会主要的内容有：对组织未来可能出现的环境变化、预判的机遇与挑战进行初步诊断分析；对组织自身的优势和劣势进行审视分析，以掌握自身的能力所在；在客观分析的基础上，罗列出组织将来面临的不确定因素，分析其出现的可能性大小和对组织的影响程度；通过反复斟酌和评估，趋利避害，扬长避短。

二、确定目标

确定目标是计划编制的第一步，它是以估量机会为前提的，通过估量机会让组织对各种内外部环境因素，包括外部环境中的机会与威胁、组织自身的强项和弱项有了明确的认识和把握，在此基础上，确定组织未来发展的总目标，并对目标从整体到局部进行逐级分解和细化，明确组织未来的行动方向、行动方针和工作重点。

三、确定前提条件

确定前提条件是计划编制的第二步，即确定一些计划开展实施的关键前提条件，这些关键前提也是在环境分析的基础上，对未来环境的预期和假设，形成对计划实施的预期环境的合理设想，它也是在组织管理者和成员达成共识的前提下确定出来的。对计划的前提条件认识得越充分，分析得越透彻，则后期的计划工作越游刃有余。

四、拟订各种备选方案

拟订各种备选方案是计划编制的第三步，这一步主要分析和制定未来可供选择的行动方案。一般而言，出于理性稳妥的考虑，一项计划工作需要站在各种利害角度，拟订多套可供选择的行动方案，因为每种方案都有它的适用条件，计划人员需要做的就是预想未来可能出现的各种情况，拟订多套备选方案，以从容面对环境的突发情况，如果第一套不行，就可以启动第二套，如此等等。拟订各种备选方案会使计划工作在执行中游刃有余，减少慌乱，计划人员需要做的就是对一些最有希望的方案进行分析和择优，排除希望最小的方案，将方案的数量逐步减少。

五、评价各种备选方案

评价各种备选方案是计划工作的第四步，这一步是建立在组织目标和权衡各种环境因素基础之上的，据此对各个备选方案进行评价。备选方案一般会存在以下情况：有的方案从长远来看是有利的；有的方案对近期工作有明显的利处；有的方案风险大，但收益也大；有的方案风险小但收益也随之变小。因此需要管理者综合考虑，统筹兼顾，趋利避害，比较每种方案的优劣，根据组织的目标和实际情况选择一个最适宜的方案。

六、选择满意方案

选择满意方案就是根据组织的目标从若干备选方案中选择一个较为满意的方案，这是计划工作的第五步，也是计划工作中最为关键的一步。选择出一个合适的方案是需要认真完成前面几个计划工作步骤，为了让组织能应对环境变化，计划方案要体现出灵活性，一般的做法就是对所有备选方案进行评价、打分和排序，之后优先采用第一个方案，如情况有变就从其余的方案中再选择合适的方案出来。因此，在实施第一个方案的同时要对其余备选方案作出细化和完善，以便随时备用。

七、制订派生计划

通常，为了实现总计划会衍生出与之相关的分支计划。做出决策之后，就要制订派生计划，派生计划用来支持总计划的顺利实现，具有保障作用。比如，一个制造企业在制定产品生产计划时，就会派生出对应的财务预算、原料供应、产品销售、人力资源计划、物流配送、后勤保障等一系列支持性计划，这些支持性计划可以帮助和支持总计划的顺利实现，也就是总计划的派生计划。只有派生计划逐个完成了，总计划才有实现的可能。

在制订派生计划时，要注意各派生计划之间的协调一致，要以支持总计划为前提，防止追求局部派生计划利益而影响全局总计划的实现，当然也要确保各个派生计划在时间上的有效衔接和统筹兼顾。

八、编制预算

编制预算是在完成上述几步工作之后，把计划决策内容转化为数字化形式的预算，通过数字或数据来大体反映整个计划。预算可以成为汇总各种计划的工具，它是衡量计划工作进度的重要标准。"巧妇难为无米之炊"，计划任务需要有预算来做保证。

九、执行与检查

一个好的计划不是纸上谈兵，是要经得起实践检验的，计划制定出来后，就需要运用到实际工作中，责任到人去执行这个计划，在执行的过程中还要派专人去督导和检查该计划实施过程是否正常，有无问题和阻力发生，是否按照计划要求执行方案。执行方案的过程需要组织中全体成员和部门通力配合，相互协作，具体做法是在制定方案的全过程倡导鼓励全员参与，并且制定计划时间进度表，计划各阶段的任务进行分段，让计划任务更加清晰可见，促进计划的有利实施。

值得一提的是，为保证计划的有效实施，还应该制定后续控制机制。有了这些控制机制，能够帮助组织及时发现计划方案有无偏离目标，以便及时进行纠正措施。

即问即答，师生互动

你是一个会计划的人吗？如果是，请以一个具体事件举例说明。如果不是，原因是什么，今后你会怎么整改呢？

拓展阅读

每个人每天都在不断的抉择，甚至明天就要思考下个星期要做哪些事，然而事情有轻重缓急之分，可以依照"重要性"与"急迫性"的程度来作区别，并画出如图5-3所示的时间管理矩阵。

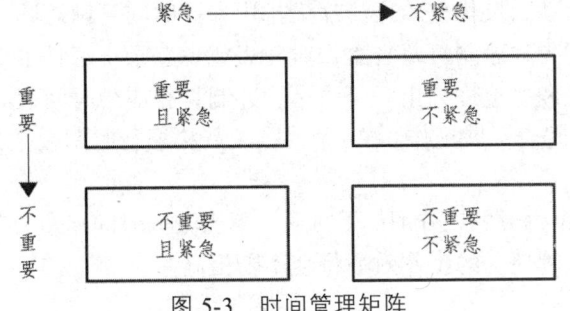

图 5-3 时间管理矩阵

图中横轴为急迫性，纵轴为重要性。

图中第四区块表示不重要性与不急迫的事情，当然是排最后做，而第一区块是最重要与最急迫的事，当然就先做，这两个区外的做事先后顺序是毋庸置疑的，但重点就在第二区块与第三区块。

重要性与急迫性你更重视哪个？

第二区块为：重要但不急迫，第三区块为：急迫但不重要。这两个区块的排序可能每个人的答案都有所不同。人们每天都会遇上很多的选择，正因为每个人抉择的不同，造成了人与人之间的差距。

重要性是长期，急迫性是短期

老板明天就要的报告一定很重要也很急迫，这种事只能先做。但是像Email或手机来电这种很可能就是急迫性高但不重要的事。人们在抉择时常常看到短期而忽略了长期。培养自己广泛的阅读能力、训练自己外语能力等都是很重要的事情，但大部分人往往选择了先把急迫性的事情做完，等到有空再来做这些很重要的事情，但最后可能会因为太忙而忽略了这些长期很重要的事情。

重要性优于急迫性

如果不是非得一定要先处理掉的事情，就先做重要性的事情吧！一个月至少阅读三本书，每天抽一小时训练自己外语能力等，这些看似急迫性非常低但却很重要的事情必须先做，重要性是长期性的，而急迫性却是短期性的。

要通过时间管理矩阵学会给事情排序，给时间排队，理清事情优先级别，按照1>2>3>4的顺序去执行。不妨就从今天开始，将那些不重要但稍微急迫的事情暂缓做吧，强迫自己每天花固定的时间去做那些长期来讲真正重要的事情！时间久了你会发现，花在那些事情上的投资是值得的！

沉浸式体验

同学们！本节内容学习完了，相信你有了一定收获，现在请各组以模拟公司为单位，大家迅速进入角色进行沉浸式体验训练，完成下面的任务清单，详见表 5-4。具体任务如下：

（1）在部门经理的带领下，罗列出你所在部门的目标清单。即罗列出你或你所管理的部门在未来一段时间内所要实现的目标。

（2）根据时间管理矩阵，将这些目标按重要程度排序。首先要做的应该是重要的事情。

（3）列出实现这些目标所需进行的各项活动。即明确为了实现上述目标，应开展哪些活动。

（4）把上述各项活动，按优先顺序排序。排序参照时间管理矩阵，分重要性和急迫性。

（5）按所给出的优先顺序制订每日工作时间表或备忘录。每日工作内容需在前一天按时间管理矩阵中的重要性和急迫性列出一个清单，并制订相应的时间表。

（6）按上述工作时间表开展工作。在工作中，要严格履行时间表上的事项，需按时完成，不能拖延。

（7）总结反馈。结束每天的工作时，要回顾一下当天的时间运行，安排好第二天的活动。通过不断地总结反馈，管理者的工作效率将会不断提高。

表 5-4 沉浸式体验任务清单

组名				
公司名称				
公司 CEO				
部门目标				
目标清单	具体内容	重要程度	紧迫程度	排序
	1.			
	2.			
	3.			
	4.			
	5.			
	6.			
1. 按所给出的优先顺序制订每日工作时间表或备忘录，可附页。				
2. 检查总结当天活动				

任务四 计划的编制方法

华罗庚先生曾经举了一个看似简单其实有着丰富内涵的泡茶喝的例子，深入浅出，一目

了然。比如，想泡壶茶喝。当时的情况是：开水没有；水壶要洗，茶壶茶杯要洗；火生了，茶叶也有了。怎么办？

办法1：洗净水壶，灌上凉水，放在火上，坐待水开；水开了之后，急急忙忙找茶叶，洗壶茶杯，泡茶喝。

办法2：先洗净水壶、茶壶和茶杯，再找茶叶；一切准备工作就绪后，给水壶灌水烧水；坐待水开了泡茶喝。

办法3：洗净水壶，给水壶灌上水、烧水；在等待水开的时间里，洗茶壶、洗茶杯、找茶叶；等水开了，泡茶喝。

思考：

哪一种办法省时间？如果要缩短工时、提高工作效率，你还有其他办法吗？

计划工作的效率高低和质量好坏很大程度上取决于所采用的计划方法。有效的计划方法为制订切实可行的计划提供了手段，可以帮助管理者确定复杂的经济关系，提高综合平衡的准确性，并且可以通过计算机辅助工作，加快计划工作的速度。在这里主要介绍甘特图法、滚动计划法和网络计划法。

一、甘特图法

甘特图，也称为横道图或条状图，1917年由美国管理学家亨利·甘特开发。甘特图的内在思想非常简单，基本是一条水平横置的线状图，具体如图 5-4 所示。横轴一般表示时间，纵轴表示某项具体活动或事项。水平线条表示在整个工期过程中计划完成时间和实际完成的时间，直观地展示出各类活动任务在什么时候开始，什么时候结束，以及实际进度与计划进度之间的比对。甘特图的实质是通过对各项活动完成情况的了解，调整工作程序和时间以完成该项任务。管理人员可以通过图中提供的情况了解某项活动是否落后于计划，并且决策是否采取行动加以纠正。甘特图的优点是形象直观、简明易懂，对控制计划进度和改进管理工作有很大的帮助。

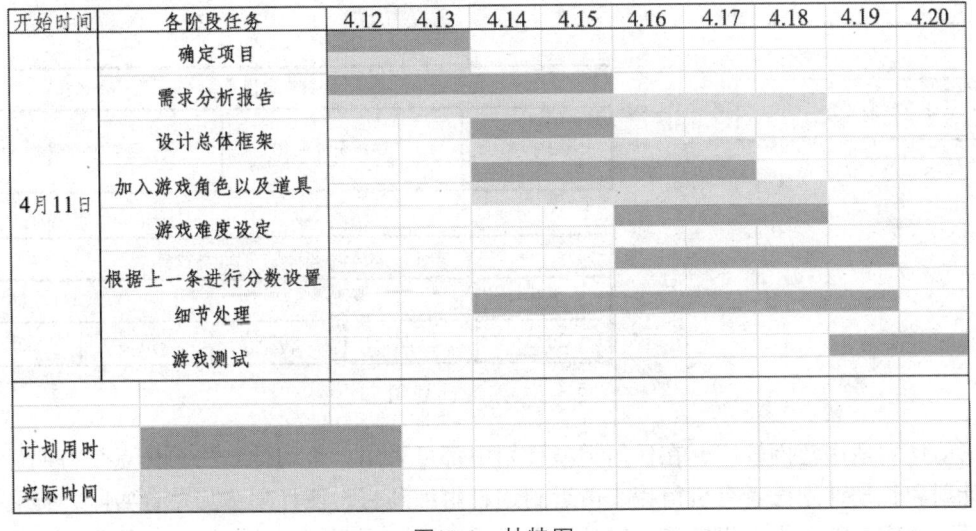

图 5-4 甘特图

> **即问即答,课堂互动**
>
> 甘特图的缺点是什么?它适合什么规模的企业或活动?

二、滚动计划法

在计划工作中,如果计划涉及的时间期限越长,各种不确定性因素就越多,也就很难准确预测未来的发展变化趋势,为了最大限度地降低这种不确定性因素所造成的损失,一般多采用滚动计划法。该方法首先是从短期计划出发,根据对短期计划的执行情况和环境的变化情况,将企业的中期计划和长期计划有机结合起来,根据时间推移定期修正这些计划,使计划逐期向前滚动的一种方法。

滚动计划法是一种动态计划方法,具体做法就是按时间顺序编制未来若干期的计划,各期内容采用"近细远粗"的原则,即短期计划的内容比较具体详尽,远期计划的内容则较粗;当短期计划完成以后,再根据当期计划的执行情况和环境因素的变化情况对原计划进行修正调整,并将整个计划按照时间顺序向前滚动一期,以此类推,逐期向前滚动。

例如,2021年年底,一家企业制订出2022—2026年的五年计划,依据滚动计划法,到2022年年底,就要根据2022年这一年的年度计划完成情况和环境因素的变化情况,对2021年制订的五年计划要进行一定的修订和调整,在此基础上,再吸纳进来一个新的年份,即2027年,剔除一个旧的年份,即2022年,按照近细远粗的原则,再编制2023—2027的五年计划,之后依此类推,使计划逐期向前滚动,如图5-5所示。

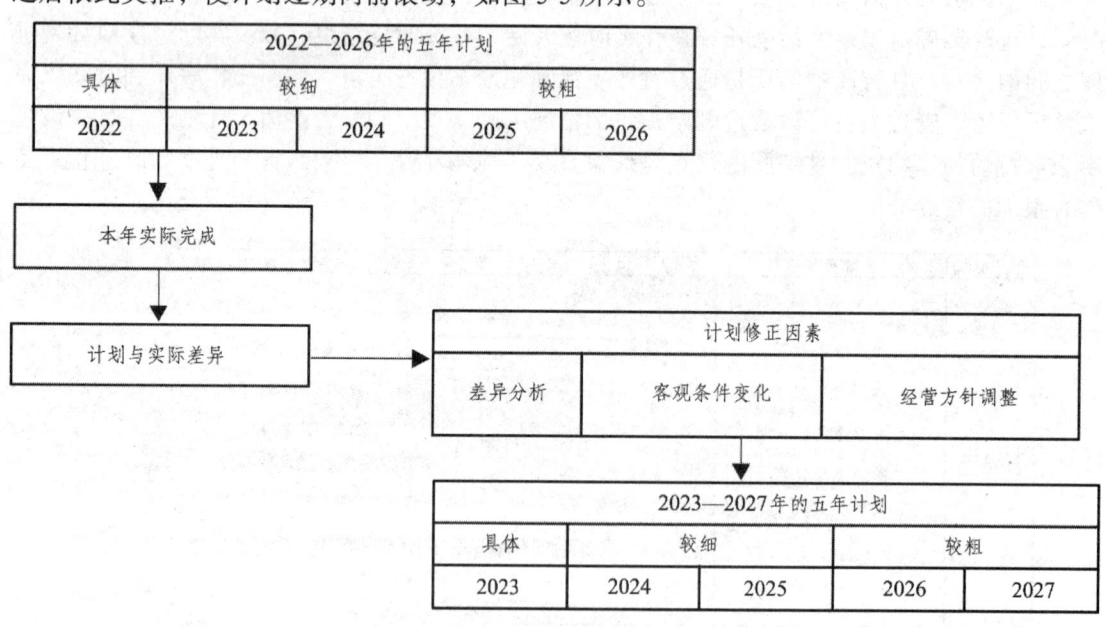

图 5-5 滚动计划图

滚动计划适用范围较广,在任何类型计划中都可采用。滚动计划法的优点是将期计划、中期计划和长期计划三者有机衔接,由近到远,由细到粗,使计划更加贴合实际,提高了对未来预测的准确性,大大提升了组织的应变能力,缺点是开始时的编制工作量较大,要同时编制若干期计划。

三、网络计划技术

网络计划技术是一种运用网络图的形式来组织项目和进行计划管理的一种科学的现代计划方法,是 20 世纪 50 年代以来出现的一种计划控制方法。网络计划方法的基本原理是:把一项完整工作或项目分解成多个子任务,然后将这些子任务按顺序进行排列,在先后顺序上这些子任务将构成一张时间网络,利用所形成的网络对整个工作或项目进行统筹规划和控制,合理安排人力、物力、财力,以便在最短的时间内,以最少的投入或损耗完成既定任务目标。

(一)网络计划技术的基本步骤

网络计划技术是一种组织生产和进行计划管理的科学方法。它的基本步骤是:
(1)用时间网络的形式来表示一项工作任务的先后逻辑顺序和各项活动之间的关系。
(2)通过计算找出工作任务中最关键的工作任务并确定最关键的路线。
(3)通过不断完善网络计划,选择最优实施方案。
(4)在执行过程中进行人力,物力等各种资源的合理配置,并对计划的实施过程进行有效的控制,保证预期目标的顺利达成。

(二)网络图

网络图是网络计划技术的重要基础,任何一项工作任务都可以被分解成若干个步骤来完成。根据工作任务,在时间上的衔接关系,用箭头来表示各项工作任务的顺序,并画出各项工作任务,相互联系和完成各项工作环节需要时间的箭线图。这个箭线图就称作网络图,如图 5-6 所示。

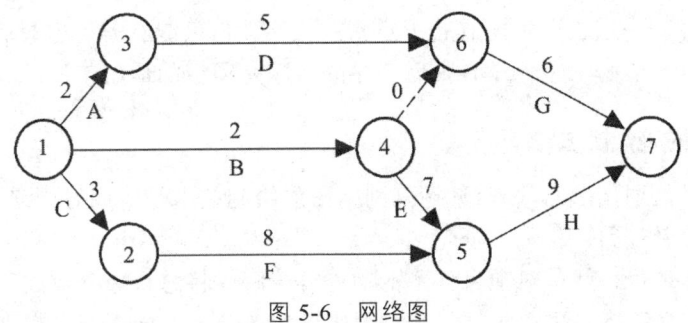

图 5-6 网络图

分析上图,可以发现,网络图由以下几部分构成:

1. 活 动

活动是指一项工作或一道工序。一般来讲,活动需要花费时间,消耗一定的资源。活动用"──→"表示,一般规定,箭线上方注明活动内容,下方注明活动消耗时间。

2. 事 项

事项是指一项活动的开始或完成,一般用带有编号的圆圈表示。在网络图中,圆圈是两条或两条以上箭线的交接点,故又称节点。事项不占用时间和资源,它只是表示某项活动的开始或结束。为了便于识别、检查和计算,对节点要进行编号,编号按箭头方向由小到大,并常用箭线首尾的编号表示某项活动的名称,应特别注意的是,每一项活动都应有自己唯一的节点编号。另外，同一节点号码不能重复使用。

3. 虚工序

因为箭线首尾的节点编号只能表示唯一的一项活动，但对于平行活动来讲，要正确表示活动之间的关系，往往借助虚工序。

虚工序用虚箭线表示，它仅仅起着表示活动先后顺序的作用，并不是一项真正的活动，它没有活动名称，既不占用时间，也不消耗资源，计算网络时间参数时，可以把虚工序看成作业时间为零的一项活动，如图中连接4、6的虚工序。

4. 路线和关键路线

路线是从网络计划事项的开始点，顺着箭头方向到事项终点为止，首尾相连的各个节点和箭头组成的通路。路线的周期就是路线中各个作业环节所需要的时间的总和。网络图中可以有多条路线，但其中的周期最长的一条路线就被称为关键路线。关键路线的时间长短，决定了工程项目实施的总时间。在网络计划图中，可以用粗的实线来表示关键路线。

确定关键路线是网络计划技术的核心。为确定关键路线，需要分别计算各个作业最早开始的时间，结束的时间和最迟开始的时间以及结束的时间，此外还要计算作业的总时差。这五个关键的时间参数确定后，可以判断出从工程项目开始到结束占用时间最长的作业路线，也就是所有的作业总时差均为零的作业环节连接成的线路就是关键路线。关键路线的完成时效直接影响着整个工程项目的进度时效，确定关键路线后，并根据关键路线的进度来合理安排各种资源，对项目的进度进行有效的控制，是利用网络计划技术的要达到的主要目的。

为了反映工序先后顺序关系，经常使用紧前工序或紧后工序的概念。例如有 A、B 两道工序，当 A 工序完工以后，才能紧跟在它后面开始 B 工序，此时称 A 是 B 的紧前工序，或 B 是 A 的紧后工序。一道工序可能有若干道紧前工序，也可能有若干道紧后工序，没有紧前工序的工序是项目的初始工序，没有紧后工序的工序是项目的最后工序。

（三）网络图的绘制步骤

网络图是网络计划技术的基础，掌握好网络图的绘制技术是应用好网络计划技术的关键。以下是网络图的绘制步骤：

（1）划分作业项目，就是对项目各个活动进行分解。将总目标分解成若干个具体的任务或若干个具体的作业工序，可以根据具体情况来确定这解的不同层级和粗细程度。

（2）分析和确定作业之间的逻辑关系。分析各个作业环节之间不同工艺的相关要求和任务的组织条件，确定出各项任务完成的时间先后逻辑关系，这种网络图中的逻辑关系有两种表示形式，一种是紧前作业，另一种是紧后作业。

（3）确定出各个作业任务的时间并进行汇总后，列出作业时间明细表。

（4）作图并给节点编号。根据作业任务清单和各项工作任务之间的逻辑关系，绘制网络图。网络图要清晰表达出各个工作任务所要进行的活动任务环节，表示出各个任务环节之间的相互关系。根据作业清单中各项活动的逻辑关系绘制网络图时，可以从始点开始画，也可以从终点开始画。但一般说来，逻辑关系如果表示的是紧后关系，则从始点开始画比较方便，如果表示的是紧前关系，则从终点开始画比较方便。

现以某项计划为例，该项计划的作业明细见表5-5，绘制网络图如图5-7所示。

表 5-5　某项计划作业明细表

作业编号	紧前工序	作业时间
A	D	3
B	E, G	2
C	F	4
D	G	5
E	H	7
F	H	8
G	—	8
H	—	6

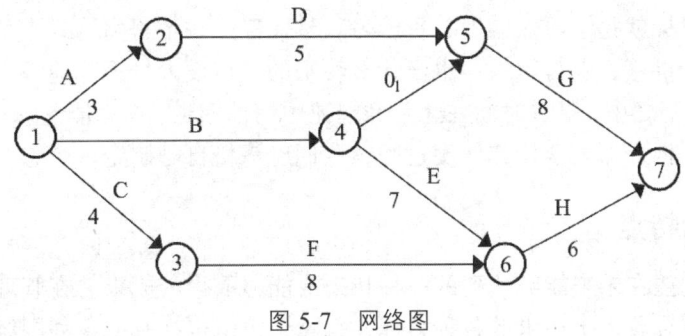

图 5-7　网络图

生生互动，课堂实践

根据上述计划的作业明细和网络图，请同学们列出该项计划所有的线路，并指出其中哪条是关键路线，并说明理由。

（四）网络计划技术的评价

网络计划技术虽然需要大量烦琐的计算，但复杂的网络图可以运用电子计算机进行，但由于这种方法独特的优点，也使得这种技术被广泛运用。

（1）能够清晰直观地表达出一个项目各个任务环节完成的时间顺序和各项任务之间的相互关系，并指出了要完成项目需要执行的关键路线。

（2）可以对项目的实施进度进行优化，根据任务的重要性和先后的时间顺序合理地进行资源的优化配置，在实施过程中可以将非关键路线上的资源集中到关键路线上来，实现资源的优化重组，加速项目预期目标的达成。

（3）可以对项目预期的目标达成度进行事先评价。通过计划实施过程中关键路线的确定来分析制约项目实施过程中的难点、痛点，并评估难点、痛点对目标达成的影响，提前做好应对措施，减少任务完成的不确定性风险。

（4）便于组织与控制。组织的管理者可以将复杂的大型项目分解成若干个子项目来实施，从而提高项目实施的质量，实现局部与整体的有机融合。

（5）这种方法适用范围广，可以适用于各种行业领域和实施各类工作任务。

> **课程思政，师生互动**
>
> 畅谈国家"十四五"发展规划
>
> 互动时间为 5~10 分钟，学生之间先讨论畅谈对国家"十四五"规划的理解与认识，然后教师解读。由此引导学生及时掌握国情时政，树立居安思危意识，激励大学生不忘初心，砥砺前行。

任务五　目标与目标管理

同学们可能都有这样的困惑和体会，在进入大学校门之前，自己的目标非常明确和单一，就是要考大学，目标就是学习、学习、再学习。然而经过一番努力进入大学校门却发现每天不过就是上课、听讲座，上自习……也没什么特别的，也没人告诉你应该怎么做、不应该怎么做，一度陷入迷茫之中，眼看时间在迷茫和混沌中悄悄溜走，你可能焦虑过、不知所措过，也打算好好努力一把，那大学该如何度过呢，我们应该给自己制定一个怎样的目标呢？

一、目标的特点

目标是人们期望在未来能够达到的一种状态或能够取得的成果。在管理实践中，每一个个体都有一系列围绕着人生追求的各种目标，每一个组织也拥有一系列围绕着组织宗旨而展开的目标。为了更深入地了解目标的含义并指导目标的制定，我们应注意目标的以下特点。

（一）层次性

为了使目标转换成为行动的指南，目标往往需要进一步的分解和细化，必然形成一定的层次体系，如图 5-8 所示，使相应的责任人都了解各自应当做些什么才有助于总体目标的实现。在这个目标层次体系中，依据组织宗旨和使命，制定组织总目标、总目标层层分解，从战略目标到作业目标、从长期目标到短期目标从组织目标到个人目标。目标由高到低需要层层落实，较高层次目标是较低层次目标的行动指南，较低层次目标是较高层次目标的落实和基础。

（二）多样性

不同的人、不同的组织有不同的目标，对于同一个人，在同一个组织中也会有不同性质的多个目标，这就是目标的多样性。

每一个组织都面对着众多的公众，而每一类公众都会对组织提出不同的要求。组织为了能够在社会中获得生存与发展，就必须考虑各类公众的要求，并尽可能地加以满足，例如，面对企业股东，企业确立的目标就是利润和投资回报率；面对企业内部的员工，企业确立的目标则是报酬和发展前景；面对顾客，企业确立的目标就是销售量、新品开发、优质服务等。因此，组织为了适应内外部环境的要求就必然会出现多样性的目标。

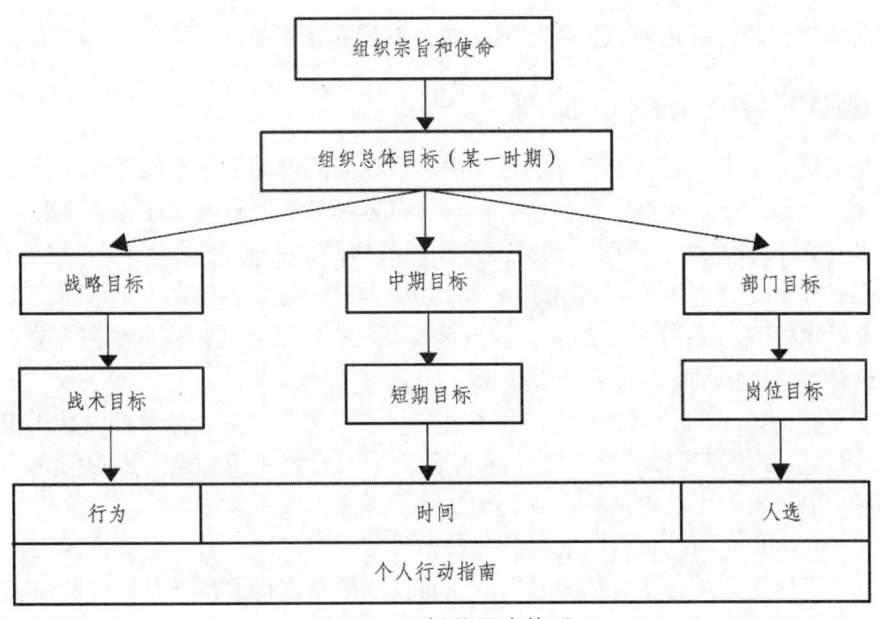

图 5-8 目标的层次体系

(三) 差异性

目标是人们在未来一定时期内希望能够获得的结果或达到的程度。不同的组织和不同的个体在同一时间内会有不同的目标。

由于不同组织有着不同的性质，组织宗旨和组织使命也不同，因此，它们的组织目标也自然大不相同。例如，企业组织，其组织目标往往较多地表现为各种具体的经济性指标，而事业性组织则不以营利为主要目标。另外，对于同一类型的组织，但由于它们所处的具体环境不同、所拥有的组织资源及价值观念等的制约和影响，即使它们的组织宗旨基本相同、组织目标指标体系可能相同，但其目标的具体数值也常表现出很大的差异性，就像同一行业中的企业具有不同的年度组织目标一样。

(四) 时间性

目标是在未来一段时间内希望取得的结果或达到的程度，因此，任何目标都有时间性。这一方面意味着在确定目标时必须指明其时间期限；另一方面也意味着在不同的时间段，目标是有所不同的，目标制定者要根据时间的推移、环境的变化和自身条件的变化，及时地修正原有目标或制定出新的目标。

根据时间长短的不同，目标表现为长期目标和短期目标。一般来说，在一个组织中，管理层级越低，组织目标的时间期限越短，目标的内容越详尽；反之，管理层级越高，组织目标的时间期限越长，目标的内容也就越抽象和笼统。由于将来最终能够取得什么、做到怎样的程度，与近期做什么、怎么做密切相关，因此，在制定目标时，我们必须处理好长期目标和短期目标之间的关系，使得长期目标以短期目标作为基础，短期目标围绕着长期目标来开展。

目标的层次性、差异性、多样性和时间性体现了目标体系复杂而有机的联系。只有充分认识和把握目标的这些基本特点，目标的制定才会有扎实的基础。

需要注意的是，组织目标的设定不是一成不变的。它会随着组织内外部环境的变化、市场结构的调整进行调整，是动态发展与更新的，不是静止不变的。

二、制订目标的 SMART 原则

无论组织还是个人，在制定目标的过程中，往往需要考虑的一个问题就是什么样的目标是好的目标。判断一个目标是否是好的目标，可以遵循目标制订的 SMART 原则：

S——Speific：明确性。所谓明确性就是要用具体的语言清楚地说明要达成的行为标准。如某企业将目标表述为"为了提高本超市的市场竞争力，希望各位在今年做到：为顾客提供一流的服务。"如何为顾客提供流的服务？该目标并没有清晰表达出应该如何去做，这样就会导致目标执行方向不明确，结果不尽如人意。

M——Measurable：可衡量性。它是指目标的设置是可衡量的，尽量可以量化和描述。如"我们将把前台收银的速度提升至正常的标准。"这一目标则不可衡量，因为何为"正常"标准没有界定，因此也就无法衡量执行者目标达成的程度与效果。

A——Achievable：可达成性。它是指目标的设定要高，应具有一定的挑战性，但又是可以实现的，是下属能"跳一跳，够得着"的。目标如果制定得太高，是执行者在现有条件下无法实现的，则起不到任何激励作用。

R——Relevant：相关性。目标的相关性包含两方面的内容：①目标的设定要与该岗位职责相关联；②目标的设定应与其他目标具有相关性；目标的实现需要与组织目标及其他部门的目标一致，协调。

T——Time-limited：时限性。它是指目标必须要有明确的达成期限。目标必须设定有开始时间、结束时间以及进度安排等。没有明确时间要求的目标，容易产生拖延问题，即没有截止期限的目标往往是一项永远不会达成的目标。

课程思政，师生互动

我的大学生活该如何度过？

互动时间控制在 10 分钟，结合图 5-9 的提示，要求学生思考并畅所欲言，然后教师总结点评，倡导学生应正确认识大学生活，引导学生树立正确的人生目标，合理规划自己丰富多彩的大学生活。

三、组织目标

（一）组织目标与个人目标

在一个组织中，既存在组织目标，也存在个人目标。组织是由一个个的个体集合而成的群体，作为一个群体，有其共同的组织目标；作为一个个体，成员们有着各自不同的个人目标。组织目标是指组织从整体出发，为保证组织使命和组织战略顺利实现所指定的一些总体指标，是组织争取达到的未来状态；个人目标则是组织成员在实现组织目标的同时希望个人需求和愿望也得到满足，如加薪、升值、进修提升或组织认可等。组织目标是每一个组织成员实现个人目标的共同基础，从根本上讲，组织目标与组织成员的个人目标之间是一致的，相辅相成的。

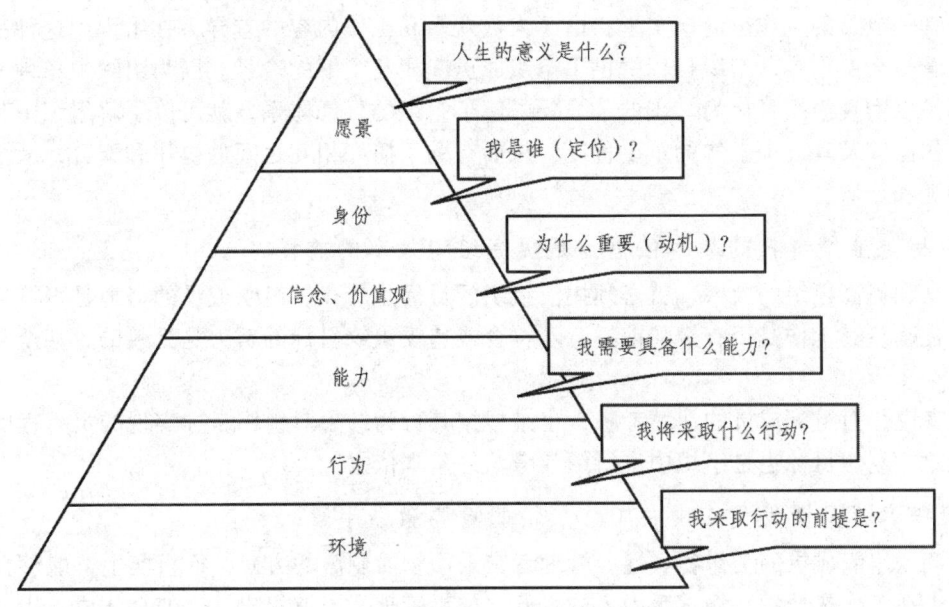

图 5-9　个人目标规划体系

> **即问即答，课堂互动**
>
> 组织目标与个人目标之间是什么关系？

（二）组织目标的作用

1. 组织目标是规定组织在特定时期所应实现的组织任务

在组织中，一个明确的目标能指引组织内每一位成员目标按既定要求完成各自的工作任务，在完成这个既定任务的过程中，成员间相互协调配合，能有效融为一体。若没有明确的目标，可想而知，整个组织如同大海中航行的轮船，没有灯塔的指引，在茫茫大海中就会迷失方向，组织就会成为一盘散沙，管理必然是盲乱的、随意的。所以说，组织目标是组织存在的前提，是组织开展各项工作的基础，是管理者和组织中一切成员的行动指南，在管理中起着重要的作用。

在一个组织中，管理者要有效配置资源，首先必须明确组织的目标。只有明确了组织的目标，才能确定为了实现目标必须开展什么工作、各项工作需要配置何种资源、各配置多少等，因此，目标是计划的基础。

同时，在管理工作中，管理者时常面临各种问题的决策。在决策过程中，管理者只有对组织目标有清晰的了解，才能判断该问题是否需要解决、应该解决到何种程度、应该选择怎样的方案、应该怎么做才是组织行动的正确方向。目标不清，就无从判断和决策。

2. 组织目标是组织内部分工和协调的准则

一方面，组织目标的实现有赖于全体员工的共同努力。而一个组织的组织结构如何设置、成员之间如何分工、大家应该往哪个方向努力，都必须在确立了组织目标之后才能明确。

另一方面，为了维护组织的稳定、减少相互间的冲突和矛盾、加强协作，组织成员往往需要了解其他成员的工作。但事实上，由于人数众多和工作内容的差异，在组织中这种相互了解存在着较大的困难。组织目标提供了组织成员间相互了解的途径。因为组织中各种人员的工作都是以实现组织目标为基础的，只要了解了组织的目标体系，就可以了解组织中其他成员的工作内容及其各项工作的重要程度，从而有助于搞好相互之间的协作和配合，减少工作中的冲突和矛盾。

3. 目标是业绩考核的基本依据，是提高组织效率的前提

要改进和提高组织的效率，就必须搞清组织的目标是什么。组织成员的努力是否符合组织目标，是确认其工作是否有效的前提，不符合或违反组织目标的努力是无效的，甚至是有害的。

一般来说，对组织成员的业绩考核，也是根据其行为结果对组织目标实现的贡献程度进行的，因此，组织目标也是组织中进行绩效考核的基本依据。

4. 组织目标是激发员工内在工作热情的重要激励手段

为了调动组织成员的工作积极性，管理者常采用物质刺激的方式。而事实上，能够真正激发员工内在工作热情的是能够吸引人的目标。如果管理者能够提出一个使全体成员为之振奋的目标，并树立起信心，不仅能够减少眼前物质刺激的压力，而且可以使员工在工作努力中克服可能遇到的各种困难，致力于目标的最终实现。

四、目标管理

（一）目标管理的概念

目标管理是由美国管理学家彼得·德鲁克（Per Duce）于1954年在《管理的实践》一书中提出的。

目标管理（MBO）是一种科学的管理方法，依据企业实际情况，科学地制定目标、贯彻执行目标、根据目标进行考评等环节，旨在引导全员参与，高效地实现组织目标。该方法首先是高层管理者制订企业总目标，然后逐级逐层分解目标，直至到基层员工，之后依据目标，企业中各层级各部门开始实施目标，并对目标完成情况进行监督、检查和奖惩，基于员工的自我管理，倡导全员参与，共同实现企业既定目标的一种管理方法。它以目标为导向，以人为中心，以成果为标准，在员工的积极参与下，自上而下地确定工作目标，并在工作中实行"自我控制"和"自我管理"，自下而上地保证目标的实现。

（二）目标管理的实施程序

1. 目标制订阶段

这一阶段是实施目标管理的第一阶段，同时也是最为关键的一个阶段。原因是只有目标明确、制订合理，后续工作才能往下进行，否则无法实施。该阶段具体又分为下面三个步骤：

（1）制订总目标。高层管理者根据本组织确立的使命和战略，正确客观地分析组织内外部环境，包括环境中的机遇和挑战，自身的优势和劣势，制订企业总目标。此时的目标是预定的、可改变的，一般上级提出后，与下级协商讨论后确定，或者是，由下级提出，经过上级审批确定。当然，不管是哪种形式，都是通过上下级协商参与共同制订的。

（2）分解总目标。目标分解就是把企业总目标逐级逐层分解到各级各部门直至具体人员，从上至下形成一个目标体系的过程。通过目标的分解，可以让各层级各部门甚至个人都能明确各自的目标，使总目标变得更具体更易于执行，上一层次的目标是下一层次目标体系的总目标，下一层次的目标是上一层次目标的细化和实现的基础。从而保证总体目标的顺利实现。

（3）形成目标体系。通过分解总目标，最终形成以组织总目标为核心的上下、左右协调的目标体系。组织中各部门和成员都清晰知晓自己的责任、权利与义务，明确各自的工作任务和目标要求。这是目标管理中非常关键的一步。

2. 目标执行阶段

这个阶段主要是通过目标责任人或目标执行者的自我管理，依据各自的目标要求，通过积极主动、创造性地开展工作，实时对目标执行情况进行检查和对比，发现问题、分析问题，及时纠正问题，实行自我控制。

值得注意的是，员工自主管理、自我控制并不等于不需要领导或者脱离上级的领导，而是要求双方转变传统的管理方式，建立一种新型的上下级管理方式。要求下级要主动及时地向上级汇报目标执行的进度、情况以及存在的问题，使上级掌握工作进度，以便获得上司的支持与指导；同时也需要将目标的进度与相关协作部门横向沟通，以实现部门间的良好协同。

组织管理者在这一阶段的主要任务有两个：第一，对目标进度进行监督与检查。员工实行自主管理并不排斥管理者对目标的实施过程进行必要的监督与检查，发现偏差，及时纠正，以保证目标的实现。第二，为下级实现目标提供必要的支持与帮助。

3. 成果评价阶段

成果评价是实施目标管理必不可缺的环节，是一个目标管理周期的结束，也是下一周期的开始。首先由目标执行者对绩效进行自我评价，再由上级进行考评，由组织内部成立的考评机构对目标实现情况进行综合评价，并确定等级。

该阶段主要做好两方面的工作：

（1）对目标执行者的工作成果进行考核，并决定奖惩。评价考核一定要将物质奖励和精神奖励相结合，体现多劳多得，切忌平均主义和"大锅饭"现象。

（2）总结、反馈。分析原因，采取措施加以改进，从而为下一阶段打下基础，在此基础上，再制定新的目标，开始新一轮的目标管理循环。

（三）目标管理的特点

1. 参与管理

目标的实现者同时也扮演着目标制定者的角色，通过共同确定组织的目标，并对目标进行分解，制定出不同层级、不同部门和不同员工的具体目标，通过分级落实有机协同，来实现最终组织目标的达成。

2. 自我控制

目标管理的核心要义在于将被动的管理转化为员工的自我管理，这种自我管理具有更强的内在驱动力，推动员工以最大的创造力和认真负责的态度把工作做好。

3. 权力下放

集权和分权的矛盾是组织的基本矛盾之一。通过目标管理有利于，这一矛盾的缓解，通过放权和有效的控制，实现组织内部的有机协同和高效合作。

4. 成果第一

采用传统的管理方法，往往容易根据对员工的主观印象、思想和对某些问题的态度等定性因素来进行评价。实行目标管理后，由于有了一套完善的目标考核体系，从而能够按员工的实际贡献大小如实评价。

课后习题

一、单项选择题

1. 在管理的基本职能中，处于首位的是（　　）。
   A. 计划　　　　B. 组织　　　　C. 领导　　　　D. 控制
2. 我国现行制定的"十四五"规划属于（　　）。
   A. 非程序性计划　　　　　　B. 战术性计划
   C. 战略性计划　　　　　　　D. 业务计划
3. 在计划工作过程中，研究外部机会属于计划工作的哪个阶段（　　）。
   A. 制定目标之后　　　　　　B. 在计划工作开始之前
   C. 在计划工作开始之后　　　D. 在方案评价之后
4. 对于各级管理人员而言，计划工作是普遍存在的。一般来说，高层管理人员负责制订（　　）。
   A. 战术性计划　　　　　　　B. 生产作业计划
   C. 具体操作计划　　　　　　D. 战略计划
5. 目标管理是 1954 年美国著名学者德鲁克提出的计划管理方法，但是任何先进的管理方法，在推行过程中，都有一定的局限性。一般情况下，下列哪种情况更适合采用目标管理（　　）。
   A. 跨国型公司　　　　　　　B. 外部环境与技术业务相对稳定的组织
   C. 科技含量高的风险型企业　D. 环境复杂多变的组织

二、判断题

1. 不论一个组织的规模大或小，经营过程简单或复杂，计划工作都是普遍存在的。（　　）
2. 根据计划内容的明确性程度，可将计划分为战略计划和战术计划。（　　）
3. 人们常说计划跟不上变化，所以制定计划是没用的。（　　）
4. 滚动计划适合于任何类型的计划，它的优点是使计划更加切合实际，提高了对未来预测的准确性。（　　）
5. 一个组织所采用的计划方法不同，很大程度上将影响计划工作的效率和质量。

三、简答题

1. 计划工作的内容包括什么？
2. 计划的作用有哪些？
3. 简述计划的编制过程。
4. 什么是滚动计划法，它有哪些特点？
5. 目标管理有何特点？

本项目案例分析——中国载人航天计划

中国航天，说到做到，1992年载人航天工程立项实施，到2022年中国空间站全面建成，从无人飞行到载人飞行，从一人一天到多人多天，从舱内实验到出舱活动，从单船飞行到空间站巡天，中国载人航天从无到有，用30年跨越了发达国家半个世纪的发展历程。

一、载人航天战略计划

中国载人航天战略计划分三步走：第一步发射无人载人飞船，建成初步配套的试验性载人飞船工程，开展空间应用实验（神舟一号——神舟六号）；第二步是突破载人飞船与空间飞行器的交会对接技术，并利用载人飞船技术改装，发射一个空间实验室，解决有一定规模的、短期有人照料的空间应用问题（神舟七号——神舟十一号）；第三步是建造自己的空间站，解决有较大规模的、长期有人照料的空间应用问题（神舟十二号——神舟十七号），其中建造自己的空间站又分三步走，第一步是关键技术进行验证，第二步是开始组装自己的空间站，第三步是建造完成开始运营。从神舟十二号开始了空间站阶段，并且从现在开始空间站需要长期有人，也就是每半年发射一次神舟系列飞船。其中神舟十三号是关键技术的验证阶段，神舟十四是空间站的在轨组装建造，神舟十五号标志着空间站已全面建成，神舟十六号开启了空间站的应用与发展阶段。

二、保障计划

三十余年中，为了顺利实施载人航天计划，我国还组建了一支由多个实验室和研发机构组成的多学科科研团队，负责做好相应的技术保障和安全保障。

一是要完成航天器设计和测试，这是保障航天任务安全的核心环节，航天零件必须经过严格的测试和验证，任何一个零件的故障都可能导致整个航天器的失效，甚至危及航天任务的成功。航天工程团队需要建立全面的工程分析和测试体系，以确保它们能够在最恶劣的条件下正常运行，并且能够承受高强度的振动和冲击。

二是航天员的选拔和培训，这无疑是保障航天任务安全不可或缺的部分。要对航天员进行全方位的身体检查和心理评估，并辅以严谨的训练，以确保他们具备适应太空环境及执行任务所需的能力。从任务目标、时间安排、飞行轨迹，到航天器操纵等各个环节，航天工程团队都需要进行细致入微的计划和评估，以尽可能地减少风险。

三是对可能出现的紧急情况做好充分的应对准备。这就要求航天工程团队制定完整的应急预案，确保每个环节都能有效应对各种可能出现的挑战，如航天器故障、航天员身体不适等问题。此外，应急预案还需要涵盖故障排除、救援措施等多元化内容。

三、资金预算

众所周知，航空航天项目的规模巨大、研发过程复杂、技术水平过高，需要耗费巨额资金，在实施载人航天的三十余年里，政府首先对航天事业的非常支持和重视，资金预算主要分布在技术设计、研制生产环节、设施建设和航天员训练等方面。例如，2019年中国政府将航天预算增加到1600亿元人民币，而这几年的经费预算还在不断增加，这样的预算保障为中国航天技术的研发和发展提供了充足的经费支持。另外，风险投资市场的迅速上升也为其航天技术的发展提供了必要的投资和创新支撑。特别是，中国政府在推动相关政策和新兴产业的培育方面，有很多支持政策和资源的调度，解决了投资发展的一般性问题。

经历了长达几十年的探索和研究、试验和验证、技术攻关和创新突破后，中国的太空事业迎来了重大历史进展，中国航天人从筑梦、追梦到圆梦，与日月并肩，与星河为伴，在浩瀚的太空写下中国航天的灿烂诗篇。

思考题：

1. 你对中国载人航天计划的内容有何理解？
2. 一份完整的计划应该有哪些组织成部分？
3. 中国的空间站建设能为中国及世界带来什么样的价值？

本项目实训——方案策划书的编写

【实训目标】

（1）培养学生对实际问题的分析与解决能力；

（2）培养学生的策划能力；

（3）熟练运用计划的编制程序与方法；

（4）掌握计划工作的5W2H；

（5）能统筹兼顾，学会时间管理和目标管理。

【实训内容及要求】

（1）分组。以模拟公司为小组单元，在CEO带领下进行成员分工管理。

（2）确定本次策划的内容与主题。要求各模拟公司结合自己公司性质和特点，通过环境分析与调研，利用头脑风暴法等创造性的思维，结合所学专业。提出符合公司实际活动的内容与主题要求。

（3）讨论并确定方案。各模拟公司在CEO的带领下进行充分的讨论，收集各类方案，通过投票等形式评价筛选方案，最终形成小组的策划方案。

（4）每个模拟公司着手编制一份方案策划书。

（5）各模拟公司派一名代表在全班进行分享交流。

【实训成果】

各模拟公司提交一份方案策划书。

【实训样表】

不同类型的计划，方案策划书的格式会有所不同，一般而言，一份完整的策划书，其主要内容包括：①内外环境分析；②确定行动目标；③制定行动方案，包括工作内容、要求、实现途径等；④资源配置方案，包括人员分工、资金预算、物资配备、时间进度等。方案策划书的结构详见表5-6。

表 5-6 方案策划书的结构

方案组成	方案内容	内容说明
封面	方案名称	名称需具体清晰
	策划团队	注明团队信息、职务及分工
	方案完成的时间	依据策划书内容注明完成的年月日
正文	方案策划的目标	目标要具体明确
	方案策划的内容	策划的原因、背景分析、问题点、创意点、实施措施
	方案实施的场地	说明完成策划需要何种场地支持
	方案实施的进度安排	完成计划的开始时间、进度及结束时间
	方案实施的预算	活动实施中的资金开支明细预算
	方案实施预估的效果	根据市场分析,预估活动实施后的经济效果和社会效果等
附件	参考资料	附加相关的各种参考资料,增加计划的可信度
	其他需说明的事项	需要补充说明的事项

【实训评价】

组内组间互评+教师点评。学生展示后,教师引导在组内组间进行任务成果的总结和交流,根据学生在全班的交流表现,结合编制的方案策划书进行打分,形成组内自评(10%)、组间互评(20%)和教师点评(70%)三个评价维度。评价样表见表 5-7。

表 5-7 方案策划书评价表

组名	
公司名称	
CEO	
成员	
评价项目	评价内容	得分
	1. 方案策划书结构是否完整?(10分)	
	2. 方案策划目标是否明确?(10分)	
	3. 方案涉及的问题点分析是否全面?(20分)	
	4. 方案中的时间进度设计是否合理?(10分)	
	5. 方案中对各种活动支出的预算是否清晰合理?(10分)	
	6. 方案中有无清晰的人员分工?(10分)	
	7. 方案中有无突发情况的处理措施?(15分)	
	8. 本方案策划的可操作性如何?(15分)	
	得分合计	

学习情境六　合理组织

学习目标

● 知识目标
1. 掌握组织的含义。
2. 掌握组织的构成要素。
3. 了解组织的类型。
4. 掌握组织设计的含义。
5. 熟悉组织设计的原则。
6. 了解组织纵向设计和组织横向设计内涵。
7. 掌握组织结构的常见类型。
8. 掌握组织文化的内涵、功能、构成及建设途径。

● 能力目标
1. 掌握正式组织和非正式组织的含义，学会区别正式组织和非正式组织。
2. 能理解组织设计的原则，识别实际组织设计存在的问题，为组织结构优化提供建议。
3. 能区分组织结构的常见类型，并学会识别和设计一般组织结构。
4. 掌握组织文化的内涵，会利用组织文化理论倡导和建设组织文化。

● 课程思政目标
1. 谨记个人利益服从集体利益的组织原则。
2. 正确处理个人与组织的关系，踏踏实实做事，砥砺前行。
3. 正确认识自己、审视自己，充分履行个人在组织中的义务和责任。
4. 正确看待组织分工，秉承坚持不懈的工作态度。
5. 加强个人文化修养，谨记社会主义核心价值观，以坚定理想信念，追求卓越。

案例导读

完美四人组

《西游记》中的师徒四人都有明确的分工，各有拿手本领，职责互补，性格各异，在团队中缺一不可。

唐僧是领导，团队核心，取经学经全靠他，虽没有武力值，但却是精神领袖有背景，受上面指派，有格局，守初心，心怀慈悲，无论妖怪们施以美人计苦肉计，都不能撼动其既定目标，面对各种环境考验，唐僧从未退缩，用唐僧自己的话说："宁可前进而死，不愿后退而活"。另外对不听话的下属先教导有方，再不然有绝活念紧箍咒。

孙悟空身怀奇技，逢山开路遇河架桥，一路斩妖除奸，重活难活都主动揽了干了，但是有自己的判断力和是非标准，还有些张扬高调，三天两头被师父修理。

沙僧闷头干活，不争宠邀功，也不和别人发生冲突，虽重活难活拿下有困难，但能将基本活干好，在小团队不乱吱声，是五好先生。

八戒圆润通融，有些争宠邀媚，能创造一切享乐机会，吃喝玩乐样样爱好，但关键时候能顶上协助悟空干大事，不含糊。

所以师徒四人小团队的人力资源配备是完整的，是人尽其用的，有融洽也有摩擦，但整体是和谐的稳固的，有战斗力的，最终完成取经重任。

点滴感悟

唐僧之所以最终能够克服重重困难取得真经，关键在于他们师徒之间能够实现优势的互补，团结一致，目标统一，每个人都发挥出自己的效用。

组织里的每个个体都是存在差异的，组织的分工也需要考虑的差异，组织中每个成员的个人能力大小和贡献大小决定了组织成员的重要性。不同的个体能力、贡献都存在差异。好的组织能够使不同的成员在合适的位置发挥恰当的作用。

沉浸式导入

模拟公司 CEO 们请注意，根据前一个项目的训练实操，我们各团队已经制定本组织的目标和计划，团队目标如何实现？这是作为组织的管理者需要考虑的一个重要问题。为了实现组织目标，各公司的 CEO 必须根据本组织的目标和目标实施的方案，设计、研制出符合组织目标实现需要的、高效合理的、能够保证方案顺利实施的组织结构体系，要保证组织的每一项工作都能够有效落实。因此，党组织的目标确定后，接下来需要完成的工作，就是如何去组织实施。

任务一　认识组织

哈德罗·孔茨指出："组织管理的目的，其核心是设计和维持一种组织结构，使得组织的成员能够为实现组织目标有效地工作。"

一、组织的含义

（一）静态地看（Entity（实体）——Organization）

组织是一种人的集合。这种人的集合是为了实现特定的组织目标，进行成员的分工与合作，并赋予不同的成员不同层次的权利和责任。

这个概念具有三层含义：

1. 组织成员是有着共同目标的

组织成员拥有共同的目标，是他们进行合作与分工的基本前提。组织内的每一个成员个体个人目标不同，如果成员只为实现自身目标而工作，组织内部将是一盘散沙。因此，需要让成员明白，个人目标的实现建立在组织共同目标实现的基础上，共同目标的实现要靠组织成员的共同努力。

2. 组织必须有分工与协作

分工与协作关系是由组织目标限定的，也是实现目标的关键，进行合理的分工和良好的协作，让组织中的每一个成员各司其职，才能产生一个完美的结果。

3. 组织要有不同层次的权力与责任

组织分工以后，要赋予每个部门以及员工相应的权力和责任，有权无责，导致权力滥用，有责无权，工作任务无法完成。所以，权力和责任是达成组织目标的必要保证。

（二）动态地看（Process（过程）——Organizing）

作为过程的组织，是指为了实现组织的目标建立起的，与组织目标相匹配的组织结构和人员配备，是组织能够正常运行的一系列活动过程。

其主要内容包括：

（1）组织机构的设计，就是根据组织目标设计和建立一套组织机构和职位体系。

（2）正确授权，确定职权关系，建立信息沟通渠道。

（3）人员配备，根据组织结构中的岗位要求，将合适的人放在合适的岗位上职位上，并授予相应的权力。

（4）组织文化建设，组织在存在和运行过程中，在一定的社会文化条件和证据经济因素条件下，在一定时期的生产实践中创造出来的组织的价值观念、组织成员的行为准则、组织的氛围和作风等方面的总和。组织文化可以充分发挥组织的导向、凝聚、激励、约束和辐射功能，进一步促进组织职能的有效发挥。

> **即问即答，师生互动**
>
> 学校的教职工和到学校参观的学生，谁构成组织？为什么？请阐述理由。

管理小故事

大雁迁徙规律

在长途飞行中，雁群的队伍组织得十分严密，雁群总是由有经验的老雁当"队长"，飞在队伍的前面。幼鸟和体弱的鸟，大都插在队伍的中间，它们一边飞着，还一边发出特定的叫声。这种特定的叫声能够起到大雁之间信号的传递作用。

大雁保持严格的整齐的队形即排成"人"或"一"字形。因为它们整天都要飞，单靠一只雁的力量是不够的，必须互相帮助，才能飞得快、飞得远。靠前飞的被称为头雁。头雁往往是那些身体很有力量,富有飞行和迁徙经验的大雁来承担。头雁在飞行的过程中,通过翅膀的扇动带动气流的变化,在身后形成一个低气压区。随后的大雁在飞行时,可以利用这一轮条件来减少空气的阻力。后面的大雁飞起来就会很轻松,幼鸟和体弱的鸟就不会掉队,有利于整个群体的持续飞行能力。

(资料来源于网络整理)。

二、正式组织和非正式组织

在人类社会的发展历程中,组织的形式虽然多种多样,但概括起来,不外乎两种类型,即正式组织和非正式组织。无论人们是否承认,社会体系中都必然存在着正式组织和非正式组织两种形式。这两种组织类型既有各自特点,又相互联系相互影响,正式组织在发挥自身作用的同时,充分调动组织中非正式组织的积极作用,组织整体效能将会越来越高。

(一)正式组织

正式组织是指为了完成组织所规定的目标与特定工作而产生的法定组织结构。我们一般谈到的组织都是指正式组织。这种正式组织结构一般都有明确的目标任务结构、职能以及由此形成的成员间的责权关系,其成员之间保持形式上的协作关系。因此,对成员行为具有相当程度的强制力。政府机关、军队、学校、工商企业等都属于正式组织。又如,工厂里按照职务关系形成一系列的职务等级,如经理(厂长)、车间主任、工段长、班组长、职工等,每个人按其职务都有一定的权利和义务。

正式组织包含下列四个方面的理解:

(1)职权。指经由一定的正式程序所赋予某项职位的一种权力。

被授予正式职权的人,可以在组织中承担决策、指挥、监督、裁决等组织任务。这种职权是赋予特定的职位的,而并不是赋予特定的个人。

(2)职责。职责是。赋予某项职位应该承担的责任。

(3)负责。反映的是组织中上级与下级之间的一种工作关系。上级对下级的工作要进行指导的责任,下级对上级的工作有报告和服从的义务与责任。

(4)组织图。反映组织中及每一位成员所处的位置,表明岗位从上至下,从左至右关系的一种"树"状图表。

(二)非正式组织

非正式组织是与正式组织相对而言的。它是指人们在长期的交往或工作过程中自然形成的,以共同的感情、喜好等为基础的,松散的,没有固定的成员,也没有正式的组织制度的群体。非正式组织在正式组织中可以独立存在,它可以是一个独立的团体。正式组织中常常存在着一些以兴致爱好形成的俱乐部或者是以学术研究为目的的学术沙龙等都是非正式组织,也包括一些存在于正式组织中并无具体的名称但有实质性活动的团体。这是一种事实上存在的组织形式,这种组织越来越受到关注和重视。在正式组织,可能存在着大量的非正式组织。

非正式组织的积极作用主要体现在正式组织中,非正式组织能够促进工作任务的完成,同时，通过非正式组织特定的成员之间的融洽的关系和气氛来保持正式组织运行的稳定性。在正式的组织中可以将非正式组织作为一种正式组织沟通的渠道和工具，利用非正式组织来提高组织成员的士气。

利用非正式群体的积极因素为实现组织的总体目标服务，是管理者要学会的组织技巧。当然，企业中的非正式组织对企业生产和经营管理也会产生消极影响，主要表现在：

（1）影响工作效率。非正式组织在生产经营过程中有时会有约定俗成的工作标准，当这一标准与企业的计划相冲突时会阻碍或干扰企业目标的实现。

（2）阻碍企业决策的贯彻执行。

在正式组织中。一部分人基于特定的小圈子利益和裙带关系，形成非正式组织与正式组织抗衡，干扰干扰正式组织制定合理的方针政策以及组织政策的贯彻执行，其中最明显的是一些既得利益者，形成非正式组织对组织的变革进行阻挠。

（3）容易传播流言蜚语。非正式组织成员间交往十分频繁，信息传递十分快捷，易于利用人际交往关系，扩散子虚乌有或者走了样、扩大化的小道消息。

（4）易于形成一种"集体思维"的模式。非正式组织的成员对非正式组织共同认可的规范持有的是完全信任的态度，这种信任的知识使得成员不但认可非正式组织的观点，而且会尽力去做出一致的解释。但是，当非正式组织的观点与组织的行为准则和企业的规章制度相对立时。将会成为组织发展的阻力。

（5）易于导致小团体主义。对组织内的信息传递、人际交往、功能运作等往往产生阻碍甚至扭曲的反作用。

因此，管理者要在企业内部建立起一种新型的正式组织关系，更加关注组织的人性化和社会成员的个体利益，通过建立和传播正确的组织价值和组织发展理念，以影响和改变非正式组织中成员的行为方式，最大限度地消除非正式消极影响，引导非正式组织为正式组织发展作出。

三、组织的作用

组织职能的发挥是实现管理功能的保证。一般来说，组织有以下几方面的作用：

（1）通过组织实现分工协作，提高劳动效率。分工有利于提高每一个员工的专业化程度和熟练化程度，同时，协作可以使众多部门和人员之间的联系更加有序和顺畅，有利于最终提高劳动生产率。

（2）通过组织整合力量，可以提高组织成员的士气。通过组织，可以形成整体力量的汇聚和放大效应，否则就容易出现"一盘散沙"的情况，甚至出现"窝里斗"的局面。

（3）通过组织，可以提高有效指挥功能和效率。从更大的范围来说，只有组织起来，才能实现统一指挥，从而避免各自为政、彼此削弱的现象。

管理小故事

拿破仑的法国骑兵

1798年，法国骑兵在金字塔会战中击溃了马木留克骑兵。马木留克骑兵骑术出色，善于格斗，单兵作战能力很强。当时的法国骑兵不足3 000人，如果要和对手进行一对一的较量，法国骑兵不是马木留克骑兵的对手。这场战争最终的结果却是人数少、骑术弱的法国骑兵胜利了。之所以出现这样的结果。是因为当时拿破仑分析认为，马木留克骑兵虽然单兵作战能力很强。但纪律性差，骑兵之间的配合不足。那不能认为3个法国骑兵打不赢2个马木留克骑兵，但凭借法国军队严格的组织纪律和严密的组织结构，1 000个法国骑兵则一定能打败1 500个马木留克骑兵。

法国骑兵组织严密，能起到"1+1>2"的功效，马木留克骑兵的组织比较松散，结构合理，所以"1+1<2"。

> **课程思政，师生互动**
> **正确处理个人与组织的关系**
> 互动时间为5～10分钟，首先学生之间先讨论并踊跃发言，最后教师总结。由此引导学生将"小我融入大我"，老老实实做人，踏踏实实做事，在组织发展中个人利益要服从集体利益，甘于奉献，敢于担当，在推动组织进步的同时，实现个人理想与人生价值。

任务二 组织设计

一、组织设计的含义与步骤

（一）组织设计的含义

组织设计是管理者对组织力的各个要素进行合理的整合。是建立特定的组织结构的主要手段，是在组织目标已经确定的情况下，以实现有效管理幅度为原则，划分出不同的管理层次和部门。其本质是对管理人员的管理劳动进行横向和纵向分工。生成"组织结构图"，是组织设计主要成果的呈现形式。组织设计的任务就是要提供组织结构图和编制职务说明书。

在现实情况下，一般有以下几种情况需要进行组织设计：

（1）创建新组织时。
（2）当前组织出现较大问题或组织目标发生变化时。
（3）组织需要进行局部的调整和完善时。

（二）组织设计的步骤

1. 确立组织目标

在进行组织设计之前要收集和分析相关的信息进行评估，以确定组织的目标。

2. 划分业务工作

划分业务工作阶段要对组织的目标进行具体分解，要根据组织的性质和组织的工作内容，结合组织要进行的活动组成具体的部门，以承担相应的业务工作，并对工作的范围和工作量进行界定。

3. 形成组织结构的基本框架

根据组织业务运行的需要，确定和设计出组织内部的结构层次和部门的划分，形成层次化的组织管理体系。

4. 确定职责和权限

在部门和组织结构层次划定的基础之上，确定出每一个层次、每一个部门以及每一个具体的岗位所拥有的权利和承担的责任，以职务说明书或岗位说明书等文件进行系统的表述。

5. 设计组织的运作方式

运作方式的设计是要明确组织所承担的各项工作和业务开展的流程、参考的标准和处理的方式方法，设计出组织运行过程中需要的各类制度和规范。

6. 人员配备

根据岗位对于人员的能力等各类要求，选择并配备合适的人员，承担相应的工作。

7. 形成组织结构

对组织设计方案进行评价、反馈和修改，通过组织中的业务流程和信息流向，把各层级各部门连接成一个有机的整体，最终确定组织的结构和组织运作的流程并执行实施。

8. 调整组织结构

根据组织内外部环境的变化和组织实际运行的情况对组织结构进行调试，使之不断适应环境的变化和组织发展的需要。

二、组织设计的原则

组织所处的环境、采用的技术、制定的战略以及发展的规模不同，所需的职务和部门及其相互关系也不同，但任何组织在进行结构设计时，都需要遵守一些共同原则。

（一）目标一致原则

任何组织都具有特定的任务和目标，因此组织结构设计和组织形式的选择都必须有利于组织目标的实现。通过总体目标的层层展开，形成内部各级组织机构的目标或任务，让每一个组织成员都能清晰地认识到自己应承担的工作任务。这样的组织才是一个有机的整体。具体要求在组织设计时。要以工作任务的需要为出发点，根据工作任务的需要设立机构、设置职务并匹配人员，做到工作与人员的有效匹配，避免因人设岗、因人设事的现象。

（二）分工协作原则

分工即是按照提高管理专业化程度和工作效率的要求，划分职责范围，通过合理分工可以实现物尽其用、人尽其才，让每一位员工在自己特定的岗位上熟练从事某一特定工种，从而大大提高工作效率。当然有分工就要有协作，协作包括纵向协作和横向协作，由于分工容易产生"隧道视线"，各部门经常站在自己的立场而不是从整体出发考成问题，所以横向协作也显得尤为重要。

> **课程思政，师生互动**
>
> 中央电视台《绝对挑战》栏目曾经播出了一个拥有绝技的兰州牛肉面拉面师傅将面团反复来回拉扯，最后拉成堪比头发丝粗细的面条，并且还穿过针孔都未断，还有中学课本中的卖油翁老头的绝技等，说明熟能生巧的道理。引导学生正确看待组织的分工，激励学生在人生道路上要秉承坚持不懈的精神，只有不抛弃不放弃，就能在组织工作中得心应手、脱颖而出。

（三）控制管理幅度原则

管理幅度是指一个管理者能够直接有效地指挥的下属人员的数目。管理幅度的大小取决于多种因素，如领导者的知识、能力、经验、工作性质及生产的特点，下级的工作能力、工作性质和分权程度等。一般来说，在一定规模的组织中，管理幅度与组织层次成反比例，管理幅度越宽，组织层次越少；管理幅度越窄，则组织层次就越多；管理幅度不宜过宽或过窄，管理幅度过宽，则组织层次少，将造成下级人员数量过多，管理者会管不过来；管理幅度过窄，则组织层次多，信息传递缓慢，指挥不及时，管理效率低下。

（四）统一指挥原则

统一指挥是指其中的每一个成员只有一个直接的上级，并听从其指挥和命令，形成等级链，只有这样才能保证政令统一，行动一致。如果两个上级同时对同一个下级进行指挥，就会出现混乱局面，让下属无所适从。在组织的统一指挥中。等级链必须是连续完整的。在指挥过程中，每一个下属只能有一个直接的上级对其进行指挥，参谋性的组织机构只能起到辅助支撑作用，无权干涉直线的指挥命令的传达。

（五）权责对等原则

组织中，权力和责任是相辅相成的，有权必有责，责权必相等。权大责小或者责大权小对组织来说都是很危险的。在组织设计中，要明确规定各部门各人员在从事一定工作活动时应承担的责任和享有的权利。没有明确的权力或者权力的应用范围小于工作的要求，则可能使责任无法履行，任务无法完成。同样，当权利大于工作要求，虽能保证任务的完成，但会导致滥用权力，甚至危及整个组织系统的运行。因此要杜绝有权无责或有责无权现象，保持二者协调一致。

（六）精简高效原则

精简高效是在完成组织目标所需要的活动的前提下，力求最大限度地减少管理层次，保证组织的机构和人员的规模设置最小化，通过充分发挥组织成员的个人价值，实现管理效率和工作效率的提升，节约非生产性开支。组织机构的设置要从实际出发，使机构数目、规模和人员配备与其所承想的任务相适应，避免机构太多，人浮于事。即在保证完成企业目标任务的前提下，力求做到机构要精、用人要少、管理效率要高。

（七）集权与分权相结合原则

在处理上下管理层的关系时，要将集权（把必要的权力集中到上级）同分权（适当授权给下级）结合起来，取得集权与分权的平衡。集权与分权各自都存在着利与弊，集权与分权相互结合是有效发挥各自的优势，取长补短的一种选择，只有二者相互结合才能实现保证组织的管理效率。

在一个组织中，过度的集权会影响基层管理人员的积极性主动性，影响基层员工创造性的发挥，既不利于基层人员的成长，又会增加高层领导的工作负担。分权能够克服上述缺点，但在分权过程中又会产生组织决策与分权的各单位之间的协调配合难度，不利于企业整体效益的提高。企业应该建立集权与分权相结合的组织权力结构，才能取得较好的管理成效。

管理小故事

印加效应

历史上曾有个印加帝国，它位于南美洲，当时这个国家不论是在政治上还是经济上，甚至在生活上都受到最高统治者的高度控制，即便是一件小事都要向最高当局请示汇报。

有一天，西班牙征服者皮萨罗带领了一支由168人组成的先遣分队来攻打印加，而拥有20万军队的印加帝国，却必须经过层层请示才可出兵。西班牙人看清了这一情况，并及时抓住了这个机会，他们先活捉了印加帝国的皇帝。等印加帝国的大军赶来时，看到他们的皇帝被捉，便群龙无首，不知所措，乱成一团，被西班牙区区几十名骑兵追杀，印加帝国最终以失败告终。

强大的印加帝国在这一战中死伤不下七千人，而西班牙人的伤亡却非常小，这就是极具讽刺意味的印加效应。

管理启示：印加帝国的灭亡根本原因在于管理方式的错误，这种高成本的管理方式需要高度集权和绝对统治，一旦这个前提发生了改变，就会患上一种集体失能症，给组织带来无法预期的影响。

三、组织横向结构设计

组织横向结构设计主要解决管理与业务部门的划分问题，反映了组织中分工与合作关系。组织横向结构设计即划分组织部门。划分部门主要是指把工作和人员组成若干管理的单元并组建相应的机构或单位。划分部门的主要方法有以下几种。

（一）按职能划分部门

按职能划分部门是把相同或类似的工作任务和职能组合在一起形成一个部门。或者说，把从事不同业务活动的人员组成不同的工作部门。这是一种被广泛采用的方法。一个能进行正常生产和经营活动的企业总会有以下业务人员：从事产品生产制造的工人；负责原材料采购的人员、负责从产品销售和广告的人员；负责财务和会计工作的人员；负责运输和产品保管的人员；等等。把上述人员组成不同的工作部门，即生产部、营销部、财务部和物流部等。在大型企业中，每个职能部门又包含若干个子职能单位。

（二）按产品划分部门

当组织生产的产品品种较多，且每种产品的产量又较大时，按产品种类的不同划分部门可能更为有利。一些企业倾向于生产和经营多种产品，以增加企业的市场竞争实力，而每种产品又有其特殊的工艺要求和生产流程,以及相应的市场和流通渠道。例如某家电企业按照产品设立的冰箱事业部、洗衣机事业部、空调事业部、彩电事业部等。这种划分部门的方法使部门经理具有对某个产品或产品系列供-产-销的各方面职权,并对企业利润承担相当程度的责任。

(三) 按地区划分部门

按地区划分部门对于组织人员多且分散在广阔地区的企业,特别是全国性或国际性的大公司,是适宜的。其原因有以下几点:

(1) 各地区消费者的偏好和需求会因地方文化和风俗习惯的差异而有所不同,如果按地区设置部门,就可以使部门把注意力集中在所在地区的消费者身上,更准确地掌握消费者的需求,根据市场变化迅速做出有效的经营决策,采取相应的服务措施。

(2) 在某些情况下,各部门所需要的人力资源和物质资源可在当地采购,产品可实现地产地销,从而节约费用,提高效率。从部门所在地吸收工作人员还可以提高工作质量和经济效益。例如,来自当地的销售人员能更清楚地了解消费者的需求和市场的倾向,从而采取更适宜的服务方式和市场营销策略。

(四) 按工艺划分部门

根据产品制造过程中的环节划分部门,该划分方法在制造业非常常见,一些制造业由于生产过程的复杂性和连续性,生产一件产品需要多道工序或工艺,因此为了加强各工艺管理,往往按照生产一件产品的工艺步骤划分部门。例如玻璃厂的按照选矿、高温溶解、吹制、冷却等工艺顺序设立部门;纺织厂按照纺织品的加工工艺设置的棉花车间、纺纱车间、织布车间和印染车间等。

(五) 按顾客划分部门

有些组织适宜按顾客群划分部门,即按不同的顾客类型设立不同的服务部门,以迎合不同客户各种特殊的和广泛的需求。按销售对象和服务对象划分部门也是专业化原则的体现。某些服装零售商店销售婴幼儿服饰、青少年服饰、中老年服饰部等部门来满足不同顾客层的需要;旅行社内部设立团购顾客接待中心和散客接待中心等,这正是根据顾客需求进行的部门划分。

> **即问即答,师生互动**
>
> 除上述划分部门的方法外,你还能想到哪些划分部门的方法?

四、组织纵向结构设计

组织的纵向结构设计主要是合理确定组织的层次和管理的幅度。组织纵向结构设计是根据管理幅度的限制,确定组织层次,并规定各层次管理人员的职责和权限,它反映了组织中的上下级关系和人员隶属关系。在进行组织的纵向结构设计时,首先应根据企业的具体条件,正确规定管理幅度;其次,考虑影响组织层次的其他因素,科学地确定组织层次;最后,在此基础上进行职权配置,从而建立基本的纵向结构。

(一) 管理幅度与组织层次

1. 管理幅度

管理幅度亦称管理跨度,是指组织的一名管理者直接管理下级人员的数量。合理的管理幅度有利于管理的控制和沟通,可以加快信息的传递速度,便于管理者及时做出决策。

2. 组织层次

组织层次亦称管理层次,是指组织内部从最高管理组织到最低管理组织的等级序列。组织层次反映的是组织内部纵向分工和领导隶属关系,各个层次将承担不同的管理职能。

3. 管理幅度与组织层次的关系

组织层次受到组织规模和管理幅度的影响。它与组织规模成正比;组织规模越大,包括的成员越多,则层次越多。当组织的规模在一定的情况下,组织的层次与管理幅度是成反比的。一个管理者所能够直接管理的下级数量越多,组织的层次就越少。相反,如果一个管理者所能够直接管理的下属数量减少,则组织的层次就会增加。在组织层次和管理幅度二者之间的关系中,管理的幅度起着决定性作用,组织层次的多与少取决于一个组织管理幅度。

(二) 管理幅度与组织层次设计

1. 管理幅度与组织层次设计

管理幅度的设计依据上下级关系的复杂程度。直接影响上下级关系复杂程度的因素有:管理工作性质,如复杂程度、相似性等;管理者自身的能力和素质高低;下级人员素质与职能性质;计划与控制的难度与有效性;信息沟通的难易与效率;组织的空间分布状况;组织外部环境等方面。

组织层次设计主要的制约因素有:有效的管理幅度、纵向职能分工以及组织效率等。

2. 高长式组织结构与扁平式组织结构

在组织设计中,可能产生两种典型的组织机构。一是高长式组织结构,即组织层次较多,管理幅度较小;二是扁平式结构结构,组织层次较少,管理幅度较大。

(1) 高长式组织结构的优缺点。

优点:高长式的组织结构严密,人员分工明确,上下级之间协调相对容易。缺点:组织层次较多,使得管理人员和管理成本增加,上下级的意见沟通和交流受阻,信息"上传下达"不流畅甚至变形;由于管理严密,会影响下级人员的主动性和创造性。因此,一般来说,提高管理效率应尽可能减少管理层次。高长式结构示意如图 6-1 所示。

(2) 扁平结构的优缺点。

优点:扁平式结构减少了管理的层级,缩短了上下级之间的距离,纵向的信息流转速度较快,管理的成本也较低。由于管理幅度较大,下属往往具有较大的自主性和职业满足感,也能够有利于下属人员的成长。

缺点:由于一个管理者所管理的下级数量较多,管理者对下级往往缺乏有效的监督,较多的下级数量也造成了上下级之间的沟通障碍,同层级之间的沟通也存在困难。扁平式结构示意如图 6-2 所示。

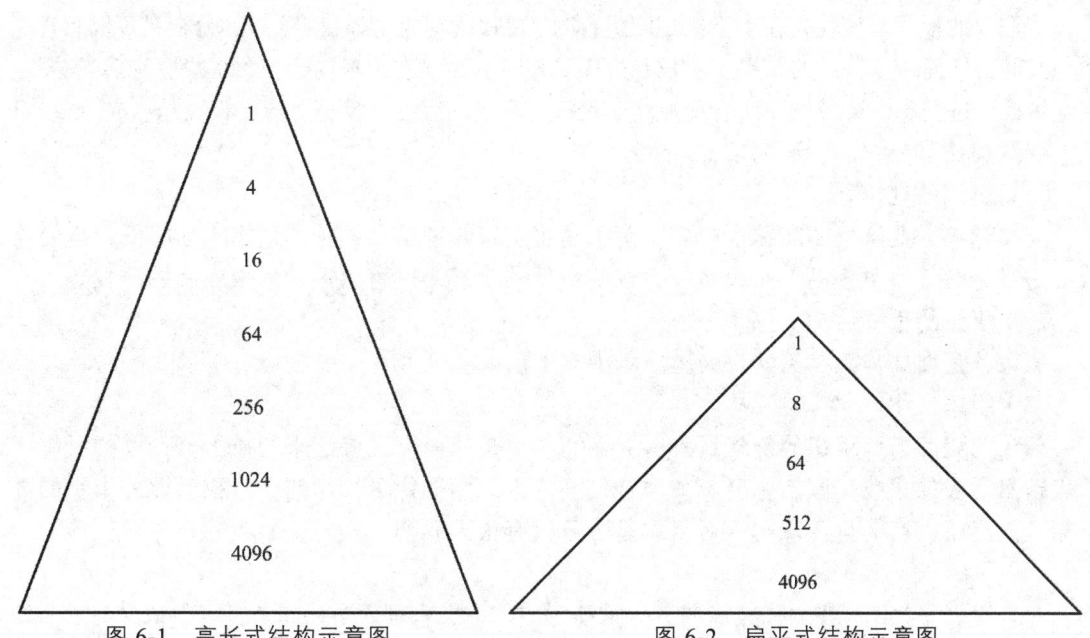

图 6-1　高长式结构示意图　　　　图 6-2　扁平式结构示意图

> **生生互动，课堂实践**
>
> 李强同学想成立一个健康协会；协会宗旨为："宣传奥林匹克精神，倡导健康生活态度"开始由几个好友构成，没有明确的分工。在新一轮纳新前，拟建立正式的组织结构。
>
> 问题：请你帮助李强出谋划策吧，该健康协会应设立哪些部门和岗位，需要招聘怎样素质的人？

（三）职权设计

职权是组织正式赋予管理者的，能有效促使下属完成某一组织目标的权力。在组织结构设计中，随着任务和责任的分派，必须要进行职权的划分。这涉及职权的类型、授权及集权与分权。

1. 职权的类型

根据职权性质不同，可将职权分为三种，即直线职权、参谋职权和职能职权。

直线职权是组织中上级指挥下级工作的权力。在组织机构中，直线人员拥有包括发布命令及执行决策等权力，也就是通常所说的指挥权。参谋职权是参谋人员所拥有的辅助性职权，包括提供咨询、服务、建议等。职能职权是指参谋人员或某部门的管理人员所拥有的由直线主管人员授予的部分权力，如经理授权给某职能管理者在某个问题上的指挥权。

尽管职权有不同类型，但各种职权的运用只有与组织目标的实现相一致，并发挥出组织目标实现的作用时，才是有效的。任何职权都有一个相对的边际范围，它的有效性能表现在一定的范围之内。

2. 集权与分权

集权意味着更多的职能权力集中在较高层次的管理者手中。分权则表示高层管理者将职权分散到组织的各个层级中。

当职权的授予与接受是在上下级之间进行时，授权就变成了分权。集权和分权是不同管理层次为共同目标而协调一致的结果。集权和分权是相对的，没有绝对的集权，也没有绝对的分权。在组织设计过程中，要考虑如何合理地确定集权与分权的程度以及哪些应集权，哪些应分权？

影响集权与分权的主要因素：

（1）组织的规模。

规模越大，要解决的问题就越多，为了防止组织管理信息的传递效率不断降低，需要将权力进行分解，将更多的工作决策权授权到更低一个层级进行决策，形成较多的分权。

（2）决策的重要性。

决策越重要，与此有关的权力越应集中在上层。

（3）组织文化。

分权的程度与该组织的创建过程有关。基本上是从内部发展起来的或独资创办的组织，常表现出明显的集权化倾向；合资或联合创办的组织则往往更加倾向于分权。此外组织的高层管理人员所持有的价值取向，对组织是否分权有很大影响。

（4）下级人员的责任。

一个组织分权的实现，往往需要有一批高素质的中层管理人员，如果组织中缺少高素质的中层管理人员，分权将会造成管理效率的低下甚至给组织带来损失，此时管理者更倾向于集权。

（5）控制的需要。

为了避免组织出现混乱局面，在组织进行分权的同时必须加强对组织的有效控制。为了防止重大事件的决策和重要问题的处理上出现失控局面，常常成为管理者进行集权的理由。因此，组织中控制手段的不断优化，将有利于管理过程中的不断分权。

（6）外部环境的影响。

一些外部的因素也会影响到组织的集权和分权的程度，比如政府对企业组织的控制程度，会影响到企业组织的分权与集权。政府出台的一些政策要求很多工作需要企业的高层管理人员直接处理，这就使得这一些事情无法通过分权来实现。

即问即答，课堂互动

集权的优缺点有哪些？分权的优缺点有哪些？

3. 授 权

权力分散主要通过授权来实现，授权是指担任一定管理职务的领导在实际工作中，为充分利用专门人才的知识和技能，或出现新增业务的情况下，将部分解决问题、新增业务的权力委托给某个或某些下属。为使授权行为得到良好的效果，需要灵活掌握以下原则：

（1）因事设人，视能授权。

所授权力的范围和大小程度应该根据被授权对象的能力来确定。仔细分析本组织工作任务的难易程度，以使职权授予最合适的人选。一旦授予下属而下属不能承担职责时，应明智地及时收回权力。

（2）明确责任。

授权时，必须向被授权者明确所授事项的任务目标及权责范围，既能避免下级推卸自身的责任，又能调动下级的积极性，圆满完成工作任务。

（3）不可越级授权。

越级授权是上层管理者把本来属于中间管理层的权力直接授予基层领导。这样一来，会造成中间管理层工作上的被动，不利于发挥他们的积极性。所以，职权只能授予直接下属，不可越级授权。

（4）授权要适度。

授予的职权应以所要完成的任务为度，既不可过度授权，也不可授权不足。授权过度，等于放弃权力，造成工作无序，甚至失去控制，授权不足，下属在实际工作中往往遇到阻力，其工作的积极性会受到影响，达不到的预期效果。因此，授权必须适度。

任务三　组织结构的基本类型

一、直线制

直线制是一种早期出现的最简单的组织结构形式，直线制是一种最早的也是最简单的组织结构模式。以企业为例，其结构如图6-3所示。直线制的组织结构形式的特点是并不设置职能机构，组织实行的是从最高管理人员到最低管理层级的直线垂直领导。这种组织结构形式相对简单，权利和责任的划分非常明确，组织的运行效率较高，它适用于规模较小、生产的产品相对单一的组织。当组织规模较大、业务多元时，这种结构就缺少专业的分工，管理者的负担和压力较重，大量的常规性事务占用管理者更多的精力，使之无法集中精力研究组织的重大战略发展问题。

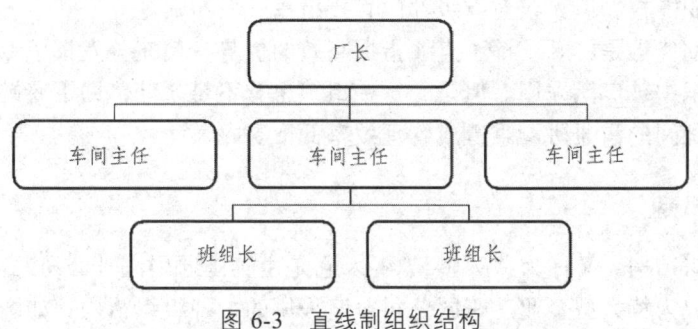

图6-3　直线制组织结构

二、职能制

职能制是指在组织中设立若干职能部门，各职能部门在自己的业务范围内都有权向下级下达命令和指示，下级要同时听从上级直线领导者和上级职能部门的指挥。以企业为例，其结构如图6-4所示。

三、直线职能制

直线职能制组织结构结合了直线制和职能制的优势，克服了直线制和职能制的不足。它吸收了直线制统一指挥的思想和职能制专业分工的理念，在组织的管理过程中既保持了纵向的高效直线指挥格局，又设置了专业的职能部门，在各级领导者之下设置了相应的职能部门承担专业的工作分工。以企业为例，其结构如图6-5所示。

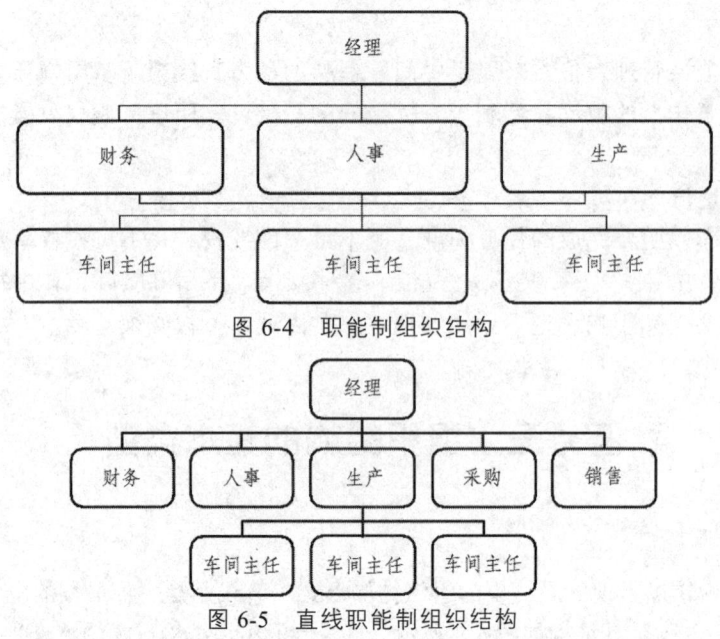

图 6-4 职能制组织结构

图 6-5 直线职能制组织结构

这种组织结构的特点是以直线管理为主体,同时发挥了职能部门的参谋作用。在这类组织结构中,两类人员的职权必须是十分清楚的。一类是直线主管人员,他们拥有对下级的指挥和命令的权力,承担着实现所管理部门的业务目标的任务;另一类是职能部门的职能管理人员,他们只能起参谋和助理的作用,对下级部门可以进行业务指导,提出建议,在直线人员授权下可行使职能权,但无权对下级部门直接指挥,发布命令。

直线职能制的优点是:既发挥了直线指挥高效的优势,又充分发挥了专业部门的作用,因此它在企业组织中被广泛采用。但是,这种组织也有不足之处,即下属缺乏一定的自主权限,各职能部门之间的沟通协调难造成管理效率低下。

四、事业部制

事业部制组织结构,又称为"M 型结构"。它是由美国通用汽车公司总裁斯隆于 1924 年提出的,目前已成为特大型企业、跨国公司普遍采用的一种组织结构,如图 6-6 所示。

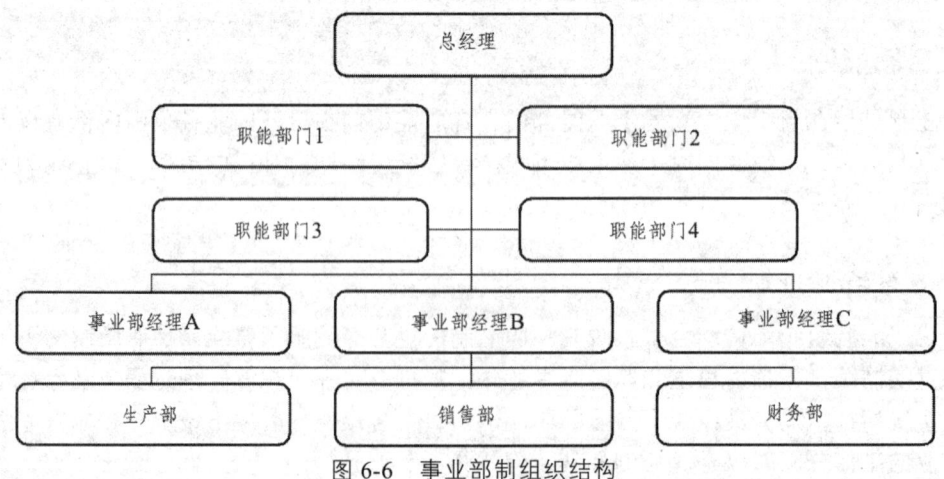

图 6-6 事业部制组织结构

事业部制是一种分权管理的组织结构形式。事业部制一般是按照企业所经营的不同产品或按照分支组织地域分布来划分事业部，各事业部是独立核算的单位和独立的利润中心，自负盈亏、自主经营；组织总部按照"集中政策、分散管理，集中决策、分散经营"的原则来对事业部进行管理。

事业部制结构的关键在于最高层和下级经营机构之间的集权和分权关系。最高管理层是企业的核心决策机构。主要制定企业的发展目标、经营方针、总体战略，负责企业各个事业部之间的协调。为了保证采用事业部制的企业能够高效地运转和对企业进行有效的控制，最高管理层往往掌握着人事、财务、组织战略等核心权力。

事业部制组织结构的优点主要表现在：集权与分权相结合的组织结构将常规性的行政事务授权给下属，分支组织来承担，最高管理者能够专心致力于有关组织长远发展和战略决策的工作内容。同时，分权能够有效调动各个分支机构的主观能动性和经营管理的积极性，使各事业部能够根据区域市场变化或产品市场需求来及时地调整经营策略，有利于高素质经营管理人才的培养。

事业部制的主要缺陷是：职能机构的重复设置，组织机构臃肿，组织的管理成本较高，各事业部相对独立的经营模式容易滋生本位主义，对组织整体的利益关注不足，事业部之间的配合协作效率较低。这种组织形式主要适用于采用多元化、国际化经营战略，业务范围广、市场范围大的大型组织。

到底是哪里出了问题

在一家公司的每周例会上，有一个问题大家争吵得不可开交，起因就是在上周的客户满意度调查中，有大量客户反映在使用了本公司的化妆品后皮肤存在过敏现象，就此问题，总经理在例会上要求各部门查找各自的问题，进行整改。销售部经理首先发言了："我们销售部主要是销售产品，关于过敏问题不是我们部门能解决的问题，这个问题应该由生产部来回答。"生产部经理清了清嗓子说到："没错，产品是由我们生产部生产的，但是配方、原料不是我们说了算的，另外我们是严格按照研发部的研发工艺组织生产的，生产环节绝对没有问题的。"这时，研发部经理坐不住了，说到："是的，研发是我们搞的，样品配方测试也是没有问题的，但是目前投入大批量生产后，其中的原料采购、工艺流程，包括这些车间工人的技术能力等我们研发部也控制不了啊！"听了研发部经理的话，人事部经理连忙说到："人员招募和培训，我们做的很规范，工人都是经培训合格上岗操作的，并且月月有考核。"采购部经理也补充道："我们采购部就是做好后勤保障的，公司生产什么，我们就采购什么，没有任何违规的原料啊"，听了各部门七嘴八舌的讨论，总经理问道："你们都没责任，那到底是谁的责任？"

管理启示：随着组织规模的扩大，设立职能部门是组织发展的必然要求，但如果只知道设立很多的部门，而没有有效的协调机制，就会出现上述相互推卸责任的现象。因此企业规模越大，尤其是大型企业更应该建立有效的协调机制。

五、矩阵制

矩阵指示按照工作的需要将以往按照职能划分的不同部门人员，按照产品服务或工程项目的需求来重新划分,将人员组合到一起的一种组织结构。这种组织结构中,既按照纵向确定了指挥体系,又按照不同的产品项目和任务划分了横向的组织结构,形成了一种纵横交错的矩阵式组织结构,其结构如图6-7所示。

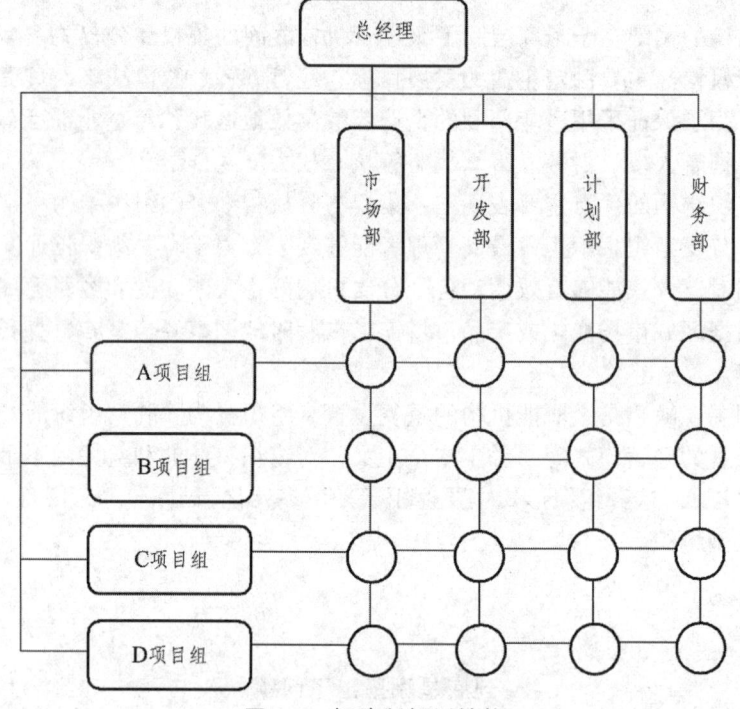

图 6-7 矩阵制组织结构

这种组织结构的特点是:

(1)矩阵结构中的组织成员,要接受原所在单位职能部门的领导,又要接受项目负责人的指挥。

(2)项目组以完成特定任务为目标,其组织具有临时性。任务完成时,项目组即刻撤销,原有从各部门抽调的组织成员返回原职能部门工作。

这种结构的主要优点是:矩阵制组织结构加强了各职能部门之间的配合协作,有利于职能部门之间的信息交流,促进了新产品、新技术的研发,有利于调动成员的创造性和积极性,提高了组织的适应能力。根据工作任务组建的项目组,人员结构的专业化程度高,加快了特定项目的完成速度也增加了组织的适应性和灵活性。

矩阵结构最主要的缺陷是:由于人员既要受原所在职能部门的领导又要受到项目组的领导,双重指挥容易造成一定程度上的混乱现象,产生"违背统一指挥、多头领导"的问题,使组织成员无法正常工作。由于组织具有临时性稳定性差,成员也是临时抽调。在工作过程中存在一定的临时思想而影响工作的责任心,由于成员属于临时抽调,其隶属关系属于原所在的职能部门,项目组管理人员对其工作质量无法进行评价和奖惩。实际过程中,项目管理人承担的责任往往大于权利。因此,这种结构下的组织只有当双方管理人员能密切配合时,才能顺利开展工作。矩阵制主要适用于科研、设计、规划项目等创新性任务较多、生产经营复杂多变的组织。

六、虚拟网络制

虚拟网络结构（Network Structure）是一种目前流行的组织设计形式，它可使管理人员应对新技术、新环境时显示出极大的灵活性。

所谓虚拟网络结构，是指这样一个小的核心组织，它通过合作关系（以合同形式）依靠其他组织执行制造、营销等经营功能。虚拟网络结构强调组织之间通过有机协同实现资源共享，在此情况下，一个企业就不必拥有所有的资源和具备全部的职能，它可以将一部分职能通过外包的形式转移给协同企业，只保留企业核心竞争优势的职能。使用虚拟网络组织结构的企业不会出现功能的重复，因为将规模经济和范围经济在很大程度上结合在一起。如图6-8所示，网络组织的核心只是一个小型管理机构，许多重要职能不是由本组织完成的，组织管理者的主要任务之一，就是在各地寻求广泛合作和控制。

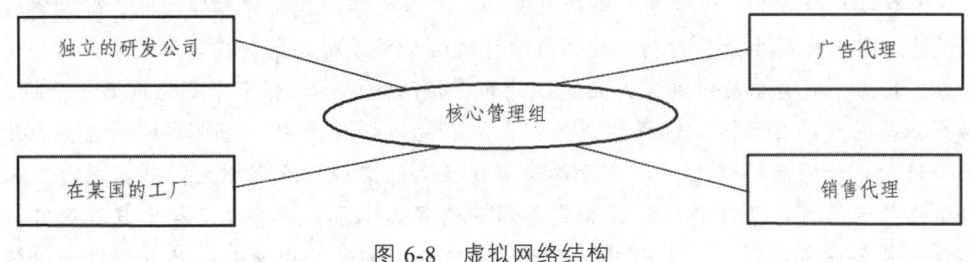

图6-8 虚拟网络结构

对于中小企业来说，采用网络结构，是有利于企业发展的选择。由于拥有的资源较少，小企业在资金、经营规模和技术能力上无法与大企业相比。但小企业结构简单，组织灵活性强，容易形成自身的经营特色和优势。通过网络结构将多个小企业进行有效的整合，能够实现优势互补和业务协同。每一个单个的小企业只保留自身的核心功能，其他业务功能由网络中的其他企业承担，创造出更大的网络经济性。

小企业同大企业的联合同样也可以起到类似的效果。

网络结构也适用于一些大型组织。耐克公司本身拥有很少甚至没有制造设备，总部员工也就百来人，然而每年的销售额可达数十亿美元。这些业绩就是通过建立某一种网络关系取得的，他们与产品的制造公司、销售代理商建立联系，通过他们的生产经营活动实现公司需要的职能。公司可以通过收购控股等方式实行对关键领域的控制。在菲律宾、马来西亚、韩国、中国、印尼、泰国等地区，都有制鞋厂是耐克公司的合作伙伴。

虚拟网络组织的最大优点是灵活性强，能够使组织动态地适应经营环境的变化。但它与传统的组织结构相比缺乏对一些职能部门（特别是制造部门）的有力控制。随着信息技术在企业的广泛运用，网络结构越来越表现出其优越性。

拓展阅读

耐克公司是一家创建于1972年的体育用品企业。刚创办时，它与百年的阿迪达斯、彪马等品牌相比，规模还很小，只是体育品牌领域的一个小企业。但在后来的30多年的发展过程中，凭借独特的虚拟经营策略成为世界上最有影响力的体育品牌之一。

耐克公司没有大量的原材料库存，因而也没有原材料运输任务和建立起来的庞大的运输车辆队伍。没有自有的车间和生产线，没有雇佣生产工人。耐克将主要的精力都用在了卓越品牌的塑造，一流的设计能力培育和完善的市场营销网络的建立。当耐克把这些在传统企业眼中的这些次要的东西打造卓越后，进而选择了最好的制鞋厂作为供应商，按照耐克优秀的设计方案和产品质量要求生产耐克运动鞋。

到20世纪70年代时，耐克公司借助与国外厂家的合作，在成功规避了高额的进出口关税的基础上，打入了日本市场和欧洲市场。20世纪80年代，日本劳动力价格上涨，制鞋企业成本大幅上涨时，耐克公司立即将生产地从日本转移到了韩国、中国以及印度等劳动力价格更低的发展中国家。通过海外生产基地不断的战略转移，耐克公司的销售利润持续攀升，公司采用虚拟经营的方式对职能部门和人员进行了精简，极大的提高了工作的效率，同时大幅度降低了公司的管理成本。

为了培育一流的设计能力，耐克公司成立了研究委员会和顾客委员会，广泛邀请运动员、教练员、体育设施经营者、力学家、整形大夫和足疗医生等组成研究顾问团队，定期审核公司的各种设计方案和公司生产原材料，对公司设计的运动鞋进行评价并提出修改意见。公司将所有的人力，物力，财力都集中到了产品的设计和营销网络中，培育了卓越的市场竞争能力。

耐克公司的成功带给我们这样的启示：在激烈的市场竞争中，企业要将最主要的精力用于最核心的竞争能力的培育上，厂房设备等实物性资源某种程度上亦显得并不重要，而获得市场竞争优势的关键在于产品的设计和完善的营销网络体系。厂房设备等实物资源可以通过与外部企业的合作来获得，培育公司一流的设计能力，塑造公司卓越的品牌形象和价值才是企业最核心的资源，这也正是虚拟经营能够大获成功的原因所在。

沉浸式体验

同学们！本节内容学习完了，相信大家对组织结构的各种类型有了一定的认识和理解，接下来，请大家在 CEO 带领下，根据自己在模拟公司中所扮演的角色，进行沉浸式体验训练，展开充分自查并对模拟公司的组织结构进行合理优化，完成表 6-1 的自查清单。

表 6-1 沉浸式体验自查清单——合理优化组织结构

组名	
公司名称	
公司 CEO	
公司成员	
	内　容
任务清单	1. 本公司组织结构属于哪种类型？
	2. 本公司的部门划分有哪些？
	3. 本公司部门设置是否完整，是否需要增减？
	4. 各部门职责是否清晰？
	5. 有无违背组织设计原则的现象？
	6. 未来本公司组织设计的趋势是什么？

任务四　组织文化

优秀的组织文化，能够培养员工的归属感，带动员工树立起和组织目标一致的个人发展目标，个人的职业发展过程中能与组织的发展目标保持步调一致。组织能够为员工营造出一种积极、向上、和谐的工作氛围、价值观念和组织管理机制。能够营造出鼓励员工积极创造的工作氛围，对企业的经营绩效将产生强大的推动作用。华为集团总裁任正非曾说过："资源是会枯竭的，唯有文化才会是生生不息。"他曾告诫下属："华为公司未来能够给人类留下的东西，不是科技或者是产品，而是华为的文化价值观。"

因而，组织要想持续发展，必须高度重视组织文化建设工作，对组织文化进行梳理、凝练、深植和提升。

一、组织文化的内涵

组织文化是组织在长期的生存和发展过程中所形成的，是本组织所特有的、为组织多数成员所共同遵循的基本概念、价值标准和行为规范的总和。

组织文化的内涵，可以从以下几个方面进一步理解：

（一）组织文化的核心是组织价值观

在组织的发展过程中，组织最高的追求的目标和发展宗旨，往往是组织认为最有价值的对象。当这种最高的奋斗目标逐渐发展成为组织中成员普遍接受和认同的共同价值观念时，就会在组织内形成强大的凝聚力、向心力，并进一步成为组织成员共同遵守的、指导组织中成员的行动指南。因此，组织的价值观念是组织文化的核心要素，组织的价值观能够制约和支配组织的宗旨、理念和行为准则。

（二）组织文化的中心是以人为主体的人本文化

组织中的人是组织中最宝贵的财富和最核心的资源，组织一切的活动都是由人来承担的。因此，组织只有充分调动人的积极性，尊重每个成员的个人价值，发挥每个成员的主观能动性，培育成员的责任感和使命感，使组织和组织中的成员成为利益共同体和命运共同体，才能不断激发组织发展的活力，实现组织的既定发展目标。

（三）组织文化的管理方式是以软性管理为主组织

组织文化是一种以文化形式存在的柔性管理方式，组织文化通过建立起内部互助协作奋进的文化心理环境，自我调节组织成员的价值取向、态度和行为。通过这种组织文化氛围的心理认同作用，内化为组织成员的主流文化，使组织中的成员能够将组织目标转化成成员的自觉行动，从而使组织产生强大的合力。这种柔性的文化管理所产生的作用力要大于组织通过刚性的规章制度所产生的控制力。

（四）组织文化的重要任务是增强群体凝聚力

组织中的成员来自于不同的区域，有着不同的文化传统、生活习惯、价值取向、目标愿望和工作态度。这些不同的个体之间的差异会造成成员之间的冲突对立，这种对立不利于组织目标的实现。而组织文化通过建立共同的价值观念，培养组织成员共同的目标认知，不断强化成员之间的协同与配合，使成员个体对组织产生强大的归属感。在文化认同和融合的基础之上，使组织产生强大的向心力和凝聚力，使组织的成员能够凝心聚力为实现组织的目标而共同努力奋斗。

> **即问即答，师生互动**
> 有人说，企业文化说到底就是企业家文化，你对此有何看法？

二、组织文化的特点

组织文化是一种独特的文化，它具有一般文化的共性特征。但又不同于一般的社会文化，它有着独特的内涵和外延。它是通过组织长期的经营实践积累沉淀下来，是可塑造的，归纳下来，组织文化的特点主要表现为以下几点。

（一）人本性

组织文化最本质的内容是强调组织中人的价值取向、行为规范等要素在组织管理中的作用，强调突出了人的作用的发挥，也强调在管理中要以人为本，要注重人的素质的开发。一般而言，人的素质包括智力素质、身体素质和人本素质。作为组织既要重视员工身体素质的提升，也要注重员工智力素质的开发，同时还要关注员工的价值取向、行为规范、敬业精神、责任意识等人本素质的培育和塑造。

从某种程度上来说，离开了人，一切机器、设备等，都只是可能性的生产要素。离开了人本素质，一切操作技术、专业知识、业务能力等，或许也只能成为可能性生产要素，甚至还可能比不具备这些素质更糟。所以有人把组织文化的实质概括为：以组织中的人为中心，以文化的游戏引导作用为手段，以激发员工的自觉意识为目的的独特的管理方式。

（二）独特性

每个组织都有自己的历史、类型、性质、规模、人员素质等。因此，在组织经营管理的发展过程中，必然会形成具有本企业特色的价值观、经营理念、道德规范等，每个组织的组织文化都有着其鲜明的独特性和个性特征。在一定的条件下，组织的文化的独特性越强，其凝聚力就越强。所以，在组织文化的建设过程中，组织要结合自身的特点形成具有组织鲜明特性的文化。

（三）和谐性

组织的存在与发展离不开外部环境，组织文化是一个开放的体系。优秀的组织文化，其价值取向、组织目标、组织风气都是以满足社会的需求，促进社会的发展为己任的。当组织文化的作用得到充分的发挥时，组织的成员个体会自觉地按照组织的价值取向和理念完成自己的工作。同时具有优秀组织文化的组织，也会通过其优良的服务、优质的产品和履行的社会责任来带动社会风气的不断优化。

(四)时代性

任何组织在其存在和发展过程中都会受到时代精神的感染,而同时它又服务于特定的社会环境。组织所处的时代环境是影响组织生存和发展的重要因素,一个组织的文化也是一个特定时代的产物,是一个时代整体社会文化的子系统要素。组织文化的形成与发展,其核心的内容和外在的呈现形式都受到一个时代的经济发展水平、政治环境、社会文化环境等因素的制约。

例如20世纪50年代的"鞍钢文化"和20世纪60年代的"大庆文化"都深刻地反映了当时的特点和风貌以及经济和政治条件。当前,随着社会主义市场经济体制的不断完善和建立、改革开放、开拓进取、竞争、效益、命运共同体等观念与文化都必然成为当今组织文化的主旋律。可见,时代特点影响着组织文化,组织文化也反映着时代风貌。

(五)客观性

组织文化是组织在存在发展过程中的历史沉淀,是在组织所处的社会环境作用下,在一定的生产经营、运行机制和组织在生产经营实践中积累的特定的习俗、理念、价值取向、意识形态等方面在基础上形成的。但从总体上来看,它是客观独立形成的,优秀的组织一般有着优秀的组织文化,衰落的组织也往往有着不良的组织文化。

(六)民族性

每个组织都是在一定的国家或地区中存在,而每一个国家和地区都有其特定的民族特性。每个民族在其进化过程中都会形成特定的民族习惯、宗教信仰、伦理意识、价值取向和行为准则,都有着特定的独特的生活方式,这些因素又决定了组织文化的民族性。反映在组织行为上形成了组织行为的特定模式。在同一民族的组织中,组织文化往往表现出极大的相似性。由于每一个民族都有其文化产生的本源,其文化特征往往表现出独特性和相对的稳定性。即便是在不断地进行民族的融合过程中,其本源很少出现合并的现象,从而使得各民族的组织文化表现出丰富多彩的一面。

随着全球化的经营方向,多留意各国不同的民俗风情,不但可使组织减少损失,而且可能为组织创造财富。因此,组织平时就应多方搜集信息,尤其计划要在其他国家开发新市场时,更应集思广益,或是征用当地人士参与讨论,避免因不同风俗民情而遭受不必要的损失。

(七)地域性

组织文化不仅在不同的国家和地区中具有一定的差异性,在一个国家和地区的内部,不同地域的组织文化也会显示出差异。例如,沿海地区的组织文化与内陆地区的组织文化、西部地区的组织文化与东部地区的组织文化都会有明显的差异。不同地域生活的人们所所处的生活环境不同,往往表现出不同的文化习性和不同的文化特质,在此基础上形成的人们的价值取向也存在一定的差异。这些因素作为区域文化的特质,对组织文化会产生一定的影响,通过组织文化进一步表现出来,变成了组织文化的地域性特点。

三、组织文化的构成

研究组织文化的构成,是把组织文化看作一种独特的文化来看待,其主要由表层文化、中层文化和深层文化等三个层次构成,如图6-9所示。

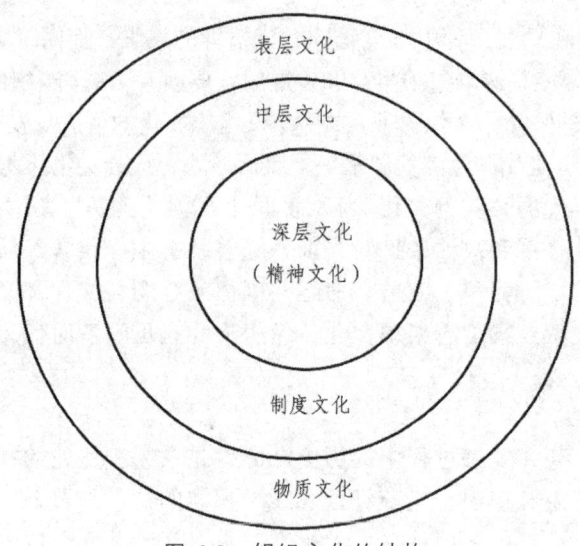

图6-9 组织文化的结构

表层文化,即组织的物质文化,是指组织的物化形象的外在表现及其对社会的影响,它主要包括组织生产经营的物质基础和生产经营的产品,如厂貌店容、机器设备、产品包装、教育设施、组织标志等给人的第一印象,是看得见摸得着的,是精神层文化的外在表现,它是组织文化的重要组成部分,可以看作组织的"脸"。

中层文化,即组织的制度文化,是指将社会文化的精华和民族文化的成果渗透于组织的生产经营和管理活动中,从而反映出组织的生产经营特色、组织特色、管理特色等一系列的活动,它包括人际关系、企业领导体制和规章制度,用于规范和引导组织成员的行为,可以看作组织的"手"。

深层文化,即组织的精神文化,是指组织全体员工的共同行为方式,以及指导和支配行为所共同具有的价值标准、目标信念、思想态度、道德规范、行为准则等,它渗透于组织的一切活动之中,影响着组织的中层文化、表层文化,是组织的精神支柱、灵魂所在,可以看作组织的"心"。

四、组织文化的功能

(一)导向功能

组织文化通过培养成员之间的相互依存关系,增强组织成员对组织的认同感和归属感,使组织中个体的目标、情感与组织的目标有机地结合在一起,形成相对稳定的组织氛围,凝聚成共同实现组织目标的合力。从这个意义上讲,组织文化对组织中的个体有着显著的导向作用。

(二)约束功能

组织文化通过建立组织的价值体系,形成统一的思想和行为,对组织中每个成员的思想和行为都有约束和规范作用。对于刚进入组织的新员工来说,在加入组织之前的价值观念、行为方式和与组织文化所相冲突的部分,必然要接受组织文化的熏陶、教化和改造,使他们的价值取向趋向于和组织的价值取向相一致。组织所倡导的价值观念和行为准则被新加入的员工所认同和接受后，就会对员工产生一种柔性的约束能力。

（三）凝聚功能

当组织文化被组织中的成员所认可后，就会表现出强大的黏合能力，会将组织中成员有机地协同和团结起来，产生强大的向心力和凝聚力，这正是优秀的组织文化所表现出的特质。有共同的目标和愿景的员工凝聚在一起，能推动组织不断向前发展。

（四）激励功能

组织文化的激励功能主要表现在，当组织中的成员对组织的价值观和理念认同时，会促使组织成员从内心产生一种积极向上的工作热情。它通过组织的共同的价值观，不断地对个人的价值观念进行渗透和内化，以一种无形的方式，对组织的活动和行为进行管理。这种无形的方式，是建立在对个人价值和情感尊重为基础的非正式控制，它会使组织的目标内化成为组织成员个人的自觉行动，从而实现了个人目标与组织目标的高度一致。这种柔性的约束往往比有形的规章制度有着更强的控制能力，对组织成员有更强的激励能力。它能够满足组织成员的精神层次的需要，使成员对组织产生强烈的归属感。

（五）辐射功能

一个组织的文化一旦形成就具有一定的稳定性，会成为一种固定模式。它会对组织成员产生深远的影响，对组织的社会环境也会产生一定的影响。这种对组织环境的影响就是组织文化的社会辐射功能。这种辐射一般是通过两种方式，一是通过文化的宣传，二是通过组织成员与他人的交往。

五、组织文化的建设

（一）选择合适的组织价值观标准

建立良好的组织文化首要的问题就是要选择正确的组织价值观念。在正确的组织价值观的选择过程中，组织要结合自身的组织发展目标、所处的社会环境等组织自身的特点，选择合适的、有利于组织发展的组织文化模式，同时要力求组织的价值观与组织文化其他各要素之间相互协调，使组织文化的各自要素与组织整体的文化定位匹配，才能保证组织文化体系的整体性。

组织在选择正确的价值标准时，要注意以下几个方面：

（1）组织要选择正确、清晰、科学的组织价值标准，所选择的组织价值标准要有鲜明的特点。

（2）组织价值观念要体现出组织的发展战略和组织的发展方向，要能充分体现出组织的宗旨。

（3）确定组织价值标准是了解组织的成员对所选择的组织价值标准的认可和接纳程度。

（4）组织价值标准的选择过程中要充分发挥员工的创造性，充分听取组织成员的各种意见。要通过自上而下和自下而上的多次反复的斟酌和筛选，要确保选择的组织价值标准能够充分吸收员工的意见和建议。

（二）强化员工的认同感

当组织的价值标准和组织的文化模式确定以后。管理者要通过一系列组织文化的渗透教育方式，使组织的价值观念和文化内涵充分深入到组织成员的认知当中。具体做法如下：① 要充分利用一切媒体手段，尤其是当前流行的新媒体手段，宣传和传播组织文化的内涵和精华，使每一个组织成员能够对组织文化的内容充分了解，以创造出浓郁的环境氛围；② 通过树立榜样和典型，为组织文化和组织精神确立人格化身与形象代言，以榜样和典型人物的影响力和感召力，来推动其他的组织成员效仿以进一步扩大组织文化的影响力；③ 通过组织专门的培训教育活动，使组织中的成员能对组织文化的内涵有深刻的、系统的理解，使组织成员通过教育活动强化对组织文化的认同感。

（三）提炼定格

组织文化中的价值观念并不是一蹴而就的，它要经过充分的分析、高度的凝练和反复的打磨才能定格。

1. 充分分析

组织的文化经过组织成员的初步认同后，要进行一定范围内的实践，再将实践中的意见建议进行汇总、分析和评价。详细分析实践反馈的意见和规划方案之间的差距，要吸收有关专家和组织成员的合理意见。

2. 全面归纳

在充分分析的基础之上，要对组织文化进行系统化的整理、归纳、总结，将组织文化中组织成员不认可、与组织发展不相适应的内容和形式剔除，将组织文化中积极的内容保留。

3. 精练定格

通过反复的论证和科学的实践，将经过检验的组织的价值观和精神用精练的语言表述出来，并经过打磨以后确定下来。

（四）巩固落实

组织文化一旦形成，就要有措施和制度来保障组织文化的贯彻落实。组织文化并不是一开始就成为全体员工的共同的行为方式，而是要通过引导和教育组织成员接受和认同组织文化，从而能够进一步自觉地按照组织文化的标准去行动。但即便是在组织文化已经成熟的组织中，仍然会存在个别组织成员违背组织文化标准的行为产生。在组织文化的巩固落实中，奖优惩劣的规章制度十分必要。同时，组织的领导者在组织文化的形成过程中起着决定性作用，要充分发挥领导者的率先垂范作用，带动组织成员为建立优秀的组织文化共同努力。

（五）在发展中不断丰富和完善

任何一种组织文化都是特定的历史阶段的产物，当组织面临的外部环境发生变化时，组织需要不断与外部环境发生交互，不断从外部环境中汲取营养，不断变革和完善组织文化。

这既是一个不断淘汰旧的文化要素的过程，又是一个不断深化完善的过程，通过不断的循环使组织文化保持先进性。

> **课程思政，师生互动**
>
> 做中国优秀传统文化的传承者
>
> 互动时间为5~10分钟，学生先讨论并踊跃发言，最后教师进行总结，由此引导学生树立正确的价值导向，加强个人文化修养，谨记社会主义核心价值观，坚定理想信念，追求卓越，做中国优秀传统文化的传承者，讲好中国故事。

沉浸式体验

同学们！本节内容学习完了，相信你们对组织文化有了一定认识和理解，现在请以模拟公司为单位，在CEO的带领下，大家迅速进入角色进行沉浸式体验训练，为模拟公司设计组织文化，完成下面任务清单，详见表6-2。

（1）重温你们公司初创期的口号。
（2）列出你们公司的五年远景目标。
（3）提炼你们公司的经营宗旨。
（4）提炼你们公司的企业精神。
（5）树立你们公司的道德规范。
（6）树立你们的公司形象。

各公司围绕以上任务清单，构建你们公司初创期的组织文化，并说明你们如何将组织文化在企业上下进行推广和定格。

表6-2 沉浸式体验任务清单—模拟构建组织文化

组名		
公司名称		
公司CEO		
公司成员		
组织文化建设清单	具体内容	得分
	1. 公司的价值观及对价值观的解读。（20分）	
	2. 公司的远景目标及对目标的分解。（20分）	
	3. 公司的经营宗旨及对宗旨的解读。（15分）	
	4. 公司精神理念及对精神理念的解读。（15分）	
	5. 公司的道德规范及对规范的解读。（15分）	
	6. 公司的形象及对形象的解读。（15分）	
	得分合计	
注：内容和分数根据具体实操可以灵活调整		

课后习题

一、单项选择题

1. 下列关于组织概念的说法中不正确的是（　　）。
   A. 组织既是一种结构，又是一种实现管理目的的工具和载体
   B. 组织就是有意识地加以协调两个或两个以上人的活动或力量的协作系统
   C. 组织就是由人员、职位、指挥链与规章制度构成的封闭的系统
   D. 组织可区分为组织机构与组织活动

2. "皮之不存，毛将焉附"可以用来形容（　　）之间的关系。
   A. 管理职能　　　　　　　　　　B. 计划与组织
   C. 控制与组织　　　　　　　　　D. 管理与组织

3. 管理幅度与组织层次之间呈（　　）关系。
   A. 正比关系　　　　　　　　　　B. 反比关系
   C. 没有关系　　　　　　　　　　D. 不确定

4. 通过合作关系实现技术共享、优势互补的是（　　）组织类型。
   A. 直线职能制　　　　　　　　　B. 事业部制
   C. 矩阵制　　　　　　　　　　　D. 虚拟网络制

5. 企业价值观、企业经营哲学和企业道德属于（　　）层次的组织文化。
   A. 物质层文化　　　　　　　　　B. 制度层文化
   C. 精神层文化

二、判断题

1. 有些人认为一个企业的组织结构一旦设计出来，就不能再动。（　　）
2. 为了强调等级制度，组织层次越多越好。（　　）
3. 当企业规模比较大时，应及时分权。（　　）
4. 矩阵制组织结构违背了统一指挥原则，出现多头领导的现象。（　　）
5. 组织文化在发展过程中，可以吸收其他组织的优秀文化，不断充实自我。（　　）

三、简答题

1. 构成组织的基本要素有哪些？
2. 组织设计的原则是什么？
3. 影响集权和分权的因素是什么？
4. 事业部制组织结构的优缺点是什么？
5. 组织文化的功能有哪些？

本项目案例分析——华为集团的组织变革

众所周知的华为公司，从成立到现在已走过三十余年的历程，三十余年以来，内外部环境不断变化，华为的战略也从未停下调整的脚步，与此相应地，华为的组织结构也在追随战略的脚步不断地在优化，这就让华为一直处于一个发展的状态中，也让华为成为中国企业发

展史上的一面旗帜。

正所谓组织战略决定组织结构，组织结构也在反作用于组织战略，华为三十余年的发展历程，也是非常好地诠释了这一理念。三十余年来，华为在战略上适时调整，与此相适应的，对组织流程进行同步再造，对组织结构进行同步变革，组织结构从最初的直线型，逐渐演变成了现在的产品线型，以此来保证战略的顺利实施与达成。

三十余年的发展历程，大致上可以划分为下面四个阶段。

第一个阶段是从成立到 1995 年；第二个阶段是从 1996 年到 2003 年；第三个阶段是从 2004 年到 2012 年；第四个阶段是从 2013 年到现在。

第一阶段（1987—1994 年）：活下去

1987 年，华为公司成立。加上任正非只有 6 个人，这时的组织结构很简单，也无所谓组织结构，部门单一，产品单一，通过直线制管理，如图 6-10 所示。

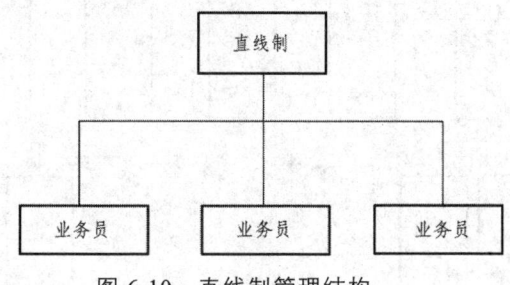

图 6-10　直线制管理结构

直到 1992 年，销售规模突破亿元大关，员工人数增长到 200 人左右。组织结构也开始从直线制组织结构转变为直线职能制的组织结构，有业务流程部门，也有了支撑性部门，如图 6-11 所示。

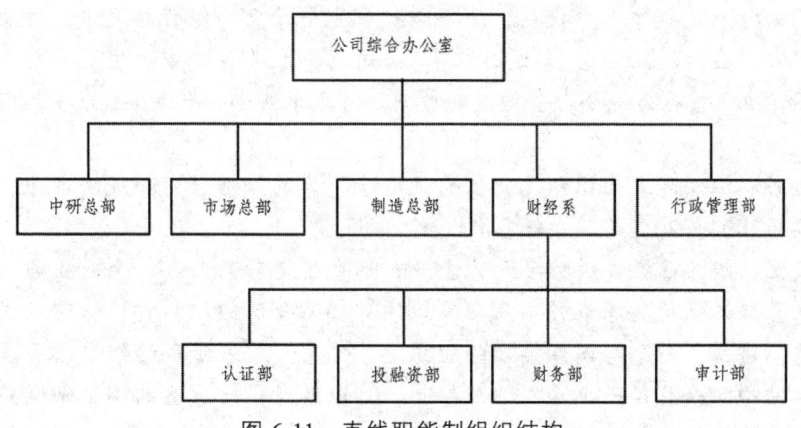

图 6-11　直线职能制组织结构

华为在这一时期，产品依然是单一的，销售上采取的还是农村包围城市的低价战略。所以其组织结构也不需要复杂，但权力却需要集中，以便能快速统一调配资源参与市场竞争，并快速反应外部环境的变化。所以采取直线职能制的组织结构也是和公司当期的战略发展是相匹配的。

第二阶段（1995—2003 年）：走出混沌

在这一阶段，华为的销售额突飞猛进，员工人数也近万人，由于市场需求多元化，竞争日益激烈，华为的产品从单一经营走向多类产品领域，市场从国内走向国际市场。在这种多元化发展战略下，华为原有的集权式的组织结构已不再适应环境的变化要求，因此，华为也开始进行组织结构的调整，从小经营单位开始，建立了事业部制与地区部相结合的二维矩阵式的组织结构，即按战略性事业划分的事业部和按地区划分的地区公司相结合的一种二维组织结构，如图6-12所示。

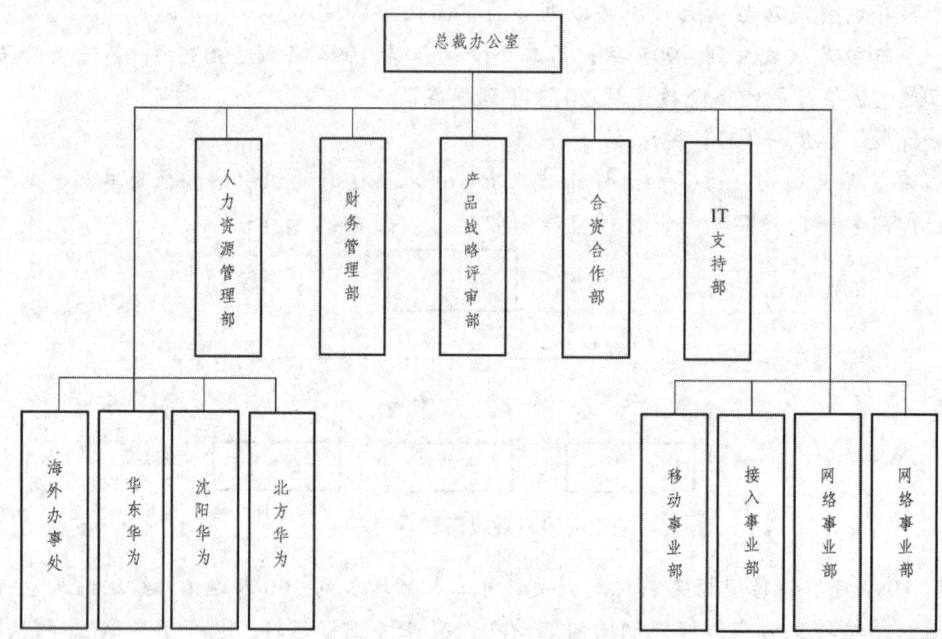

图6-12 二维矩阵式组织结构

这种结构的特点是领导充分授权，使下级拥有完全独立的经营自主权，事业部和地区公司均为利润中心，实行独立经营、独立核算。公司总部主要负责重大决策，集中优势资源和精力突破市场难点，并对公司公共资源进行管理，对各事业部、子公司、业务部门进行指导、监督和服务。

华为的这种二维矩阵式组织结构，极大促进了华为的战略转变和成功实施。

第三阶段（2004—2012年）：全球化阶段

这一阶段里，华为已经发展为多元化企业，形成了运营商业务、企业业务、消费者业务三大业务体系，组织结构从原来的事业部与地区部相结合的组织结构，转变成以产品线为主导的组织结构，建立了一个与国际接轨的组织运作体系。这一阶段的组织结构看起来像一个庞大的矩阵制结构，而且是一个动态的矩阵制，可以随时跟着战略的调整而调整的，但其基本的业务流程却是会保持相对稳定的，如图6-13所示。

第四阶段（2013—2019年）：全球化数字化转型

这一阶段，华为公司进一步优化变革治理架构，完成了从紧凑垂直型中央集中管理组织向全球化多业务平台型组织的转变，进入了云、AI和智能汽车解决方案等战略市场。随着营收规模从2009年的218亿美元增长到2019年的1 229.72亿美元，华为公司不断探索新的组织模式、建设新的组织能力，以适应营收规模十年翻近6倍的要求，为探索数字时代的企业管理之道提供了华为样本，如图6-14所示。

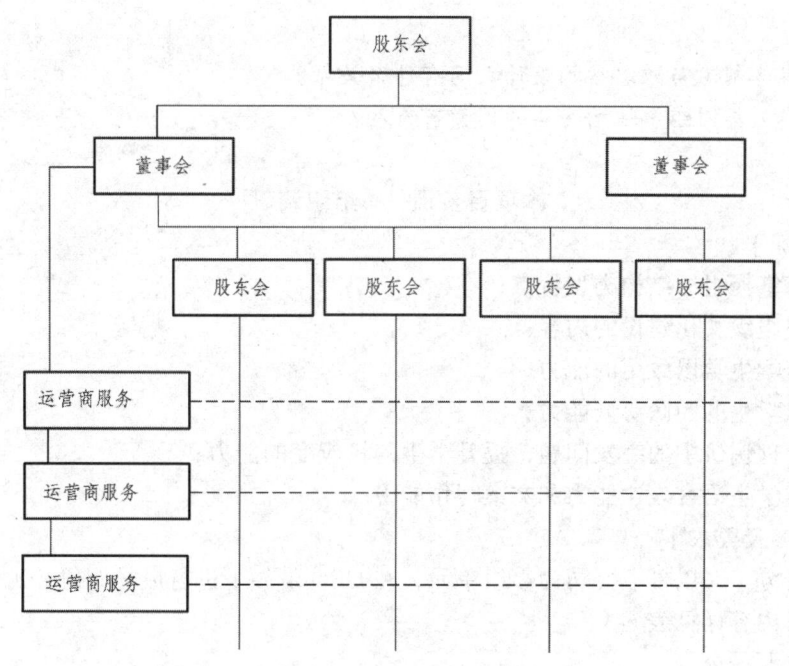

图 6-13 以产品线为主导的组织结构

近十多年来,国内国际环境风云变幻,竞争尤为激烈,只有不断地跟随环境的变化,及时地进行战略调整,同时,组织结构也要紧跟其后适时调整,那就一定能积蓄深厚内功而后薄发。这正是华为在三十多年的发展中始终能保持活力和信心的源泉所在,也是华为未来迎接新挑战的保障所在。

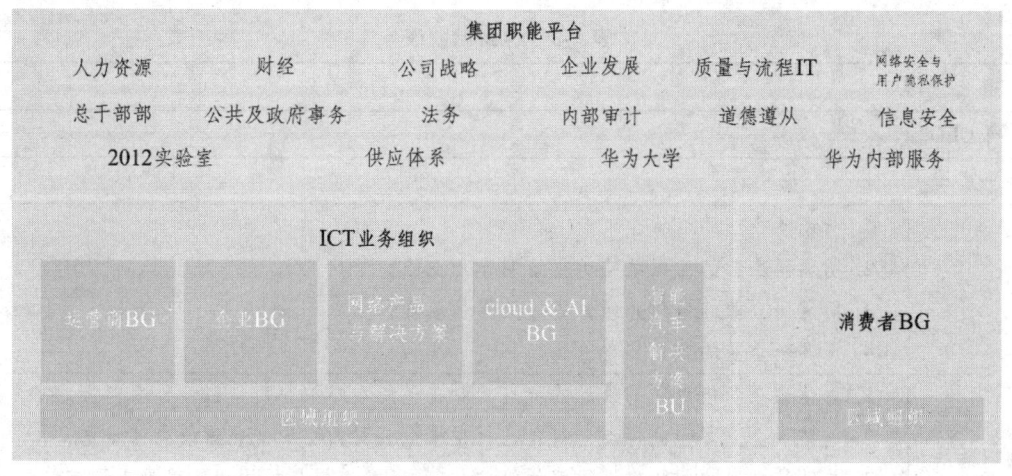

图 6-14 华为矩阵型组织架构图(2019 年)

(以上案例内容摘自华为官网 https://www.huawei.com/cn/《华为组织结构 30 年演变历程》《华为矩阵组织架构下的高绩效团队发展历程》《黄卫伟:华为组织变革的认知和启示》《华为组织结构的演变:从"客户与战略决定组织"到"业务决定组织"》,引用时略有删减和改动。)

思考题:
1. 企业战略制定与组织结构设计之间有什么关系?
2. 影响华为集团组织结构变革的因素有哪些?

本项目实训——组织调研

【实训目标】
(1) 熟练掌握组织结构类型特点;
(2) 掌握组织文化建设的内容;
(3) 培养学生学以致用的能力;
(4) 培养学生的团队协调能力;
(5) 能处理调研中的突发问题,提升学生随机应变的能力;
(6) 培养学生语言表达能力和文案写作能力。

【实训内容及要求】
(1) 调研分工,以模拟公司为小组单元,在 CEO 带领下进行成员调研分工。
(2) 调研内容详见表 6-3。
(3) 形成调研报告。
(4) 调研结束后,各模拟公司派一名代表在全班进行分享交流。

【实训成果】
各模拟公司围绕实训调研表,提交一份调研报告。

【实训样表】
详见表 6-3。

表 6-3 组织调研表

组名	
公司 CEO	
公司成员	
调研内容	1. 所调研企业的名称; 2. 所调研企业的组织结构(需绘制本企业组织结构图); 3. 所调研企业的部门介绍,描述其岗位职责; 4. 所调研企业的企业文化。
调研总结	1. 总结该企业组织结构设计的特点,对自己所在模拟公司组织设计有何启发? 2. 总结该企业文化的特点,对自己所在模拟公司的组织文化建设有何启发? 3. 总结该企业的团队建设程度如何,对自己所在模拟公司的团队建设建设有何启发? 4. 调研时有无预设突发情况,你们小组是如何应对的?

【实训评价】
组内组间互评+教师点评。学生展示调研成果,根据学生的交流表现,教师引导在组内、组间进行任务成果的评价,形成组内自评(20%)、组间互评(20%)和教师点评(60%)三个评价维度。评价样表见表 6-4。

表 6-4　组织调研评价表

组名	
公司名称	
CEO	
成员	

评价项目	评价内容	得分
评价项目	1. 调研报告结构是否完整？（5分）	
	2. 人员分工是否明确？（5分）	
	3. 对所调研企业的组织结构部分描述是否全面？（20分）	
	4. 对所调研企业的企业文化内容描述是否清晰？（20分）	
	5. 对所调研企业的团队建设描述是否清晰？（20分）	
	6. 调研内容对模拟公司在组织建设（文化建设、团队建设）方面的启发？（20分）	
	7. 对调研中预设突发情况的处理措施？（10分）	
	得分合计	

学习情境七　领导艺术

学习目标

●知识目标
1. 理解领导的含义、作用和手段。
2. 明确领导的作用和权力类型。
3. 理解领导方式理论。
4. 掌握领导艺术。

●能力目标
1. 能运用领导理论分析实际问题,初步培养领导素质。
2. 能利用领导理论指导实践工作,创建和谐人际关系的能力。
3. 能处理好管理和领导的关系,具备一定的领导艺术。

●课程思政目标
1. 在社会实践中不断历练自己,塑造独特的人格魅力。
2. 能正确认识权力与制度的关系,合理地使用权力,树立正确的权力观。
3. 激励学生善于发现自己和他人的闪光点,积极进取,做一个有责任能担当的、对社会有用的人。

案例导读

领导职责

张灵是负责一家火锅连锁店的副店长,工作扎实肯干,事事都很操心,有很强的责任心,特别是脏活累活抢着干。可是,门店的工作却很混乱,绩效低下,许多工作仍处于放任状态。张灵每天工作非常繁忙,而部门中的其他人却无所事事,工作忙乱无序。张灵发现这些问题后,每次晨会都要强调工作纪律,并点名批评几个表现不好的员工。但是,工作并没有很大的改进,甚至他感到自己的权威也受到挑战,这使他陷入苦恼之中。在参加中层干部领导科学的培训讲座后,他才认识到,作为一名中基层管理者,最经常性、最重要的管理职能就是领导职能。他懂得了什么是指挥、激励、权威、沟通,明白了管理者不能当"光杆司令""劳动模范",而必须带领大家干,清楚了"管理是通过别人把工作干好"的道理。

> **点滴感悟**
>
> 作为管理者尤其是领导者必须要紧盯工作的预期目标和工作任务，围绕工作任务安排部署工作，合理配置组织中的各种资源。要充分调动下属的积极性，对下属的业务开展指导和辅导，指挥下级完成工作任务。积极影响部门内外的各类人员，通过各种方式对员工进行有效激励，不断调动员工的工作积极性。要及时处理和化解各项矛盾，解决组织面临的各项问题，与组织中的上级、下级和同级人员进行有效的沟通。同时，还要注重企业文化的建设，为组织发展营造积极、健康、和谐的组织文化氛围。

沉浸式导入

模拟公司的 CEO 们请注意，根据前面项目的训练实操，我们各模拟团队已经掌握了计划职能和组织职能，那么在组织目标实施过程中，CEO 和部门经理如何发挥领导作用，如何行使领导权利和领导艺术，是"你们去干"？还是"跟我来"？是"你们都是怎么搞的"？还是"我们的问题在哪"？是一味要求员工，还是以身作则？在正式组织中，组织目标能否顺利实现、组织绩效是否最大化、团队士气和凝聚力的高低，都离不开领导职能的有效发挥，下面就让我们带着这些问题进入本章的学习与训练。

任务一　认识领导

管理是一个复杂的活动过程，在这个过程中，我们不仅需要制订计划、建立组织结构和配备人员，而且还需要对组织成员进行有效指挥、引导和鼓励，把组织成员的行为统一在组织的目标中，只有这样才能更好地实现组织的目标，这种活动就是管理的领导职能。

一、领导的概念

从管理学意义上来讲，领导的定义可概括为：领导是指管理者依靠其影响力，通过激励、沟通、指挥等手段，带领被领导者或追随者去实现组织目标的活动过程。其基本含义可以从以下几个方面理解：

第一，领导包含了作为领导者和被领导对象两个层面。领导者是指能够通过个人的影响力来影响他人，并承担领导相应的权力与责任，负责组织发展重要的决策、指挥、协调等各项工作的人。领导者要有被领导的对象，如果没有被领导者群体的存在，领导者也将失去存在的意义，领导的职能也就不复存在了。在领导过程中，领导者的下级往往都是愿意追随领导者，愿意接受领导者指挥的。

第二，领导是管理的一项重要职能，也是一种活动的过程，是领导者对被领导对象产生行为影响的过程，是领导者带领和协调激励下属完成工作任务、实现组织目标的过程。

第三，领导的重要本质是领导者的影响力，领导者能够对组织中的成员和愿意追随领导者的群体产生一定的影响力，这种影响力来自于领导者的个人魅力和能力，也来自于组织赋予领导者的职位与权力。但是，如果一个领导者简单地借助行使权力，而忽略了人际关系等因素的影响,在领导过程中就会被领导对象抵触。当领导者所拥有的权力不能使组织中的下属追随领导者时,这时的领导工作就是无效的。

第四,领导施加影响力的方式或手段主要有激励、沟通和指挥。① 激励是领导者通过一定的方式来激发被领导者的动机,进一步对被领导者的行为产生影响的过程。激励的重要关键是要满足人的需要,特别是要满足人的心理需要。激励具有自觉性、间接性和持久的作用力等特点,是组织中的管理者调动员工工作积极性,不断增强员工对组织认同的重要手段。② 沟通是管理者为了有效开展工作、实现组织目标而进行的信息传递、信息交流、情感互动的过程。沟通具体包括信息的传输、交换与反馈、组织中人际关系的交互、沟通协调与组织成员态度的转变等,这些都是管理者保证组织目标有效落实、组织各项工作有效开展的重要手段。③ 指挥是管理者凭借所拥有的权力对下属的行为进行直接的指导与干预。指挥的形式主要有命令、指示、指导等。指挥具有一定的强制性、权威性,是管理者为了实现组织目标经常使用的领导手段,指挥产生效果的前提是领导者拥有的权力。

第五,领导的核心目的是推进组织目标的实现,而不是单纯的为领导而领导,组织的领导者不能忽视组织的目标而单纯地显示领导的权威,领导的根本目的是要影响组织中的下属共同为组织的目标而付诸行动。

> **即问即答,师生互动**
>
> 请对"一头狮子带领的一群羊打败了一只羊带领的一群狮子"这句话,谈谈你的理解和看法。

二、领导与管理

在现实生活中,人们容易把"领导"和"管理"作为同义语来使用,似乎领导者就是管理者,领导过程就是管理过程。其实"领导"与"管理"是两个不同的概念。

(一)领导与管理的联系与区别

领导和管理是两个既有联系又有区别的概念。

1. 联 系

二者的共性是通过指挥他人行为来有效实现组织目标的活动。

2. 区 别

从管理学的角度而言,领导是管理的基本职能之一。但是,领导和管理活动的特点和重点有所不同。

(1)领导活动强调的是与人的密切关联,侧重对人的协调、指挥、激励等,强调领导者凭借自身的影响力,更多进行非程序化的管理,通过有效的方式凝聚组织成员形成共识,共同为组织的目标努力。

(2)管理活动强调的是按照制定的计划、组织、控制等具体职能进行程序化的管理,强调过程的科学性和规范性。

例如,管理意味着操纵事件、维持秩序、控制偏差,领导意味着前进、指引、带领跟随者探索新领域。管理者通过计划和预算处理复杂问题，他们设置目标、确定完成目标的方法、分配资源以实现目标。相反，领导者首先规划组织的愿景以引导下属的行为，然后开发创新战略去实现愿景。

（二）领导者与管理者的联系与区别

1. 联 系

就组织中的个人而言，可能既是组织中的管理者，又是组织中的领导者。也有可能只扮演了管理者的角色，而不是领导者。也有可能仅仅能够履行管理者角色，而缺少影响他人的影响力，因而都不是真正的领导者。一位优秀的管理者不一定是一位卓越的领导者。

管理者应当成为领导者，虽然管理者通过周密的计划、严密的组织及严格的控制也能取得一定的成效，但如果加上有效的领导成分，则收效会更大。

2. 区 别

（1）管理者是被组织任命的，并且拥有合法的权力，对其下属的影响主要来自于职位赋予他们的正式权力；而领导者可以是任命的，也可以是在群体中自发地产生出来的，并且领导者既可以用正式权力，也可以用非正式权力（个人权力）来影响他人的活动。

（2）管理者的作用在于通过管理在组织中建立良好的秩序，使无序管理变为有序管理；而领导者的作用在于引导组织不断地进行创新和变革，使组织能够长期存在和发展。

（3）管理者的工作偏重决策、组织和控制等方面的工作；而领导者的工作偏重人的管理，关注人的因素及人与人之间的相互作用。

（4）管理者的关注点多在任务的执行、维护、控制和结果上，对工作任务的判断多是"怎么做，何时做""这么做是否正确"，多着眼于当下和现在；而领导者的关注点多集中在工作的部署、开发、创新上，对工作的判断多是"做什么，为什么做""这个想法和打算是否正确"，多出于长期视角的考虑。

三、领导的作用

领导职能是否有效得到发挥，对于企业的经营管理水平有着直接的影响。领导者的作用就是通过指挥、激励来激发员工的工作积极性，凝聚组织中员工共同为组织目标而努力奋斗。领导的作用主要体现在以下几个方面：

1. 指挥作用

在组织实现组织目标的过程中，领导者通过指挥、协调、激励等方式，推动组织中的成员有机协同、紧密配合、主动工作，最大限度地实现组织的目标。在这个过程中，领导者并不是单纯在组织成员的后边去推动监督，而是在关键时候和重要关头能够站在组织成员的前面，鼓舞组织成员，带动组织成员共同为组织目标奋斗。领导者只有用自己的行动带领组织成员，用自己的行动感染组织成员，激发组织成员的热情，才能真正起到领导指挥作用。

2. 协调作用

组织中的成员由于各自的文化背景、个人知识能力、认知态度、生活习惯等个性特征方面的差异，在组织共同的工作中会产生思想上的分歧，进而会出现行动上的偏差。此时就需要组织的领导者通过沟通协调来解决组织成员之间的矛盾与冲突，使组织成员对组织的共同目标达成共识，使组织的成员步调一致地朝着组织共同的目标迈进。

3. 激励作用

任何组织都是由人构成的，组织中的每一个个体都有着不同的追求、欲望和态度，组织中的个体的目标也并不完全和组织的目标是一致的。领导者重要的工作就是要将组织成员的个人目标与组织的目标有机结合起来，激发员工的工作热情，使广大的员工能够为组织的目标付出努力。领导者的作用表现在能够充分调动组织中每个成员的工作积极性，能够激发组织成员的士气，将组织的目标与个人的目标有机结合起来，为了组织的目标而付诸行动。如果领导者不具有激励员工的能力，一个组织拥有再多优秀的人才，也很难发挥整体的人才价值。因此，领导者的作用是实现人尽其才，通过有效的激励来凝聚人心，实现组织共同目标。

4. 创新作用

组织长久发展的动力源于创新，缺乏创新就会缺乏生命力和竞争力。组织的繁荣和发展在很大程度上取决于领导者独特的创新精神。领导者还是组织创新精神的培养者和组织者，领导者的创新意识会极大地影响和鼓励员工积极创新，在组织内部形成创新的氛围。因此，领导者要具有相当的胆识和自信，要勇于开拓，敢为天下先。

总之，这些都是领导者的基本作用。领导者只有在管理活动中充分发挥了这些作用，领导活动才会有效，才能实现组织的目标。

四、领导的权力

从广义上来讲，领导的权力包括了两个方面，一方面是领导者作为组织管理者的行政职权，这是在组织中所处的行政岗位所赋予的，并由法律或组织的规章制度明确规定，属于正式的权力。这种权力与行政职务紧密关联，权力的拥有和权力的失去都是以行政职位为基础的。另一方面是领导者的个人影响力，这种影响力是领导者对组织中的追随者产生的影响而形成的，与领导者组织中所拥有的行政职务没有直接的关系，是领导者凭借其自身的道德修养、个人能力和人格魅力所获得的。

因职位而拥有的职权，即为狭义上讲的权力，而个人权力则包括在广义的权力概念当中。

（一）领导权力的构成

1. 法定权

法定权是根据个人在组织中所处的职位而被正式授予的权力，其内容包括任命权、罢免权等诸多权力，它具有制度性、非人格性特征。

2. 奖赏权

奖赏权是指拥有对作出贡献的成员进行物质性奖赏和非物质性奖赏的权力。奖赏权的实施方式主要包括鼓励、表扬、颁奖、提薪和晋级等。

3. 强制权

强制权也被称为惩罚权，是指组织中的领导者可以对组织成员进行批评，降低组织成员的个人薪酬，对成员的行政职位进行解除、变更等惩罚性措施的权力，这种权力是通过行政岗位所赋予的权力。

4. 专长权

专长权是个人拥有特殊的知识或某项特殊的专业技能所形成的权力。由于在某种领域特定的知识和某种领域特殊的技能或经验，而得到组织中其他成员的尊重和认可，进而获得在这一专业领域方面的权威性，组织的其他成员会服从于他的判断和决定。

5. 感召权

感召权与领导者个人的人格魅力、人生阅历和职业背景等相关联。一个拥有独特的人格魅力和个人修养的领导者，能够对下属产生深远的影响，使得下属能够对他产生尊重甚至崇拜情绪，对他的思想观点和行为方式产生一定的模仿行为，这时他对其属下就产生了感召权。

> **即问即答，课堂互动**
>
> 领导个人魅力是如何形成的，如何塑造个人魅力？
>
> 上述这些权力是领导者各种影响力产生的基础。由此来看，有效的领导者不仅要依靠组织赋予其正式的行政权力来影响下属，更重要的是要依靠内在的人格魅力对他人产生影响，这样才会使组织的成员认可领导者的态度和行为，进而为组织的共同目标努力工作。
>
> 实践表明，正式权威的行使具有一定限制，而非正式权威的行使却不受限制。因而，只有专长权和个人影响权力才是取得真正指挥权力的客观基础。领导者在行使权力的过程中，应特别注意多用非正式权威，少用正式权威。

（二）领导的影响力

领导的本质是一种影响力，这种影响力来源于领导自身拥有的权力。组织中的领导者运用领导权力的目的，是为了对组织成员产生影响，进而改变组织成员的态度、情绪等心理状态和组织成员的行为方式。根据权力的不同，以权力为基础的影响可以分为外在影响和内在影响两种。

1. 外在影响

外在影响是以领导者的外在权力为基础的，这种影响更多借助于组织赋予的行政权力来实现，具有强迫性。这种影响施加到被领导者身上时，对方往往表现出心理和行为上的抗拒和被动的服从。

外在影响的具体方式主要有物质利益的满足、畏惧心理和传统观念的影响等。

2. 内在影响

内在影响是以领导者内在的权力为基础的，是通过领导者独特的人格魅力和良好的素质所产生的影响。领导者通过激发被领导者内在的驱动力，使得被领导者的心理状态和行为方式发生变化。在这种内在影响下，被领导者更多表现出主动的接受和自觉的行动倾向。

内在的影响主要是情感因素影响和理性崇拜的影响。

3. 外在影响与内在影响的区别

外在影响表现为领导者与被领导者之间的领导与服从关系，被领导者往往是在服从命令的界限范围内被动地接受来自于领导者的影响。在这一界限范围之内，被领导者可以无条件地服从命令，而一旦超出这一界限，这种领导力就会失去效力。

内在的影响力表现为领导者与被领导者之间的相互作用、双向沟通，被领导者以更加主动和自愿的态度来接收被领导者所发出的命令，并将这种命令内化在自己的行动当中，成为自身行为的内在驱动力。这种影响力突破了行政职权的界限范围，极大地扩展了领导力的影响的深度和广度。在领导的影响力构成中，具有决定性作用的是内在影响。

把权力关进制度的笼子里

中共中央总书记习近平在十八届中央纪委二次全会上指出："要加强对权力运行的制约和监督，把权力关进制度的笼子里，形成不敢腐的惩戒机制、不能腐的防范机制、不易腐的保障机制。"习近平总书记"把权力关进制度的笼子里"这一重要论述，用形象的语言表达了这一论述丰富的内涵，为进一步规范权力的运行，构建科学的权力运行体系，有效防止腐败现象，全面提升党的建设科学化水平指明了方向。

把权力关进制度的笼子里与反腐败紧密相连，所涉及的内容也与党的建设和国家政权建设也有着十分紧密的联系。

权力是一柄双刃剑，在法治的轨道上，在法律允许的范围内行使权利，可以为人民群众造福；脱离了法治的轨道，超越了法律的范围，则会给党和国家带来严重的危害。从世界各国的实践情况来看，一些反腐成效好的国家和地区很重要的一条经验就是很好地解决了权力规范运行的问题。而一些没有很好解决权力规范运行而导致权力失控的国家，则滋生了严重的腐败现象。

如果权力没有法律的约束，没有制度的约束，其必然结果是产生腐败。对权力进行有效的约束与监督，形成权力规范运行的机制，是确保权力正常行使的根本途径，也是反腐倡廉的重要治本之策。

要把权力关进制度的笼子里，首先是要建好制度的笼子，不断完善法律法规，建立健全各项制度，形成系统、完备的反腐倡廉的法律法规制度体系。其次是要关好笼子，要加强对权力运行的监督检查和追责问责，把各项制度落到实处。严格执行民主集中制，科学、民主决策，加强对权力的监督检查，发现问题及时纠偏处理，让权力在阳光下运行，有效规范权力的行使。

党的十八大以来，以习近平同志为核心的党中央在党风廉政建设和反腐败斗争方面做出了一系列重大的决策部署，其中有一项重要的内容就是要加强对权力运行的制约和监督。党中央先后出台了50多项党内法规，占到党内法规的1/3以上，形成了反腐倡廉的法规制度体系。通过全党的共同努力，党的各级组织管党治党的主体责任不断增强，权力的行使得到了有效的监督和制约，反腐败斗争的压倒性态势已经形成，不敢腐的目标初步实现，不能腐的制度日益完善，不想腐的堤坝正在构筑，党内政治生活呈现新的气象。

> **课程思政,课堂互动**
>
> 请同学们谈谈对上述资料的理解。引导同学们正确理解权力约束的重要意义,树立正确的权力观,强化同学们对反腐倡廉、创造风清气正发展环境的认识和理解。

沉浸式体验

同学们,作为初学者,请大家根据所学知识,结合自己在模拟公司中所扮演的角色,客观认识现在的你,进行领导力培养训练,并完成表 7-1 所示的讨论清单。

表 7-1 沉浸式体验讨论清单

组名		
公司名称		
公司 CEO		
公司口号		
公司成员		
讨论步骤	讨论内容	讨论结果
	1. 描述现在的你:你的人生信条或价值观是什么?	
	2. 正视自己:请反思现在的你,有何缺点,请讲出来。	
	3. 向他人学习:有无勇气以他人为镜照出自己?	
	4. 欣赏他人:请说出你团队成员身上的优点。	

任务二 领导理论

领导理论按照时间和逻辑顺序,可分为领导特质理论、领导行为理论和领导权变(情境)理论三大类。

一、领导特质理论

领导特质理论形成于 20 世纪初到 20 世纪 40 年代,通过研究领导者的性格、品质等方面的特征,作为描述和预测其领导成效的标准。这一理论的目的是区分领导者与一般人的不同特点,并以此来解释他们成为领导者的原因,同时作为培养、选拔和考核领导者以及预测其领导有效性的依据。

该理论认为,要有效地发挥领导作用,必须具备某些优秀的个人特性或素质,如诚实正直、富有正义;热情、有责任感;精力旺盛、敢于担当;善于革新,富有进取心等优良品质。该理论分为传统特质理论和现代特质理论。传统特质理论认为,领导者的品质是先天遗传、与生俱来的;而现代特质理论认为,领导者的品质是在后天的学习和实践中习得的,是可以培养与训练的。

但是一些管理学家通过试验研究表明,领导者并不一定都具有比被领导者高明的特殊品质，实际上他们与被领导者在个人品质上并没有显著的差异。此外，特质理论并不能使人明确，一个领导者究竟应在多大程度上具备某种特质。

因此，对领导特质理论需要正确的理解和恰当的应用，不能绝对化。尽管如此，但研究发现，领导者有六项特质不同于非领导者，即领导愿望、正直与诚实、自信、进取心、感知别人和工作相关知识。

总之，领导特质理论的研究意义在于，它为组织提供了一些选拔领导者的依据，但同时特质理论又难以充分说明领导的有效性问题。

即问即答、师生互动

优秀的领导与其他人的区别是什么，怎样的人物适合当领导？

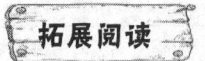

韦尔奇的特质

每个管理者都有不同的特质。与很多CEO不同，杰克·韦尔奇——通用电气的CEO，他的管理特质是记住人名。他把50%以上的时间花在人事上，他自认为他最大的成就是关心和培养人才，他在全球的40万名员工中至少能叫出1 000名高级管理人员的名字，知道他们的职责，知道他们在做什么。韦尔奇自己曾说："我们所能做的是把赌注押在我们所选择的人身上。因此，我的全部工作就是选择适当的人。"

二、领导行为理论

从20世纪40年代至20世纪60年代，随着行为科学的兴起，对领导理论研究的重点开始从关注领导者具备什么样的特质转而开始去关注领导者应该采取什么样的行为，这就是领导行为理论的关注重点。领导行为理论认为，领导的成效如何与领导者的个人特性之间难以建立直接的联系。领导者拥有的才能都是以特定的领导方式为基础的，因此，在研究领导能力和艺术时应着重从领导的外在行为上进行分析，重点研究领导者在领导过程中所采用的各种领导行为，寻找最佳的领导行为方式。

领导行为研究的理论模式很多，归纳起来大致分为两类：第一类是基于权力运用的领导方式分类，主要包括勒温的"三种领导方式理论"和利克特的"支持关系理论"；第二类是基于态度和行为倾向的领导方式分类，主要包括"四分图理论"和"管理方格理论"。这里主要介绍四分图理论和管理方格理论。

1. 领导行为四分图理论

1945年，美国俄亥俄州立大学的弗莱西曼以国际收割机公司的一家卡车厂为研究对象，收集了领导行为的研究样本。通过研究，整理归纳了十种不同的领导方式，最终经过进一步的加工分析，在不同的领导行为中提取了共同关注的要素，将这十种类型进一步分为了两种维度，即领导方式的关怀维度和定规维度，如图7-1所示。

关怀维度指的是组织中的领导者对其下属的关怀、信任和了解的程度，从高到低划分了数个不同的关怀程度。定规维度是指组织中的领导者对于组织成员的工作任务所承担的角色，是否制定了规范的工作流程和规章制度。

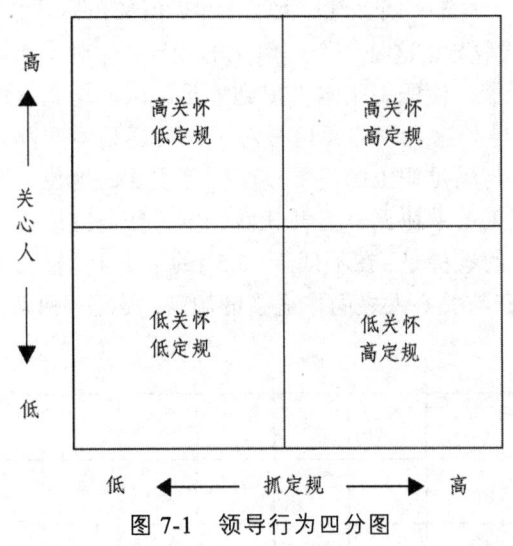

图 7-1　领导行为四分图

该理论认为，根据两个维度，领导者可以分成四种基本类型，即高关怀-高定规、高关怀-低定规、低关怀-高定规、低关怀-低定规。在关怀和定规两个维度方面皆高的领导者，一般更容易使下属达到高绩效和高满意度。不过高关怀-高定规型风格并不一定总是产生积极效果；而其他三种维度组合类型的领导者行为，普遍与较多的抱怨、缺勤、事故以及离职有关系。其他发现还有，领导者的直接上级给领导者的绩效评估等级，与高关怀性呈负相关。

2. 管理方格理论

领导行为四分图理论提出来后，受到了学术界的广泛关注，学术界普遍认为理想的领导方式既要关注组织的业绩，也要体现对员工的关怀。1964年，美国德克萨斯大学的布莱顿和莫顿对领导方式进行了综合的分析，基础上提出了管理方格理论。管理方格理论采用了清晰的方格图，表现出了管理人员对于组织生产的关心程度和对组织员工的关心程度。

对生产的关心程度是组织的领导者对组织目标的关注，如关心企业的生产效率，产品的研究与开发效率，组织中员工的工作效率以及服务的质量等。对人的关心主要表现出领导者对个人的关注程度，如对员工的尊重、信任，工作过程中创造出良好的工作氛围和良好的人际关系等。

该理论认为，领导者在对生产（工作）关心与对人关心之间存在着多种复杂的领导方式，因此，用二维坐标图来加以表示，如图 7-2 所示。以横坐标代表领导者对生产的关心；以纵坐标代表领导者对人的关心。各划分九个格，反映关心的程度，1 代表关心程度最小，5 代表中等的或平均的关心程度，9 代表关心程度最大，这样就交叉形成 81 个方格，每一方格代表这两个方面以不同程度结合的领导方式。

（1.1）型：贫乏式领导。这种领导既不关心生产，又不关心人。表现为只做最低限度的努力，以求完成工作。这实际上是一个饱食终日，无所用心的人。

（9.1）型：任务式领导。这是任务第一的领导者，他非常关心生产，但不关心人。这种领导者能够集中精神去完成任务，却很少注意关心下级，不讲究提高下级的士气。

（1.9）型：逍遥式领导。领导者充分注意搞好人际关系，增进同事和下级对自己的良好感情，营造和谐的组织气氛，内部一团和气，太平无事，但忙忙碌碌，不关心生产，效益很差。

（5.5）型：中间路线式领导。这是一个一般化的领导，他对生产和人的关心都处在一般状态，保持着两者的基本平衡，使职工基本上得到满足，以取得正常的工作水平。

（9.9）型：协作式领导。这类领导无论是对于人员还是生产都表现出最大可能的献身精神。他把组织目标的实现与满足职工的需要放在同等重要的地位，既有严格的管理，又有对人高度的关心，因而，职工关系协调，士气旺盛，生产任务完成得出色。

一个领导者较为理性的选择是：在不低于（5.5）的水平上，根据生产任务与环境等情况，在一定时期内，在关心生产与关心人之间作适当的倾斜，实行一种动态的平衡，并努力向（9.9）型靠拢。

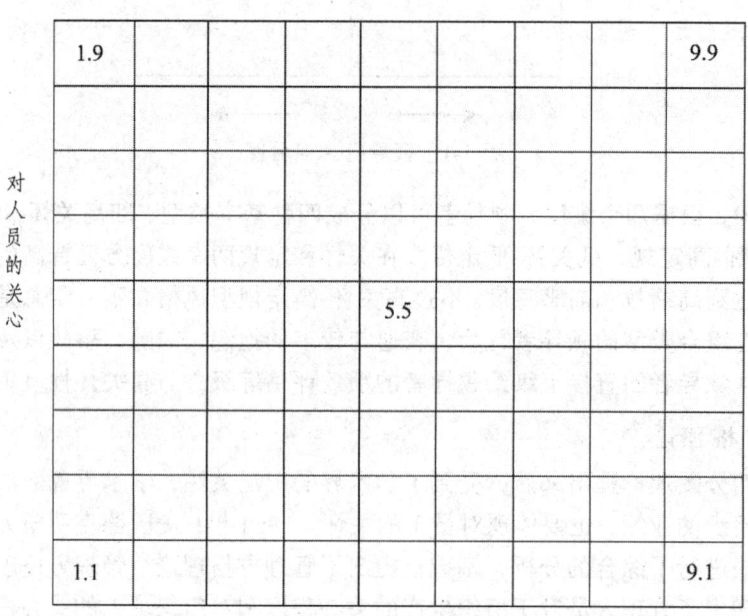

图 7-2　管理方格

生生互动，课堂讨论

一次夭折的改革

小李原是公司人事部的干事，最近被提升为公司营销部经理。这个部门管理混乱、人心涣散，营销绩效不断下滑，公司领导很不满意，这次派小李来解决这一难题。小李上任后，不动声色地做了许多调查，弄清情况后制定出一整套整顿措施与方案。于是，他大刀阔斧地进行改革，整顿劳动纪律，批评处罚违纪者，改革奖金发放办法。他想，这些是各单位改革的成熟举措，而且力度又大，一定会迅速奏效。但是，令他十分震惊的是，改革不但没能奏效，而且遭到部下的强烈抵制。奖金发放办法明明是富有激励性的好办法，可是却遭到几乎所有人的反对；被他批评的人，竟然当众与他"顶嘴"……营销业绩更差了，小李也被弄得狼狈不堪。

学生讨论：
1. 你认为是小李的改革措施不当，还是领导方式出了问题？
2. 请分析小李采取的是一种什么样的领导方式？
3. 小李的领导权威明显受到挑战，原因何在？

三、领导权变（情景）理论

权变理论是在考察领导者的特性和行为之后，进一步增加了一个环境因素，认为不存在一种"普遍适用"的领导方式，只有结合具体情景，因时、因地、因人制宜的领导方式，才是最有效的领导方式。

这种理论主要有两种流派，一种流派认为领导者的个性是相对稳定的，要提高组织的管理效率，必须去研究领导者的个性与管理情境之间的关系，将领导者安排到适合他的个性的工作环境中，则他的管理效率会更高。而另一派则认为，领导的风格与领导行为是完全可以改变的，优秀的领导者能够分析和充分结合下属的个性特点与环境因素，并且根据具体的环境和具体的下属的特点来恰当的运用合适的领导方式。

这里主要介绍菲德勒的领导权变理论和罗伯特·豪斯的路径—目标理论。

1. 菲德勒权变理论

美国管理学家菲德勒（Fred E. Fiedler）提出的权变理论意味着领导工作是一个过程。在这过程中，领导者施加影响力的能力取决于群体的工作环境，领导者的风格和个性，以及领导方法对群体的适合程度。也就是说，人们之所以成为领导者，不仅是由于他们的个性，而且还由于各种环境因素以及领导与环境之间的相互作用。菲德勒提出，对一个领导者的工作最起作用的三个基本因素是职位权力、任务结构和上下级关系。

（1）职位权力：与领导人职位相关联的正式职权以及上级和整个组织各个方面所取得的支持的程度。当领导者拥有一定的明确的职位权力时，则更容易使群体成员遵从他的领导。

（2）任务结构：指的是任务明确程度和人们对这些任务的负责程度。当下属所承担的任务的性质清晰明确而且例行化，则领导者对工作质量较易控制。当群体成员对自己承担的任务的性质模糊不清或其任务多变时，这时领导者就应更好地担负起他们的工作职责。

（3）领导者与下级的关系：菲德勒认为在这个方面，从领导者的角度看是最重要的。因为职权与任务结构大多可以置于控制之下，而上下级关系可影响下级对一位领导者的信任和爱戴，从而决定是否乐于追随其共同工作。

以上三项均具备，则为有效的领导行为提供了有利条件，反之，则为不利条件。领导者应该根据领导者特征、被领导者特征以及环境特征这三方面的变化，以确定适当的领导方式。

2. 路径—目标理论

这是美国管理学者罗伯特·豪斯提出的一种领导权变理论。领导者的任务是为下属提供必要的指导和帮助，以有利于下属达成他们的预期目标，并确保下属的个人目标与组织的总体目标相一致。路径目标理论认为一个有效的领导者，能够通过帮助下属更清晰地认识和实现自己的工作目标，并帮助下属解决目标实现过程中的矛盾与困难，从而使下属对目标的实现变得更加容易可行。

路径目标理论和以往的领导理论最大的区别在于，它是以下属为立足点的，而不是以领导者自己为立足点的。豪斯认为，领导者的核心任务就是要充分发挥下属的价值和作用，要想更好地发挥下属的价值和作用，就必须帮助下属去设定可行的目标，充分挖掘目标的价值，并帮助和指导下属实现目标。豪斯认为领导者要在实现目标的过程中不断提高下属的知识和能力水平。这一理论的两个基本原理：一是这种领导方式必须是能够为下属带来利益的满足，且被下属认可愿意接受的方式；二是这种领导方式必须要有一定的激励性，要通过制定明确的，绩效目标和有效的实现路径来激励下属领导者，要帮助下属实现目标，促使下属取得较好的业绩，领导者要能够为下属理清工作的思路和方向，同时要帮助下属解决实现目标过程中的矛盾与困境，帮助下属顺利达成目标。

按照这一理论，领导者的行为能否被下属接受以及被下属接受的程度，取决于下属在这种领导行为方式下被领导时获得的满足感，领导者的行为产生的激励作用在于，他能使下属所要追求的需要与组织的目标有机结合起来，能够为组织目标的实现和下属个人绩效的实现提供必要的支持和帮助。

为了考察这些方面，豪斯确定了四种典型的领导行为：

（1）指导型领导（Directive Leadership）。

这种领导行为能够清晰地知道下属所要完成的任务，并帮助下属对目标任务进行分析说明，能明确下属想要达到的预期需要，以及如何实现绩效目标和实现绩效目标的时间节点等。这种指导型的领导者能为下属制定出明确的目标任务实现路径，并不厌其烦地指导下属达成目标。

（2）支持型领导（Supportive Leadership）。

这种领导对于下属持有友好心温和型的领导态度，他们关注下属的需要和感受，能够平等地对待下属，能够尊重下属，能对下属表现出充分的理解和关心。

（3）参与型领导（Participative Leadership）。

参与型领导能邀请下属一起参与到组织的发展决策中来，能够同下属一起就工作任务进行深入的探讨分析，能充分征求下属的意见和建议，能够将下属的意见建议融入组织预期目标的相关决策中去。

（4）成就取向型领导（Achievement-Oriented Leadership）。

这种领导者能够鼓励下属充分挖掘自身的潜力，实现较高预期的绩效目标水平。这种领导者为下属制定的工作标准相对较高，同时对下属的能力知识有着较高的信任，并能够为下属制定具有一定挑战性的绩效目标。

在现实中，具体要采用哪种领导方式，要依据领导对象的特征，组织发展的面临的环境以及组织发展的预期目标等不同因素，以权变的观念来选择恰当的领导方式。

管理小故事

赫伯的魅力

细心的人会注意到，在西南航空公司的售票处和维修间等地方，悬挂了不少赫伯的画像，这与美国整体极度反感个人崇拜的社会文化是不兼容的，所以这一现象的存在十分耐人寻味。

除了成功的商业战略，赫伯的个人魅力以及他营造的企业文化是推动西南航空成功的重要原因。赫伯是一位很奇特的人，在某些人眼里还有点古怪。

顾客选择西南航空不光因为赫伯提供的旅程省钱，还因为赫伯提供的旅程充满快乐。

比如有一次，设在圣安东尼奥的海洋世界公园开幕，为庆祝这一盛典并吸引乘客，赫伯将西南航空公司的一架飞机外观涂成了杀人鲸的模样。还有一次，在飞行途中他突发奇想，让服务员穿上了道具服装扮演成小矮人和驯鹿，通过扬声器唱着圣诞歌曲。这一举动使得那些准备回家和家人们一起过圣诞节的乘客们非常开心。赫伯除了自己"古怪"，还要求员工也要开动脑筋搞怪，在飞机上多举办一些别出心裁的活动。例如，组织比赛看谁哈哈大笑的时间最长、通过手语传递信息（传递过程中往往出现笑料）、对脚上袜子破洞最大的乘客给予奖励等。

其实，赫伯对待员工比对待顾客还要用心，"员工第一，顾客第二"是西南航空坚持的文化。赫伯可以叫出他手下许多职员的名字，而下属也亲切地称他为"赫伯大叔"或"赫伯"。

生生互动，课堂讨论

创造童话的领导力

1928年，迪士尼创始人沃尔特·迪士尼开始致力于创作卡通长篇电影。即使周围的其他人都认为卡通故事难以吸引成年人付费，并且长篇动画的制作过于复杂艰难。在当时的条件下，制作8分钟的卡通短片都被认为是一个浩大的工程，因为没有出现计算机模拟真实动作来制作动画，20世纪30年代，完成动物越过障碍的动作都需要绘制几千张图画。

但是，沃尔特·迪士尼通过米老鼠短片系列积累了一定经验后，终于在6年后开始了自己的卡通项目《白雪公主与七个小矮人》。为了准备这一项目，他未雨绸缪，提前开始广泛招募一流的画家，也把员工送往艺术学院继续学习培训，甚至亲自开车接送。

竞争对手认为这一想法非常不切实际，如米高梅影业的高层认为，没有人会花钱去看画出来的神话公主，观众花同样的钱可以看到著名美女影星的表演，谁愿意去看动画呢？

伟大团队的领导者是"希望"的经营者，但不见得是"理性"的发言人。沃尔特·迪士尼热情地相信这部影片将会超越前人，达到其他动画家未曾触及的境界。他在项目开始前激励所有的团队成员，要求他们不只是绘制杂耍和搞笑短片，而是以动画融入真实世界和真实人物，迪士尼认为"这不是卡通片，这是真实的喜剧，人物必须在屏幕上栩栩如生。"终于在1938年，这部至少有750人参与制作的影片大获成功，当年获得800万美元的票房收入，打破当时的票房纪录，并在1939年获得奥斯卡特别奖。

后来在一次采访中，有个小男孩问道："迪士尼先生，你画米老鼠吗？"他回答没有。小男孩继续问他是不是负责想出所有的笑话和点子，沃尔特也回答没有。他说，他把自己看作一只小蜜蜂，从片场的这头飞到那头，收集花粉，顺带给每个人打气。

讨论1：从沃尔特身上，你是否能体会出领导者和管理者的差异？
讨论2：从被领导者的角度看，沃尔特采取了怎样的领导风格？
讨论3：尝试用费德勒的权变理论，分析沃尔特的领导风格是否合理？

任务三 领导艺术

领导艺术是领导者在一定的知识储备、能力素养和理性思维的基础上，遵循领导的基本原则，创造性地运用领导的方法所表现出来的才能。这是领导者的一种特殊才能，它表现为能够将已经掌握的领导知识和原理方法进行创造性的灵活运用,是领导者个人学识工作经验能力、道德素养、胆识等方面的综合体现。同时,领导艺术还具有经验性、创造性、非规范性、灵活性等特征。

为了有效地实现领导的作用、实现组织目标,领导者必须掌握高超的领导艺术,一般主要表现为决策艺术、用人艺术、处理人际关系艺术、时间管理艺术、创新艺术和处理紧急事件的艺术等。

一、领导决策的艺术

决策是人们对未来实践的方向、目标以及使之实现的程序和手段做出的抉择,也就是对未来的方向、目标及手段、方法经过选择和判断做出的决定。决策艺术是领导者综合能力的表现,体现领导者的政治成熟度与业务知识能力多样性的统一。领导者要遵循决策的程序化,决策的过程也要力求科学化,不能简单地拍脑袋、凭经验和直觉。决策艺术一般包含以下几个方面。

(一)处理信息的艺术

要进行决策,首先要掌握决策所需要的各种信息。各种决策方案的可行性在很大程度上取决于信息是否及时、准确和完整。因此,要有效地获取、利用和加工信息,就要具有高超的处理信息的艺术。

(二)决策方法的选择艺术

不同的决策应采用相应的决策方法,对于程序性、短期性的决策,管理者凭自己长期积累的知识和经验以及相关能力,根据已知情况和现有资料,通常可以提出比较正确的决策目标、方案并作出最后的抉择。对于战略性的长期决策,一般宜采用集体决策或定量的方法,因为这种决策关系到全局长远的发展,应当发挥集体智慧,广泛听取各方意见,采用科学的决策技术,以防决策失误。

为了使未来的行动能够成功,要求决策者有广博的知识,敏锐的观察力、判断力,还要有严格的科学态度,重真理、不浮躁,勇于打破陈旧观念,开创新局面。因此,决策者要不断努力提高自身的素质。

林肯的"独断"

美国著名的政治家林肯是美国第16任总统,他在刚担任总统不久,就召集了几个幕僚开会。会上,他提出了一个重要的法案,但听到这个法案后,幕僚们的看法并不统一,于是激烈地争论了起来。林肯总统在听了大家的发言后,仍然坚持认为自己的想法是正确的。最后,幕僚们集体反对了林肯的意见,但林肯仍然坚持了自己的观点。

林肯说,虽然只有我一个人赞成,但我仍然要宣布这个法案通过了。虽然这种在大多数人的认知中是一种独断专行的做法,但实际林肯已经认真而又细致地了解了其他幕僚的看法,并经过了深思熟虑后进行了研判,认为自己的方案是合理的。而其他的几个幕僚中,有些人的反对仅仅是趋同了其他人的意见,并没有经过深思熟虑的考量。既然如此,林肯认为就应该力排众议,坚持己见。既然讨论就是从不同观点中找到一个最合理的决策方案,既然自己是对的,那为什么不去坚持呢?

管理启示:在管理的实践中,当一个新的思路或想法提出来后,往往会引起其他人的反对,甚至部分并不了解这一想法和观点的人会屈从于他人的态度,为了反对而反对。众多的反对声中,领导者往往处于孤立的处境。在这种时候,领导者要有胆识,在认真聆听别人的意见,进行理性分析的基础之上,有敢于力排众议,做出最合理的决断。

二、用人艺术

马克思主义认为,人是世界上最可贵的。而在人中,人才更为重要,尤其是领导人才。当今世界各国综合国力的竞争归根到底是人才的竞争。用人是领导者的重要职责和基本职能,也是领导活动自身的要求。在用人上,领导者要掌握有效激励的艺术、选人的艺术、科学用人的艺术、表扬和批评的艺术。

(一) 有效激励的艺术

激励方法主要有物质激励法、精神激励法、工作激励法等。有效激励要遵循一定的原则,有的放矢地进行。

(二) 选人的艺术

选用什么样的人才,作为领导者应掌握以下几个方面的原则:

(1) 坚持德才兼备。一般来说,在德才兼备中,德是基础。一个成功的领导者在选拔人时应要做到兼容宽人,不强人所难,能够客观地进行自我认识和认知他人。要合理地确定人才的选用标准,使组织中的每一个人都能够发挥其所长,为组织创造价值。

(2) 要大胆地选拔新人,打破组织中论资排辈的弊端,领导者在人才选拔时要正确处理德才与资历之间的关系,在组织中要为新生力量的成长创造良好的氛围。

(3) 要大胆使用有才之士。在组织中要选拔一些敢于创新、善于创新的开拓型人才,这些人往往有着独特的见解,而并不单纯屈从于领导者的喜好,而是看重个人的创造行为是否有利于组织目标的实现。

(三) 科学用人的艺术

科学用人的艺术主要表现在:一是知人善用,要用人所长,避人所短,优秀的领导者要让自己成为伯乐;二是量才使用,把组织中的每个人放到最合适的位置,充分发挥出价值;三要用人不疑,对已经安排到相应岗位上的下属要给予充分的信任,进行合理的授权;四是用养并重的艺术,有眼光的领导,不仅善于选拔和使用人才,而且重视培养和造就人才,能坚持用养并重。

子贱放权

孔子有一个学生名叫子贱,他在担任官吏时,经常弹琴自娱自乐、不问政事,但是他所管辖的地方却治理得井然有序,这一现象使得他的前任官员非常困惑,因为他每天勤勤恳恳,却没有把这个地方治理好。

于是他请教子贱:"为什么你逍遥自在、不问政事,却能把这个地方治理得这么好?"子贱回答说:"你只靠自己的力量去治理,所以十分辛苦;而我却是借助下属的力量来完成任务。"

管理启示:一个聪明的管理者,应该懂得如何正确地发挥下属的才智、利用下属的力量,而不是管这管那、事必躬亲、把一切事情都揽在自己身上。为此,好的领导者必须掌握有效授权和用权艺术。

课程思政、师生互动

请同学们谈谈对上述管理故事的理解。引导同学们正确认识在管理中要善于用权、授权,进行合理的工作分工,不能大权独揽,忙了自己,误了工作。

(四)表扬和批评的艺术

表扬奖励人和批评或指责人,需要有良好的技巧:一是要弄清需要表扬、批评的原因,即掌握事实的真实情况,确保批评的准确性;二是要选择表扬、批评合适的时机;三是要注意表扬、批评的场合;四是要讲求表扬、批评的态度;五是要正确运用表扬、批评的方式。

管理小故事

刘邦的用人艺术

公元前202年,垓下一战,刘邦战胜项羽。在庆功会上,刘邦问群臣自己成功的原因。群臣把功劳归于刘邦一人,并极尽赞美之词。刘邦说:"你们讲的都不对,我之所以能成功是因为我会用人。运筹帷幄,决胜千里,我不如张良;国积粮草,安抚百姓,我不如萧何;两军对垒,百战百胜,我不如韩信。他们都是人间豪杰,而我能够用他们,这就是我成功的原因。项羽虽有一个范增,还怀疑不加重用,这就是项羽失败的原因。"

管理启示:用人之长,人事相宜。巧匠无弃木,圣人无弃才,用人就是要做到人事相演。为官择人者治,为人设官者乱,在用人问题上切忌因人设事。

课程思政、课堂互动

请同学们谈谈对上述管理故事的理解。引导同学们认识到,作为一个管理者,要做到知人善用,善于发现他人的优点,并有效运用。

激励学生们善于发现自己和他人的闪光点,积极进取,做一个有责任、能担当的、对社会有用的人。

三、处理人际关系的艺术

影响人际关系的因素主要有四个方面:人们空间距离的远近;人们彼此交往的频率;人们观念态度的相似性;人们彼此需要的互补性。除此之外,人们的性格、品德、气质各异也是影响人际关系的重要方面。

由于人际关系的复杂性，其协调的方法也是多种多样的，没有一套能普遍适用于不同素质的员工和不同环境的通用方法，应当随机制宜地从企业管理的角度分析，掌握协调人际关系的艺术，例如经营目标协调法、制度规则协调法、心理冲突协调法、随机处事技巧法等。

四、时间管理的艺术

时间也是管理过程中重要的资源，时间管理也是有效管理的重要方面，时间管理的艺术主要包括时间分配艺术和时间节约艺术。

第一，时间分配艺术。这主要有以下几种：一是重点管理法，即分清事情的主次及任务的缓急，把有限的时间分配给最重要的工作；二是最佳时间法，把最重要的工作安排在一天中效率最高的时间去完成，而对于零碎事务或次要工作放在精力较差的时间去做；三是可控措施法，把自己不可控的时间转化为可控时间，以提高管理效率。

第二，时间节约艺术。卓越的时间管理能力也是领导能力的一个重要表现。能够对每天的工作和未来一段时间的工作任务安排进行综合分析的基础上，对紧迫的、重要的工作和不重要的工作进行有效区分，从而提高时间的利用效率，创造更大的价值。

五、创新艺术

创新是人们运用了新的方法或者新的技术，解决了制约组织发展的问题，或者提出了新的思想和新的观点。创新是按照社会发展的客观规律提出，改造客观世界的新思想、新方法的过程。对于领导活动而言，创新是贯穿整个全过程的，创新能力也是领导者重要的能力特征。

一个优秀的领导者要善于观察客观事物，对事物发展的规律和内在的本质进行敏锐的认知，在结合以往经验的基础之上，在工作中进行创新，提出有创造性的工作思路和独特的见解。在组织中要能够比组织的一般成员对问题认识得更充分，理解得更透彻，考虑得更全面。同时，在常规性的工作中也要能够善于发现问题，采用创新的思维和理念去解决问题，这也是领导者必备的思维特征。

六、指挥处理紧急事件的艺术

在管理活动中，经常会发生一些突发、紧急和棘手事件，因而领导者也要掌握处理这种事件的艺术。

第一，迅速控制事态。紧急事件发生后，能否先控制住事态，使其不扩大、不升级、不蔓延，是处理整个事件的关键。这既是关系整个事件处理成败的基础和前提，又是寻找更好的、彻底的处理方法的重要条件。突发事件发生后，面临紧急事件的组织成员，大都情绪激动，一触即发。领导者要进行心理控制，运用弱化员工的激动情绪、舒缓紧张气氛等具体的技巧；减轻群众的心绪不稳、思想混乱、不知所措等心理压力；迅速在组织内部和广大群众中开展正面教育，使大多数人认清形势，稳住阵脚，以防局面失去控制；迅速查清紧急事件的重要人物和地点，予以重点控制。

第二，收集事实材料，分析紧急事件产生的原因。紧急事件产生的原因可能是难于控制的自然灾害；复杂多变的政治、经济环境；变化多端的市场竞争；组织的内部管理不善；主观人为的因素等。领导者要带领下属，动用一切可行的手段，准确地掌握大量的现象和事实材料。在掌握全面材料的基础上分析各种现象背后的联系，找到造成整个事件的根本症结，确认事件的性质,然后,迅速地制定处理事件的总体方案。

第三,果断实施方案,处理事件。领导者必须果断决策,周密组织,统筹安排,层层落实责任,人人承担责任,各司其职,各负其责,找准突破口,集中优势兵力去攻克关键环节和难关。

第四,总结工作。领导者要深入群众,做好善后的思想稳定工作;要总结紧急事件的教训,查找原因,堵塞漏洞,提高认识,避免类似事件再次发生;对于紧急事件处理过程中的工作失误也要及时总结。

管理小故事

DT 煤矿发生了瓦斯爆炸事故

DT 煤矿发生了瓦斯爆炸事故,死亡 3 人。这个煤矿设备先进,制度健全,怎么会发生这样严重的事故呢?据已有 10 年工作经验的专职安全检查员反映:"昨天我到井下做例行检查,发现瓦斯浓度超标,就要求井下作业工人立即停止生产,撤回地面。但班长老王不同意,他说没有矿长命令不能停工,否则会被撤职。"他只好回到井上去找矿长,可矿长去局里开会了,电话也打不通。等找到他时,事故已发生。事故调查组调查核实后认定,矿长没有授予安全检查员必要的职能职权,是造成这次事故的主要原因。

沉浸式体验

同学们,本项目任务学完了,大家也进行了课堂讨论和课堂实践,对领导理论和领导艺术有了一定的认识,现在请以模拟公司为单位,进行沉浸式体验训练,各 CEO 带领自己的团队进行讨论:"我们公司的领导在决策、授权和用权、用人、提高工作效率、处理人际关系等方面体现出了哪些领导艺术"……。请发挥你们团队集体智慧的力量,畅所欲言,写出讨论清单,详见表 7-2。

表 7-2 沉浸式体验讨论清单

组名		
公司名称		
公司 CEO		
公司口号		
公司成员		
讨论清单	讨论内容	讨论结果
	1. 我们公司的决策艺术应体现在哪些方面?	
	2. 我们公司的授权和用权艺术应体现在哪些方面?	
	3. 我们公司的用人艺术应体现在哪些方面?	
	4. 我们公司提高工作效率的艺术应体现在哪些方面?	
	5. 我们公司在处理人际关系方面的艺术性应体现在哪些方面?	
	6. 我们最欠缺的是哪些领导艺术?	
	7. 如何提高我们的领导艺术?	

课后习题

一、单项选择题

1. 领导者想赢得下属的尊敬和主动服从,应该拥有的更多权力是(　　)。
   A. 法定　　　　　　B. 奖赏　　　　　　C. 专长　　　　　　D. 强制
2. 领导方式中,效率最高的是(　　)。
   A. 专制式　　　　　B. 民主式　　　　　C. 放任式　　　　　D. 制度式
3. 按照方格理论,一个领导者较为理性的选择是：在关心生产与关心人之间作适当的倾斜,实行一种动态的平衡,并努力向(　　)型靠拢。
   A.（1.1）　　　　　B.（1.9）　　　　　C.（9.1）　　　　　D.（9.9）
4. 根据四分图理论,中国企业的领导者采用的是(　　)领导方式。
   A. 高关怀-低定规　　　　B. 高关怀-高定规
   C. 低关怀-低定规　　　　D. 低关怀-高定规
5. 菲德勒认为,对一个领导者的工作最起影响作用的三个基本因素中,不包括(　　)。
   A. 职位权力　　　　B. 任务结构　　　　C. 领导者特质　　　D. 上下级关系

二、判断题

1. 强调权力下放,主要是为了减轻领导者的工作负担。　　　　　　　　　　(　　)
2. 不加适当控制的分权就是放任。　　　　　　　　　　　　　　　　　　(　　)
3. 领导的基础性权力有 5 种,包括指挥权、控制权、奖惩权、专长权、法定权。
    (　　)
4. 路径—目标理论认为,对于一个领导者来说,不存在什么固定不变的最佳领导行为,而是要根据不同的环境选用适当的领导方式。　　　　　　　　　　(　　)
5. 领导艺术是领导者的一种特殊才能,具有经验性、创造性、非规范性、灵活性等特征。
    (　　)

三、简答题

1. 领导的含义和作用是什么？
2. 领导者的影响力主要来自哪些方面？
3. 如何有效地制约领导权力？
4. 现代最新的领导理论有哪些？
5. 什么是领导方式和领导艺术？如何理解领导艺术？

本项目案例分析——领导力在董明珠身上的体现

至今仍担任格力电器总裁的董明珠是全国知名的女企业家,她曾获得全国五一劳动奖章、世界十大最具影响力的华商女企业家等多个荣誉称号,这些荣誉称号也代表了社会对董明珠个人领导能力的认可。

一、领导力——个人超越

要成为一个卓越的领导者,首先要有比较充分的自我认知,抛开一些个人束缚,能够充分认识自己,并将其融入自己的生活体验中。董明珠曾在记者采访时公开说,工作的闲暇她会看书、游泳，她认为，人生就像下棋一样，每走一步，需要不断地思考，进行不断的博弈。人没有压力的时候必然会落后，董明珠很清醒地认识到了自己，并找到了自己的个人信念，她是一个敢做敢当的人，她认为自己是一个很固执、能够坚持己见的人。

在1990年的时候，刚加入格力的董明珠就创下了连续40天追要公司欠款的记录。她带着23名营销员打败了国内一些厂家上千人的队伍，她很坚持原则，经销商拖欠货款会停止发货，先打款后发货，绝不赊账，是董明珠的一条商业经营规则。

董明珠认为，做人处事一定要坚持自己的原则，不能像墙头草那样随风摇摆。

1994年，董明珠担任格力电器经营部部长不久，就做了一个大胆的决定，跑到总经理那里要财权。这在企业当中是一个非常大胆而且过于敏感的举动。

很多人认为董明珠太看重权力过于激进，但董明珠有她自己的想法。在她看来，财权和经营有着密切的关系，经营部要求要先打款后发货，但究竟打了多少款只有财务部才清楚，无论经营部如何认真负责，财务部如果并不配合，也会造成这一规则无法完全。经过再三的斟酌考虑，董明珠决定向总经理要来经销商财务往来的管理权限，最终，经营部获得了这个权力。

二、领导力——目标超越

领导者做任何事情都必须是在目标的引领下完成的，要确定明确的核心目标，首先要认清领导者的核心价值观。

董明珠刚上任不久，就免掉了总经理的人，因为这个人违背了经营部确定的先收款后发货的原则，很多人认为只需要对当事人进行一个通报批评就可以了，对于这样严厉的处罚，连总经理都觉得不太理解。唯独董明珠坚持认为这样做是为了公司，因为这个规则就是为了公司的核心目标而定的，违反了这个规则就偏离了公司的核心目标，如果没有进行有力度的处罚，就会有更多的人违反规则，最终就会越来越偏离企业的核心目标。

董明珠曾说过一句话，"我永远都是正确的"，这是一句极度自信的话。但这句话的背后不是自负，也不是狂妄自大，董明珠曾解释说，这句话的意思是想提醒自己不能犯错，因为一旦自己错了，则意味着企业可能就没了，不能拿企业的前途开玩笑，因此，为了实现企业的核心目标，她每次在做事前都要深思熟虑，全盘分析考虑。有人可能会说人无完人，哪有不犯错的，但是董明珠想表达的就是企业不允许自己犯错，商场如战场，这句话是有道理的。

三、领导力——变化超越

领导力的变化超越对领导者的要求就是注重灵活性。董明珠曾说，"领导的关键是做事的魄力，分析问题和作决策的能力，作为一个企业，就是要每天否定昨天的东西，推翻自己才能叫作创新"。可能你会觉得董明珠是一个严苛死板的领导，但恰恰相反，在企业制度、发展模式等方面，她非常灵活，善于变化。虽然董明珠坚持原则，但更懂得见好就收，她能很快调整自己的心态。变化超越就是要求领导者在动荡的环境中学会转变思维，学会相信自己，这一点董明珠都做到了。

作为一个领导者，保持充沛的精力也是一个很重要的一面，我们可以将这种保持充沛精力的能力叫作领导者的复原力，复原力强的领导者能够合理地处理工作与生活的关系，同时能够承受工作当中产生的各种压力，有着很强的抗压能力。董明珠一有空时就会看书、下棋，这样一方面是一种精神上的放松，同时也能悟出工作中的某些问题。

董明珠带领格力电器走过了最辉煌的时期，这些业绩也让她在企业家排行榜上留下了醒目的名字，她具备了一个优秀的领导者应该具备的素质和魄力，这就是我们能从董明珠身上看到的领导力。

思考题：
1. 董明珠是如何体现非凡领导力的？
2. 这个案例更好地说明了领导的行为理论还是领导的权变理论？为什么？
3. 董明珠在格力电器取得成功的权力来源是什么？

本项目实训——校园模拟指挥

【实训目标】
1. 培养学生现场指挥的能力；
2. 培养学生的应变能力。

【实训内容与要求】
1. 根据设定的管理情境，由学生分组即时进行指挥；
2. 管理情境为：凌晨 1 点多钟，男生宿舍三楼的卫生间上水管突然爆裂，此时楼门和校门已经关闭，人们都沉睡在梦中，只有邻近几个宿舍的学生被惊醒。水不断从卫生间顺着东西走廊涌出，情况非常紧急，假如你身处其中，如何利用你的指挥能力化险为夷？

【实训成果】
根据管理情境进行分组讨论，然后各小组分别进行现场指挥表演。

【实训考核与评价】
1. 每组进行现场指挥表演，其他组给予评价打分；
2. 教师根据各小组的现场指挥进行评价打分；
3. 将上述两项评价得分综合为本次实训成绩。

实训评价项目详见表 7-3。

表 7-3 校园模拟指挥评价表

考评项目	考评内容	考评标准		小计
1. 现场指挥能力	分析问题能力	逻辑性	10 分	60 分
		准确性	10 分	
	现场解决问题能力	协调能力	20 分	
		指挥能力	20 分	
2. 临场应变能力	思维敏捷程度	合理性	10 分	40 分
		灵活性	20 分	
		创新性	10 分	
合计				100 分

学习情境八　学会激励

学习目标

● **知识目标**
1. 理解激励的含义。
2. 了解激励的过程。
3. 熟悉激励的原则和作用。
4. 理解激励的有关理论。
5. 掌握激励的方法。
6. 理解沟通的含义。
7. 熟悉沟通的类型。
8. 掌握有效沟通的技巧。

● **能力目标**
1. 透过激励的机理，研究不同员工的需求、动机与行为，做好激励工作。
2. 能区分各种激励理论的特点，并能灵活使用。
3. 能运用合理的激励方法和技巧，激发员工的工作积极性，实现有效管理。
4. 能排除沟通障碍，具有运用沟通技巧具备解决人际交往和有效沟通的能力。

● **课程思政目标**
1. 学会自我激励，无论逆境顺境，学会自我超越、成长和蜕变。
2. 真善美赋能，学会欣赏他人、赞美他人。
3. 能利用激励艺术和技巧，在推动社会文明进步上作出贡献。

案例导读

鸬鹚罢工

一群鸬鹚辛辛苦苦跟着一位渔民十几年，立下了汗马功劳。不过随着年龄的增长，腿脚不灵便，眼睛也不好使了，捕鱼的数量越来越少。不得已，渔民又买了几只小鸬鹚，经过简单训练，便让新老鸬鹚一起下湖捕鱼。很快，新买的鸬鹚学会了捕鱼的本领，渔民很高兴。

新来的鸬鹚很知足：只干了一点微不足道的工作，主人就对自己这么好，于是一个个拼命地为主人工作。而那几只老鸬鹚就惨了，吃的住的都比新来的鸬鹚差远了。不久，几只老鸬鹚瘦得皮包骨头，奄奄一息，被主人杀掉炖了汤。

一日，几只年轻的鸬鹚突然集体罢工，一个个蜷缩在船头，任凭渔民如何驱赶，也不肯下湖捕鱼。渔民抱怨说："我待你们不薄呀，每天让你们吃着鲜嫩的小鱼，住着舒适的窝棚，时不时还让你们休息一天半天。你们不思回报，怎么这么没良心呀！"一只年轻的鸬鹚回话了："主人呀，现在我们身强力壮，有吃有喝，但老了，还不落个像这群老鸬鹚一样的下场？"

沉浸式导入

任何组织都是由人构成的，组织的一切活动都是靠人来完成的，打动人最好的方式是真诚的认可和善意的赞许。激励是什么？激励就是让人们积极乐意地去工作；激励就是组织中的领导者要将任务和员工的切身利益相结合，为员工消除后顾之忧，让员工积极工作并和员工一起规划职业发展通道，让员工看到美好的未来。

各模拟公司请注意，根据计划、组织、领导等核心职能的训练实操，我们各团队已经制定了明确的发展目标，设计出合理的组织结构，并且CEO和各部门经理对于领导艺术和领导技能有了一定的掌握。那么一个重要的问题就摆在你们的面前：在公司步入正常运行轨道后，如何让团队成员保持热情的工作状态，面对员工出现的消极怠工、牢骚抱怨，甚至离职，作为管理层的你们，应该如何应对？为此就要求大家能够掌握一定的激励技巧和方法，使组织高效运转。

因此，我们接下来的工作就是学会洞察团队成员的情绪和工作状态，实时做好激励工作。

任务一　认识激励

一、激励的含义

美国著名企业家玛丽·凯曾说："世界上有两件东西比金钱更为人们所需——认可与赞美。"什么是激励？美国管理学家贝雷尔森（Berelson）和斯坦尼尔（Steiner）给激励做了如下的定义："一切内心要争取的条件、希望、愿望、动力等都构成了对人的激励……它是人类活动的一种内心状态。"心理学家一般认为，人的一切行动都是由某种动机引起的。动机是人类的一种精神状态，它对人的行动起激发、推动和加强的作用，因此称之为激励。

"激励"一词在中文中有两层含义：一是激发、鼓励的意思，例如，在《六韬·王翼》中"主扬威武，激励三军"。二是斥责、批评之意，例如，在《后汉书·袁安传》中，司徒恒虞改义从安，人尉郑弘、司空第五伦皆恨之。弘因大言激励虞曰："诸言当还生口者，皆为不忠。"从激励的字面含义中可以看出，激励既有激发、鼓励，以利益来诱发之意，也有约束和归化之意。

人是组织最重要的资源，激励是研究"怎样使人愿意做某事"。为此，我们就要了解"人为什么愿意做事"，也就是要了解人的行为产生的原因。根据原因对症下药，当员工的工作热情被激发后，员工才能发挥其最大的潜能，最大地提高工作效率。俗话说："你可以拉一头牛到水边，但无法强迫它喝水！""与其诅咒黑暗，不如点亮一盏明灯。"美国通用食品公司总裁弗朗克斯也曾说："你可以买到一个人的时间，你可以雇佣一个人到指定的岗位工作，你甚至可以买到按时或按日计算的技术操作，但你买不到热情，你买不到主动性，你买不到全身心的投入，而你又不得不设法争取这些。"都说明了激励存在的必要性。

综上所述，所谓激励，就是激发和鼓励组织成员朝着组织所期望的目标采取行动的过程，其核心是调动人的积极性。可以从以下三个方面来理解激励这一概念。

1. 激励是一个过程

激励的过程实际上是通过某种能够满足人需要的诱因要素，来激起人产生相应的动机，从而进一步推动人采取一定的行为，以实现预期目标的过程。在一个动机产生的行为得到满足后，再根据组织成员的新产生的需要重新确定诱因来激起人新一轮的动机，如此往复循环。

2. 激励过程受内外因素的制约

组织所采取的针对成员的各种激励手段和措施，要与被激励对象的个人内在的需要、价值观等内容要素相吻合，才能产生较强的吸引力，激发组织成员的工作积极性和主动性，并进一步强化其工作的动机，否则不会产生激励作用。

3. 激励具有时效性

每一种激励的方式和手段，都只能在一定的时间范围内产生效益，超过了相应的时效后，就会失去激励作用。对组织成员的激励不是一劳永逸的事情，需要根据组织的发展和成员的个体情况持续进行。

二、需要、动机和行为

人是有需要的动物，需要是一种心理状态，是一种缺少的尚未满足的状态，这种缺少的尚未满足的状态就会激发人的行为。人的需要具有以下几个方面的特点：① 需要的社会性特点；② 需要的个性和共性特点；③ 需要的不确定性特点；④ 需要的选择性特点。

不同的个体在不同的工作环境下，在不同的年龄阶段会产生不同的需要，所以不同的人的需要会呈现出多元化的状态。正因为如此，作为组织的管理者要想做好员工的激励工作，首先必须了解员工真正需要的是什么，哪些需要是员工最迫切的需要。只有找准员工的需要，才能有针对性地提供诱因，进而影响组织成员个人的需要和动机，也才可能进一步促使产生所期望的行为。

动机是驱使人产生某种行为的内在力量，是人的某种内在需要引起的。人们之所以愿意做出某种行为，是因为这种行为能够满足人们某种特定的需要，或这种行为所产生的结果能够满足其特定的某种需要。所谓需要，就是某种事务或结果对人产生一种吸引力的心理状态，是人们对某种目标的一种欲望和渴求，正是这种欲望和渴求驱使人们去采取某种行为。而人之所以会产生某种需要，恰恰是当时他自身这种需要并没有得到满足。要研究人的行为和对人的激励，首先要去了解人的需要和动机。

行为与动机有着必然的联系，人的特定的行为都是建立在与之相匹配的动机基础上的。通过动机的诱发，人要采取一定的行为去满足自己的需要。但并不是任何情况下一旦产生需要就会引起人产生某种动机，只有当人的需要达到一定的强度时，才会激发动机的产生。当人的需要还处在一种萌芽的初级状态时，它并不能够清晰地、明确地反映在人的意识当中，这时候的需要仅仅只是一种心理的意向。当这种需要不断地增强，人会逐渐明确自己想要得到的需要是什么，同时也会进一步清晰地认识到应该通过什么样的渠道和手段来获得这种满足。此时，人的潜在的心理的意向会转化成想要得到某种需要的迫切愿望。当人的愿望再进一步地发展，受到外界条件的刺激下，就会形成清晰的需要，进而诱发满足需要的行动的动机。所以动机的形成需要两个条件：一是人的内在的需要和愿望；二是要通过外部环境提供某种诱导和刺激。当需要产生后，有一定的诱因才能进一步促进动机的产生，进而导致行为的发生。

三、激励的过程

激励作为一种管理的手段，它最主要的特点是会对员工产生内在的驱动性和工作的自觉性。由于激励是通过满足人的需要实现的，因此这种实现组织目标的过程并不带有强制性，而是通过满足组织中成员的内在需求来产生驱动力，进而进一步自觉、自愿地去完成工作任务的过程。

激励在组织的管理中具有重要的意义，通过对员工实施有效的激励手段，能够激发员工的积极性，调动员工工作的主观能动性。通过有效的激励手段，不仅满足了员工在物质和精神层面的需要，而且有助于员工将个人的职业发展同组织的发展目标有机统一起来。

激励的过程就是从需要开始到需要满足的一个循环过程。当一个人产生的需要未得到满足时，个体会产生一种不安的心理状态。当遇到能够满足个体需要的目标事物出现时，这种不安会进一步转化为动机，并在动机的驱使下个产生向目标努力的行为。当通过这种行为使需要得到满足后，这种不安的状态才会消失。当一种需要满足后会产生新的需要，进而引发新的动机和新的行为，这就是激励的过程。激励的本质实际是以未被满足的需要为基础，通过各种目标的设定作为诱因，激发组织成员产生相应的动机，并进一步产生与动机相匹配的行为，进而促使其实现预定的目标，具体过程如图 8-1 所示。

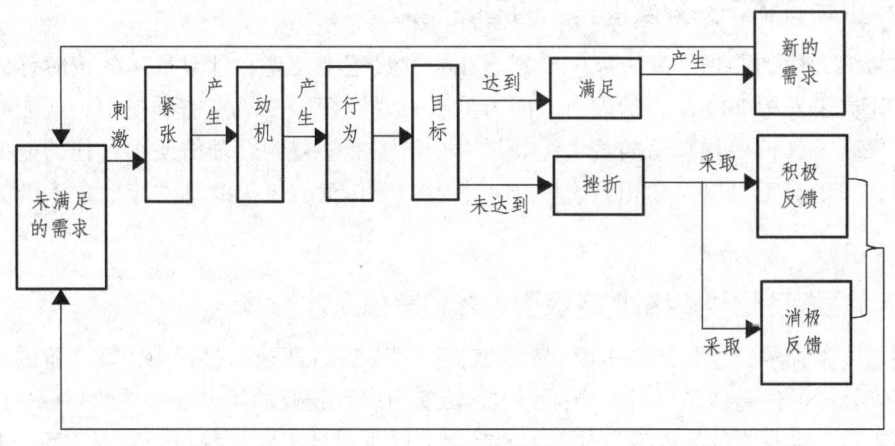

图 8-1　激励的过程

> **管理小故事**
>
> ### 引人向上的力量
>
> 在水族馆，一条重达8 600千克的大鲸鱼跃出水面6.6米，为观众表演各种各样的动作。记者问鲸鱼训练师，这个奇迹是怎样创造出来的。训练师向观众披露了其中的奥秘：在开始时他们先把绳子放在水下，想办法使鲸鱼从绳子上方通过，通过了就给予奖励，比如，给它鱼吃，或者拍拍它的身体以示鼓励。当鲸鱼从绳子上方通过的次数逐渐多于从下方经过的次数时，再把绳子提高，只不过提高的速度必须很慢，不至于让鲸鱼因过多的失败而沮丧。其实员工也是一样，批评多于鼓励和赞赏时，员工也会渐渐失去自信，失去向上飞跃的勇气和力量。一条8 600千克的巨鲸能跃出水面6.6米，靠的就是训练师不断地鼓励和赞赏。人也一样，鼓励和赞赏才是真正引人向上的力量。

> **课程思政，课堂互动**
>
> ### 学会自我激励
>
> 引用"胜人者力、自胜者强"启发学生思考，未来人生道路或许顺境、或许逆境，人生或许不完美，面对生活困境、职场失意等，是自怨自艾还是自我激励、自我超越呢？引导并鼓舞学生的情绪管理，学会成长和蜕变。

五、激励在管理活动中的作用

管理的目标就是实现组织的目标，而实现组织目标要靠组织中所有成员的积极努力，而激励则对激发人们的动机、鼓励干劲、调动人们内在的潜力去实现组织目标有着举足轻重的影响。具体地说，科学的激励至少具有以下几个方面的作用：

（一）激励有利于充分发挥员工的潜在能力

美国哈佛大学的心理学家威廉·詹姆士在研究过程中发现，针对员工的按时计酬分配办法，只能让员工发挥20%左右的能力。因为员工只要发挥出20%左右的能力，就能够基本完成自己的保底工作，保住自己的薪水。如果一个员工能够得到合理的激励，他的能力得到充分的发挥，一个员工可以完成相当于原来4个人的工作量。可见激励对于一个人潜能的开发是多么重要。

（二）激励有利于为组织广泛吸引人才和留住人才

美国的《幸福》杂志每年在本国"500家大公司"进行评选的过程中，其评价的标准也从过去主要以公司的经营成果等财务指标为主，转变为重视企业的活力等软性的指标，包括企业领导者的素质、企业服务的质量、对人才的吸引力以及对员工的培养与开发等方面。把一个企业对于员工的吸引与培养以及留人的环境等方面与财务指标放在了同样重要的地位进行评价。

有一位著名的公司总裁曾说道："假如有一天公司破产了，你可以拿走厂房、设备和产品，但请把我的员工留下，我可以重建公司"，这就说明越来越多的人已经认识到人力资源的重要性，组织要想发展壮大，就得想方设法吸引人才，并设法留住人才。

（三）激励有利于实现组织目标，增强组织的凝聚力

有效的激励是让每位员工在组织的发展中感受到关怀和被关注，时刻感受到来自组织的温暖，员工就会主动和组织抱团取暖，时时为组织发展着想，增强员工的凝聚力，形成强大的黏和力和向心力，使员工自觉、自愿为实现组织目标而奋斗。

（四）激励有利于营造良性的竞争环境

一个组织科学的激励机制，它蕴含了良性的竞争精神。这种激励机制的运行，能够为企业营造出一种良性的竞争环境，进而形成良性的竞争机制。当组织在有竞争性的环境中运行时，组织中的成员就会感受到由外而内的竞争压力。这种由外而内的竞争压力会进一步转变为员工不断拼搏、努力的内在动力。

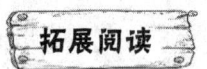

鲶鱼效应

北欧国家挪威有着丰富的鱼类资源，当地人非常喜欢吃沙丁鱼，尤其是对活的沙丁鱼情有独钟，所以市场上的活跃沙丁鱼价格很高。渔民尝试过通过各种办法来带活着的沙丁鱼回来，但基本都失败了，绝大部分沙丁鱼在运输中途缺氧窒息而死。后来有人在装沙丁鱼的船槽内放进了一条鲶鱼，鲶鱼以鱼为食物，沙丁鱼见到鲶鱼就迅速躲避，这样沙丁鱼缺氧的问题就解决了，绝大部分都活着到达了渔港，这就是著名的鲶鱼效应。鲶鱼效应是企业激励员工活力的有效措施，通过引进优秀的人才，注入新的活力，达到一石激起千层浪的效果。

同学们！本节内容学习完了，相信你对激励的原理、过程和作用有了一定的认识，现在为提高模拟公司团队的整体精神面貌，以更加饱满的热情投入训练，现在请以模拟公司为单位，在CEO的带领下，每一位成员梳理自己一周的情绪状态，通过自我激励完成情绪管理，情绪调节表详见8-1。

表8-1 沉浸式体验——"我的一周情绪调节表"

时间	情绪	原因	自我调节方法	调节后的情绪
1. 请选择一条自己喜欢的关于情绪管理的名人名言作为你的座右铭。				
2. 结合该座右铭谈谈你对情绪管理的心得体会。				

任务二　激励理论

20 世纪 20 年代以来，国外许多管理学家、社会学家对于组织中员工的激励问题十分关注，并在相关研究中提出了一系列激励的相关理论。

一、内容型激励理论

需要和动机是推动人们行为的原因。内容型激励理论集中研究的是什么东西激起了人们的行为这一问题，它着重对激励的原因和起激励作用的因素的具体内容进行探讨，其中有代表性的理论有：需要层次理论、双因素理论等。

（一）需要层次理论

美国心理学家亚伯拉罕·马斯洛在 1943 年出版的《人类动机理论》一书中，首次提出需要层次理论，认为人类有五个层次的需要，如图 8-2 所示。

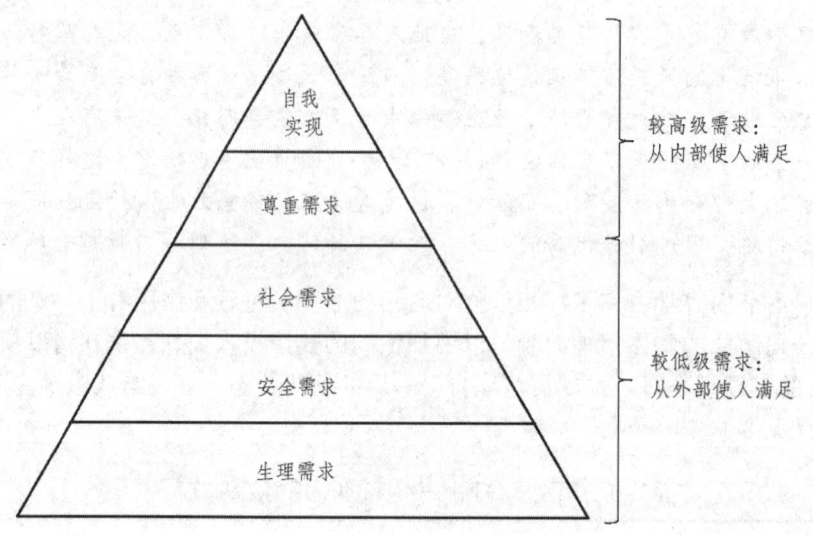

图 8-2　马斯洛需要层次理论

需要层次理论的主要理论要点有以下几个方面：第一，人是有需要的，并且人的需要是有层次性的。第二，每个人都有五个层次的需要，由低到高依次是：生理需要、安全需要、社会需要、尊重需要、自我实现需要。

生理需要是人最基本、最基础的需要，包括对住房、食物的需要等。这些基本的需要对于人来说是刚性的需要，是对人产生最强大吸引动力的需要，如果这些需要得不到满足，人类就无法正常地生存，也就谈不上其他层次的需要。

安全需要是指人的身体和财产不会受到危害以及仍有相对稳定的职业，不会失业。人拥有对环境的安全感等方面的需要，包括人身安全、职业安全、稳定生活、财产安全、个人未来的保障、养老的依靠等。

社交需要包括人与人之间的友情、亲情、归属以及信任的需要。人们大多都愿意和他人进行社会的交往，与周围的人保持良好的人际关系，希望得到尊重和信任，成为某个组织的成员。如果这一层次的需要得不到满足，人们精神方面的健康将会受到影响。

尊重需要包括自尊和受到他人的尊重。个人的自尊是对于社会地位、个人成就权威性、自信心、自由等方面的需要，或者是来自于别人的认可、赏识、欣赏等领域方面的尊重需要。这一层次的需要被满足后，将使人能够产生显著的自信心，否则会使人产生自卑感。

自我实现需要是最高层次的需要。这一层次主要包括了个人的发展、个体自我价值的实现、自我潜能的发挥等方面的需要。人们通过完成与个人能力相匹配的工作，挖掘自身的潜力，来实现自身的价值。

马斯洛的需要层次理论认为，五种需要像阶梯一样从低到高按层次逐级递升，但这种次序不是完全固定的，可以变化，也有例外情况。

一般来说，当一个人较低层次的需要得到满足后，就会向更高层次的方向发展，追求更高层次的个人需要会成为个体努力的内在驱动力。马斯洛提出的五个层次需要由低到高，其中生理的、安全的和感情的需要属于较低层次的需要，这些需要通过外部环境就可以得到满足。而尊重与自我实现的需要是属于较高层次的需要，它需要通过个体内部因素起作用才能够得到满足。同时，一个人的尊重和自我实现的需要是没有止境的。在一段时期，一个人可能拥有多种需要，但在特定的时期总有一种需要是占主导和支配地位，对个体的动机和行为起着决定性作用。任何一种需要都不会因为需要向着更高层级发展而消失，各个层次的需要都是相互依存、共同存在的。当较高层次的需要得到满足和发展后，较低层次的需要仍然存在，只是对个体行为的影响程度减弱。

> **即问即答，师生互动**
>
> 根据马斯洛的需要层次理论，请谈一谈你对"锦上添花"和"雪中送炭"的理解。

（二）双因素理论

双因素理论是美国的行为科学家弗雷德里克·赫兹伯格提出来的。赫兹伯格在20世纪50年代末对美国匹兹堡的2 000余名工程师和会计师们开展了访谈调查。在此次访谈调查中，主要询问他们两个话题，一个是在工作中让他们感到满意的方面有哪些，另一个是让他们感到不满意的方面有哪些。经过整理问卷发现，大家的回答几乎大相径庭，他们回答感到满意的方面多与工作本身有关，比如工作中的成就感、晋升和成长机会等，他把这一类因素归纳为激励因素；而他们回答感到不满意的方面，多与工作环境或者是工作关系有关，被称为保健因素，如图8-3所示。

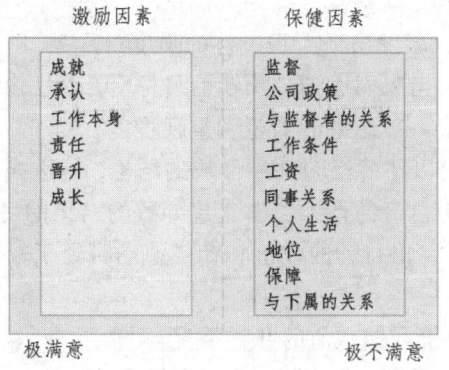

图 8-3 双因素理论

这里需要强调的是,保健因素主要是指员工得不到满足的状态下就会引起不满的因素。这些因素得到满足后,只是暂时消除员工的不满情绪,却不能根治不满情绪,也就不能激发员工的积极性。这些因素主要包括公司的规章制度、工作条件、管理方式,以及员工的个人地位、生活物质条件和工作安全水平等。

赫兹伯格的双因素理论与马斯洛的需要层次理论存在共同点,即双因素理论中的保健因素相当于需要层次理论中的生理需要、安全需要、社交需要等较低级的需要;而激励因素相当于需要层次理论中的尊重需要、自我实现的需要等较高级的需要。

> **即问即答,师生互动**
>
> 同学们,在管理实践中,如何利用需要层次理论和双因素理论对员工进行有效激励?

二、过程型激励理论

过程型激励理论主要关注的是人的行为动机的形成原因和行为目标的选择,着重研究如何让员工的某种行为持续下去,并对这一行为过程做出分析解释,它主要包括弗鲁姆的期望理论和亚当斯的公平理论。

(一) 期望理论

期望理论是北美著名心理学家弗鲁姆于1964年在《工作与激励》中提出来的激励理论。弗鲁姆在自己的著作里面举的一个小例子,一位公司销售经理对他的一位销售员说:如果你今年完成1 000万元的销售额,公司将奖你一套住房。那这句话对组织中的员工能否起到激励作用?我们可以分析一下,这时组织的目标是1 000万元的销售额,个人的目标是一套住房。

弗鲁姆认为,人们对于某一种行为产生的结果的预期评价,决定了人们是否会采取相应的行动,结果的评价是行动的动力。

换言之,目标对于行动的激励能力的大小取决于个体付出的某一种行为或者行动所能达到的预期目标的预期值,乘以他对这一目标能够获得某种预期结果的期望的概率。用公式可以表示为:

$$M = V \cdot E$$

式中 M——激励的能力强度,这是直接推动人们采取某一种行动的内在驱动力,是能否调动一个人积极性、激发出个人积极性的强度;

       V——目标效价,是指当人们达到了预期的目标后,对于个人满足感的贡献大小,它反映了个体对于某一项结果的渴望和重视程度;

       E——期望值,是根据以往的经验判断形成的结论,是达成目标并能导致某种结果的概率,是个体对于自身的行为能够直接导致的结果的可能性的一种估计。

显然,只有当人们对所付出行动的效价和期望值同时处于较高水平时,才有可能产生强大的内在驱动力。

案例中弗鲁姆列举了效价和期望值的几种情况。

效价:

A：天哪！一套住房！这正是我梦寐以求的，我一定要努力去争取。

B：住房？我现在住的已经够好了，况且如果我一人拿了住房，同事们会不满的，这对我没有什么吸引力！

期望值：

A：1 000 万元的销售额，照今年的行情，如果我比去年再卖力一点，是能做到的。

B：1 000 万元？简直是天方夜谭，经理要么是疯了，要么就是根本不想把住房给我，我才不会白花力气呢！

C：只要销售到 1 000 万元就能得到一套住房，我一定好好努力！

D：经理向来说话就不算数，我打赌经理一定能找出 10 条理由说："我也不想说话不算数，但我实在无能为力！"

根据弗鲁姆的观点，当效价为 A 情况、期望值为 A 情况时，M 即为激励力的最大，也就是能起到激励作用；当效价为 A 情况、期望值为 B 情况时，因期望值较小，故 M 激励力也是低的，即起不到激励作用；当效价为 B 情况、期望值为 A 情况时，因效价比较低，故激励力也低，也起不到激励作用。也就是说，效价和期望值其中有一个较低都起不到激励作用，只有两者都高的情况下，才会起到激励作用。

弗鲁姆的期望理论认为，在进行人员激励时要处理好以下三方面的关系。

1. 努力与绩效的关系

个体认为目标总是付出了一定的努力后能够实现的。当个体认为目标实现的概率很高，则会对工作充满信心，工作的积极性、主动性较高，这一预期目标就对他的工作产生了内在的驱动力。反之，如果个体感觉目标即便是付出一定的努力后也不易实现，就会在工作中表现出消极懈怠的情绪。

2. 绩效与奖励的关系

当人们付出一定的努力和实践行动后，对所能获得的回报产生预期。这种预期目标所产生的激励是综合的，不仅包括物质层面的奖励，也包括精神层面的激励。当员工个体认为所获得的激励是合理的，则会表现出较高的工作积极性，否则就会产生消极情绪和行为。

3. 奖励与满足个人需要的关系

每个人都希望自己所获得的激励能够满足预期的需要，但每个个体在年龄能力、资历、社会地位等方面都存在着差异，对于不同的人要制定不同的激励方案。同一种激励方案对于不同的人来说满足需要的程度不同，能激发出的工作积极性也不相同。

期望理论主要应用在员工激励方面，它给予组织管理者的启示在于，不能简单采取泛泛的激励措施，而要根据组织的成员们共同认可的目标，来确定效能最大的激励手段。同时，在人员激励时要适当控制员工的期望概率和实际获得的概率，要积极引导不符合实际的个体期望，否则过高的期望会因无法实现而产生消极情绪，而过小的期望目标又因缺乏挑战性而使激励效果不明显。实际概率要让组织中绝大多数人受益，同时实际概率一般应高于组织中个人期望的平均概率，并与效价相适应。

（二）公平理论

公平理论是美国行为科学家亚当斯在《工人关于工资不公平的内心冲突同其生产率的关

系》(1962)、《工资不公平对工作质量的影响》(1964)、《社会交换中的不公平》(1965)等著作中提出来的一种激励理论。该理论侧重于研究工资报酬分配的合理性、公平性及其对员工生产的积极性影响。

我国也有句老话,"不患寡而患不均",这句话充分体现了公平理论的观点,即组织中的个体成员为组织付出一定的努力,取得一定的业绩,并获得一定的报酬后,他一方面会关注自己所获得报酬的绝对数量,同时也会与组织中的其他成员进行比较,关注自己所获得报酬与其他成员所获得报酬相比较的相对数量,进而产生内在对所获得报酬的合理性和公平感的评价,比较的结果会对其今后的工作积极性产生直接影响。

1. 横向比较

横向比较是指组织成员会将自己工作付出与所获得的回报的比值与组织中的其他成员进行横向的比较。当他认为这种比较所得到的反馈是相匹配时,它才会产生对组织回报的公平感。当然这种所付出的回报不仅包括物质的薪酬,也包括精神方面的肯定和职业发展的空间等;个人所付出的投入不仅包括工作的时间精力,还包括为完成工作任务而产生的其他无形损耗,以及为完成工作而进行的前期教育投入等。

如下式所示:

$$O_P/I_P=O_O/I_O$$

式中　O_P——自己对所获报酬的感知;

O_O——自己对他人所获报酬的感知;

I_P——自己对个人所做投入的感知;

I_O——自己对他人所做投入的感知。

在现实中可能会出现以下两种情形:第一,当公式的左边小于右边时,被激励的对象可能会要求增加自己的回报或者减少自己所付出的努力,使得二者趋于相等。他也可能会向组织提出减少所比较对象的回报,或要求其增加工作的付出和努力,程度是二者趋于相等。第二,当公式的左边大于右边时,对象会感受到来自于工作的认可,积极主动地去努力工作,并尽可能地多承担一些额外的工作。但这种状态持续一段时间后,他会重新估计自己的业务能力和工作付出,逐渐会认为所给的待遇是符合其对工作的付出的,于是他的工作付出也会逐渐回到过去的水平。

2. 纵向比较

纵向比较是将当前的投入和回报的比值与本人过去的投入与回报的比值进行比较,只有这种比较得到的反馈相等时才会产生公平感。用公式表示为:

$$O_P/I_P=O_H/I_H$$

式中　O_H——自己对过去所获报酬的感知;

I_H——自己对个人过去投入的感知。

当组织中的成员面对这样的情况时,它并不会因此而产生不公平的感知,但也不会因为自己拿了更多的报酬而付出更多的努力或承担更多的工作。当这一式子为不等式时,组织中的成员也会产生不公平感,可能会导致其工作积极性下降。研究表明,在绝大多数情况下,组织成员的不公平感来自于认为自己付出过多而回报过少;只有在个别情况下会认为是自己付出少而回报过高，产生不公平感。

公平理论所提出的观点在组织中普遍存在。这就要求我们在进行人员激励时，要充分考虑影响激励成效的因素。不仅要考虑员工报酬的绝对数量，还要考虑员工与他人进行比较的相对数量。同时，在进行人员激励时政策的制定、激励的兑现过程都要尽可能做到公平，这种公平的等式在客观上是能够成立的。尽管存在一定的主观误差，但也要尽量消除这种不公平感的存在。

在组织的员工激励实践中，要有意识地对员工进行公平心理的引导，一方面要让员工认识到组织中并不存在绝对的公平，另一方面要让员工不要做盲目的攀比，要对个人的付出和回报进行客观的评价。同时，在组织的文化氛围中要尽量营造公平的组织氛围。在采取以上这些手段的同时，组织也要不断优化自身的分配制度，不断完善自身治理制度存在的局限性，充分激励员工。

三、行为改造型激励理论

行为改造型激励理论重点研究如何改造和转化人们的行为，变消极为积极，以期达到组织目标。主要有斯金纳的强化理论。

美国的心理学家和行为科学家斯金纳认为人或动物为了达到某种目的，会采取一定的行为作用于环境。当某种行为产生有利于个体的结果时，这种行为会在个体身上重复发生。当某种行为产生的结果不利于个体时，这种行为再次发生的可能性就减小或彻底消失。组织管理中可以采用这种正向的或负向的强化来对成员行为进行干预和修正，这就是强化理论。

强化是一种行为所产生的有利的或不利的后果，在一定程度上会决定这种行为是否会再次发生。根据强化的性质不同，可以把强化分为正强化和负强化。在管理过程中，正强化就是组织鼓励那些需要员工产生的行为，方法包括对业绩的认可表彰，给予物质方面的奖励以及人际关系的改善、职业发展机会、学习培训、职务的提升等；而负强化就是限制或削弱那些与组织发展目标不匹配的行为，主要包括惩罚性的如批评、给予一定的组织处分、减少奖励等。

在管理实践中应用强化理论，应注意以下问题：

（1）要根据管理对象的不同，采取不同的强化手段，组织中每个成员的性别、学历、经历、年龄等方面都存在差异，要选择合适的强化方式。有的人更关注物质奖励，有的人更关注精神方面的认可，应针对不同个体采用不同的强化措施。

（2）及时反馈。当员工的某一种行为实施以后，如果没有得到及时的反馈或者被组织的管理者所忽略，则这种行为再次发生的可能性就会被削弱。及时的反馈也是一种重要的强化手段。

（3）当组织采取强化手段时，要以正强化为主要手段，通过奖励来引导组织成员的行为，同时也要进行必要的惩罚，争取做到赏罚结合、赏罚分明。

沉浸式体验

同学们！本节内容学习完了，大家在实际工作中经常会遇到激励的问题，现在假如有以下两家公司，员工徐东或林丹是你的同事，你更愿意选择在哪家公司上班呢，为什么？请在CEO的带领下，每一位成员结合案例情境进行讨论，讨论清单详见表8-2。

案例情境如下：A公司的徐东和B公司的林丹都是入职5年左右的销售部员工，但是他们的工作体验却截然不同。两家公司的薪酬制度没有太大差别,但是团队管理的方式影响了徐东和林丹的工作投入度。

A公司采取了一种全新的团队管理方式,徐东所在的销售部有25名员工,但是他们的工作并不是单独进行的,而是组建5个"动态管理小组"。针对相似的市场情况,各小组共同为该市场出谋划策;针对差异较大的市场情况,各组就分头行动。工作期间大家能互相支持和鼓励,组长或部门主管既愿意给员工解释问题,又愿意听取员工对市场的观察和建议,几乎很少担心会出现什么差错和失误。

B公司的林丹却截然相反,销售任务都划分到个人,每周都有一次例会,要求员工汇报这一周走访客户情况和业绩完成情况,这让林丹压力很大,从星期一就开始担心一整周的销售工作,以至于林丹没有很强的归属感。

表8-2 沉浸式体验讨论清单

组名		
公司名称		
公司CEO		
公司口号		
公司成员		
讨论清单	讨论内容	讨论结果
	1. 从马斯洛的需要层次理论来看,相比于林丹,徐东额外获得了哪些要求的满足?	
	2. 相比于林丹,徐东的工作动机为何更强?	
	3. 从激励的角度考虑,徐东所在的团队有哪些优点?	
	4. 你更愿意待在哪家公司,为什么?	

任务三 激励的方法与技巧

激励是领导的职能,更是领导艺术和领导方法,激励方法得当,会事半功倍,最大限度地激发员工的工作积极性,给组织带来利益。

一、激励的方法

在组织内部,一般采用的有效激励的方法主要有以下几种:

(一)物质激励法

物质激励主要是奖酬奖励,是最基本的激励方法,主要包括工资、奖金和各种形式的津贴、员工持股、股票期权及实物奖励。物质激励是激励的主要模式,在我国,工资和奖金是主要的激励方法。物质激励要点包括几个方面:其一,奖励主要是针对成绩突出者进行奖励,奖励如果搞均衡搞平均,既可能会助长落后者的懒惰心理,也会伤及先进者的努力动机，失去激励本身的意义和作用。其二，采用重奖重罚，对于能够突破困难和瓶颈获得成功，为组织创造重大贡献的就应该重奖，以示鼓励；而对于失职造成重大损失者，则要重罚以示惩戒。其三，奖励要向艰苦岗位和关键岗位倾斜，既体现工作的重要程度，又要体现劳动的价值。

（二）目标激励法

组织成员形成凝聚力的核心是组织的共同目标，组织目标体现了员工工作和努力的意义。能够从理想和信念层次上激励员工。在实施目标激励时，组织应当将自己的短期目标、中期目标和长远的战略目标在组织成员中进行宣传和培训，使组织成员能够对组织的发展定位和发展目标有清晰的认识，并认识到自己在组织目标实现过程中所发挥的作用。同时在宣传教育过程中，要把组织的目标和组织成员个人的目标结合起来，使二者表现出一致性，让组织成员明白，在实现组织目标的过程中才能实现个人的目标。

组织中成员个人的职业发展、物质待遇和精神层面的满足与组织的发展状态息息相关。如果组织成员能对组织产生强烈的责任感和归属感，则其工作并不需要他人过度的监督就能有完成工作的自觉性，也能自觉地关心组织的发展前途。

（三）参与激励法

人力资源管理的相关研究表明，组织的员工都有一定的参与管理的愿望。创造机会让员工参与到组织的管理中，是有效调动员工积极性的方法。通过让员工参与，能够帮助员工形成对组织的认同感和归属感，也能够进一步满足员工自尊与自我实现的需要。

（四）情绪激励法

情绪激励法是通过在组织内部建立起融洽、和谐的氛围，来提高激励员工的士气。组织的管理者对于员工的关心，组织开展的各类集体性的活动都是有利于促进员工之间和谐关系、调动员工工作积极性的方式。许多企业通过确定集体生日或其他纪念日来为员工举办纪念性活动，为员工创造相互交流、增进感情的机会，通过这种改善员工情绪的方式来提升员工的归属感。

（五）关怀激励法

关怀激励法就是通过组织对员工进行关怀来激发员工的工作积极性和创造性，属于情感激励的内容。组织的管理者对于组织中成员的关怀，哪怕是微不足道的细节，只要足够真诚，都会对下级产生充分的激励作用。这被管理学家称为"爱的经济学"，即无须投入资本，只要注入关心、爱护等情感因素，就能获得很好的激励效果。

管理小故事

表扬、批评和不管

管理学家曾经做过一个实验：将60个儿童分成3组，每组20个儿童。对于第一组的儿童，只要看到好的事情就加以表扬；对于第二组的儿童，天天不闻不问；对于第三组的儿童，看到糟糕的事情就加以批评，从来不表扬。

两个月以后,管理学家发现:第一组儿童的绩效要明显好于其他两个小组,其中最差的是天天受批评的小组。在企业中,对于成人来说,最糟糕的结果是不闻不问,那样是最没有绩效的。

(六)榜样激励法

榜样激励法是指组织从成员中选择工作业绩突出或者工作做法比较先进的个人或集体,授予一定的荣誉,对其进行肯定与表扬,并确定为标杆,要求大家学习,从而激发组织中广大成员的积极性的一种激励方法。我们常说,榜样的力量是无穷的,榜样是一面旗帜,使人学有方向、赶有目标,起到巨大的激励作用。

> **即问即答,师生互动**
> 除了以上激励方法,你还能想到哪些激励手段?

> **课程思政,师生互动**
> 真善美赋能,营造良好的人际关系圈
> 互动时间为5~10分钟,首先学生之间先讨论创建和谐人际关系的意义,最后教师总结。由此引导学生利用激励艺术和方法,构建温暖有爱的集体生活,让人性得到最美的发展。

二、激励的技巧

要让激励达到最终的效果,除了要选择有效的激励方法之外,还需要采用相应的技巧,才能得到最佳效果。一般采用的激励技巧主要有以下四种。

(一)先教后用激励

在做某件事之前,要先打好基础,以得到他人的认同,往往会事半功倍。在对组织成员进行激励之前,应先对人员进行相应的教育引导,使他们明白组织激励制度的内容和相应的规则,这样在采取相应的激励手段时,他们能有接受的心理准备。即便是对惩罚也能够认识到制定惩罚措施的依据。最好的管理方法是启发,而不是惩罚。

(二)公平激励

人"不患寡而患不均",因此,要保证激励制度的顺利执行,一定要做到不唯亲、不唯上、不唯己、只唯实,公平相待。在激励过程中,无论是奖励还是惩罚,都要公平公正,这样能使人感到心理平衡、心情舒畅,从而极大地调动员工的积极性。

(三)适时激励

适时激励就是要注意激励的时机,"雪中送炭"和"雨后送伞"的效果是不一样的,迟到的奖励等于没有奖励。激励越及时,越有利于将人们的激情推向高潮,当发现员工有突出表现或巨大进步时,应采取当机立断的方式予以肯定,往往会促使后续行为的强化与超越。

（四）适度激励

员工激励的奖励与惩罚一定要有标准，同时这个标准要有一定的适度性。保持了标准的适度性，才能达到激励目标，反之，如果被激励对象认为目标过于容易实现，或容易在工作中被组织处罚，那么这一种激励方法的正强化和负强化都失去了相应的意义，达不到激励的效果。

沉浸式体验

同学们！本节内容学习完后，相信你对各种激励理论、激励技巧和激励方法有了一定理解，现在请以模拟公司为单位，在 CEO 的带领下，结合激励理论和激励方法，根据公司出现的各种问题，制定相应的激励方案，并在班级内分享交流和评比，问题清单详见表 8-3。

表 8-3　沉浸式体验——激励方案清单

组名	
公司名称	
公司 CEO	
公司成员	
问题清单	1. 当你的部门员工出现情绪低落状态？（15分） 2. 当你的部门员工来找你抱怨时？（15分） 3. 当听到员工抱怨公司薪酬较低时？（15分） 4. 当你的部门员工超额完成工作量时？（10分） 5. 当员工遭遇不公平待遇时？（15分） 6. 当员工倾诉公司人际关系难以相处时？（10分） 7. 当员工觉得期望绩效与实际绩效之间有落差时？（20分）

注：问题清单可根据具体实操情境灵活添加和删减

课后习题

一、单项选择题

1. 激励属于下列哪类工作的范畴？（　　）
  A. 计划工作　　　　B. 组织工作　　　　C. 领导工作　　　　D. 控制工作
2. 公平理论的提出者，是以下哪位学者？（　　）
  A. 弗鲁姆　　　　　B. 麦克利兰　　　　C. 亚当斯　　　　　D. 斯金纳
3. 晓华是某企业的工程师，由于其突出的贡献，公司打算给予他一定的奖励，根据双因素理论，你觉得以下哪项措施对晓华能起到激励作用？（　　）
  A. 给晓华一套住房　　　　　　　　　B. 派晓华去海外进修
  C. 给晓华丰厚的奖金　　　　　　　　D. 改善晓华的办公条件
4. （　　）被管理学家称为"爱的经济学"。

A. 目标激励法　　　　B. 参与激励法　　　　C. 情绪激励法　　　　D. 关怀激励法

5. "不患寡而患不均",这句话表明在实施激励时,要注意(　　)。

A. 适时激励　　　　B. 公平激励　　　　C. 先教后激励　　　　D. 适度激励

二、判断题

1. 激励是一项普遍的工作,无论组织大小,它都是领导者的一项日常工作。(　　)
2. 企业一旦制定好激励政策,就不能轻易改动。(　　)
3. 马斯洛提出的人的五种需要像阶梯一样从低到高按层次逐级递升,是完全固定的。(　　)
4. 为了激发员工的工作积极性,应该多用正强化,少用负强化。(　　)
5. 人们的年龄、性别、职业、学历、经历不同,需要就不同,激励方式也应不一样。(　　)

三、简答题

1. 激励的作用有哪些?
2. 简述马斯洛需要层次的内容与观点。
3. 简述强化理论的内容及运用方式。
4. 激励的方法有哪些?
5. 激励的技巧有哪些?

本项目案例分析——海底捞的员工激励

海底捞创建于1994年,全称为四川海底捞餐饮股份有限公司,创始人张勇最早是开路边麻辣烫店的,后来一步步发展壮大,把火锅店开遍我国大江南北。

在日益同质化的火锅行业,海底捞率先创出一条差异化经营战略,那就是服务制胜,那么摆在张勇面前最关键的问题,就是如何将这一理念贯彻到每一位员工,张勇说:"我相信这个世界上80%的人都是好人,所以我会去考虑怎么激励这80%的人,而不是因为那20%的人,我会投入更多的管理、监控成本。"

一、给员工搭建清晰的晋升路线

在海底捞,对于每位新入职的员工,公司都有三条晋升通道可供选择,分别是管理线、技术线和后勤线。管理线包括9个级别,依次是:新员工—合格员工—一级员工—优秀员工—领班—大堂经理—店经理—区域经理—大区经理;技术线包括7个级别,依次是:新员工—合格员工—一级员工—先进员工—标兵员工—劳模员工—功勋员工;后勤线包括6个级别,依次是:新员工—合格员工—一级员工—先进员工—办公室人员或出纳—会计/采购部/技术部/开发部等。这3条晋升路线里面的管理线和后勤线在其他餐饮企业是很常见的,但对于没有管理技能或业务能力的员工,技术线为他们提供了一条职业发展通道。在海底捞,每一个职级对应不同的收入报酬。比如在一家门店,一个保洁阿姨如果做到了功勋员工这一级别,她的收入几乎就跟店长差不多了,这对于那些勤奋苦干的员工无疑是一种鼓励,也让他们看到个人发展的希望。

海底捞的员工成长可以说是在工作过程中完成的,公司几乎没有专门的特殊培训。例会是他们解决问题的主要形式,每次例会上,大家把实际工作中遇到的难题、疑虑、困惑或好点子都说出来,一起讨论分析并处理,相互带动、共同提高工作能力。通过这样的方式,员工的能力就会凸显出来，那么表现越突出的，就有越多的晋升机会和更好的发展空间。

在海底捞，员工晋升多采用内部推荐制度，对于表现优秀的员工，海底捞会给员工的父母每月寄去一定的生活费，虽然只有几百元，但对于父母来说，能收到子女单位寄来的生活津贴，是他们从未想到过的，因此他们也会劝说子女好好工作，这也有利于海底捞内部推荐制度的顺利进行。更为关键的是，这种内部推荐制度也进一步保证了内部授权制度的良性循环。原因是很多提拔到管理层的员工曾经都是来自一线的优秀员工，他们能很好地识别员工有无滥用企业的授权和信任，能保证接下来授权制度的顺利实施。

二、给员工充足的授权和信任

海底捞的管理层员工，按级别均拥有一定的自主审批权，比如店长（经理）可以拥有30万的审批权，大区经理是100万的审批权。在对店长（经理）的考核指标里，只有客人满意度和个人积极性，而没有把单店利润纳入考核范围，原因有两个，一是海底捞相信利润更多的和门店选址有关，不是单纯店长（经理）所能决定，如果让店长（经理）去过多关注利润，那对客人的注意力自然会下降，这将严重损害海底捞的服务水平；二是海底捞不担心因为没有考核利润而导致店长（经理）偷懒，利润下降，因为公司相信好的服务水平会让客人满意，客人满意度高了自然还会再来，这样无形中是增加了利润的。同时，对于一线员工，海底捞均给予他们一定的权限，比如免费送菜给客人、整餐打折甚至整餐免单等。这样的权限，对于大多数的餐饮企业而言，恐怕只有店经理才有。海底捞给予员工充足的授权和充分的信任，不论管理层员工还是一线员工，都拥有一定的自主权限，既增强了他们的主人翁责任感，也提高了他们对公司的归属感，他们会以餐厅主人的身份，更加主动积极地服务好每一位顾客。

三、给员工幸福自然带来幸福服务

1. 微笑鼓励和鼓掌称赞，让员工幸福服务

微笑是一剂良药，微笑可以拉近公司与员工的距离，让员工之间变得互助友爱。海底捞员工一年有12天的带薪休假，并且报销探亲往返车票，让员工感受到幸福。平时给员工提供专门的宿舍，如果是夫妻关系的，还配有夫妻房。为解决员工子女上学问题，专门修建寄宿学校让员工的孩子免费上学，并且给初来大城市的新员工教会一些城市生活技能，比如如何乘坐地铁。餐饮业也是服务业，最累的是一线员工，平均一天要站立10小时，来回走路10公里，海底捞给他们提供的工服都是配的最舒适的品牌运动鞋。

每天晚上的总结课上，鼓励每人积极发言，对发言的人都有水果等礼品奖励，对发言比较好的员工，大家会一起鼓掌称赞。因为这些微笑鼓励和鼓掌称赞，是对员工主动服务客人、解决客人难处或帮助同事等方面的肯定，这无疑是一种良性循环，会促使员工将这种好的行为继续保持下去，将好的服务继续带给客人或同事。

2. 给员工创造家一般的温暖，消除后顾之忧

如何让员工把海底捞当作自己的家呢？海底捞的每一处都充满着幸福与友爱。张勇说把员工当成自己的兄弟姐妹，在北京，海底捞的员工都住在档次较高的小区，物业配套完善，每间房都配有暖气和空调，24小时热水供应，有专人负责房间保洁，床单被套和员工衣物均有专人负责清洗，从宿舍步行20分钟之内就可到工作地点。张勇说员工都还是一群大孩子，由于餐饮业的工作时间长等原因，在这样的环境下才能保证他们充足的睡眠，公司尽可能满足他们各方面的需求。公司给员工家一般的温暖，员工自然也会将公司当成自己的家，会主动付出更多的努力，释放出更多的激情。

海底捞还设有专项基金,每年会拨100万用于治疗员工和直系亲属的重大疾病。虽然这种福利待遇,让海底捞的利润率从外在表象看缩水很多,但内在却换来员工的卖力付出,这是难以用金钱衡量的,同时员工们之间口碑相传,介绍他们的老乡、朋友、亲戚甚至是家人来海底捞工作,每天能和自己的老乡、朋友一起工作,心情自然会开心,快乐的情绪会感染身边的每个人,包括客人。

思考题:

1. 从期望理论角度,分析海底捞的晋升制度、授权制度、幸福氛围是如何提高员工积极性的?

2. 海底捞的授权制度和薪酬制度在哪些方面体现了公平理论的作用?

3. 海底捞的"让员工幸福自然带来幸福服务"具体体现在哪里?

本项目实训——制定模拟公司激励政策

【实训目标】

(1)培养学生对文字表达能力。

(2)培养学生的团结协作能力。

(3)熟练运用激励方法的能力。

(4)灵活作为激励艺术的能力。

【实训内容及要求】

(1)分组,以模拟公司为小组单元。

(2)各模拟公司结合公司的特点,制定公司激励政策。激励政策需要覆盖工资、奖金、福利、待遇等方面,还要提出具体的激励措施。

(3)讨论修订至定稿。

(4)分享交流,各模拟公司人事经理在全班进行分享。

(5)评价:组内评价、组间互评,教师点评。

【实训成果】

各模拟公司提交一份激励政策方案,见表8-4。

【实训评价表】

表8-4 "模拟公司激励政策方案"评价表

组名		
公司名称		
评价项目	评价内容	得分
	1. 该激励方案是否可行?(10分)	
	2. 该激励方案的目标导向是否明确?(10分)	
	3. 该激励方案能否体现公平合理?(20分)	
	4. 该激励方案是否易于操作?(20分)	
	5. 该激励方案的结构是否全面?(20分)	
	6. 该激励方案能否带来激励效果?(20分)	
得分合计		

学习情境九　学会沟通

学习目标

●知识目标
1. 理解沟通的含义。
2. 掌握有效沟通的技巧。
3. 理解协调的方式、方法。

●能力目标
1. 能排除沟通障碍，具有运用沟通技巧解决人际交往和有效沟通的能力。
2. 能运用有效沟通，化解员工之间的矛盾和冲突，实现有效管理。

●课程思政目标
1. 培养积极的态度、乐观的心态去对待工作中出现的矛盾和问题，并通过有效沟通及时化解。
2. 学会尊重他人，用热心、爱心、关心主动与他人交往，构建和谐人际关系。

案例导读

司空见惯的沟通

"我给你发送了一封电子邮件，"主管对你说，"你收到了吗？"你心想："那天收到了40封电子邮件。他说的是哪一封呢？"

"就在上个月我们发送了相关主题的备忘录，"一位年轻的副总裁责备道，"为何员工们没有照着执行呢？"员工的信箱里每天都会有几十份文件，没有人看到这份备忘录，你会感到奇怪吗？记住了那份备忘录的你是否理解它了呢？而对于那些认为自己理解了副总裁的意思的人，又做出了怎样的反应呢？那份备忘录是否就是一个背景情况介绍或者是情况介绍的更新版，仅仅向你提供有关发展和实施某个政策的信息，而这项政策与你根本没有关系？对于那些收到、阅读、理解或记住备忘录的人而言，你按照副总裁的要求去做了吗？你会得到什么奖励？这将对你产生怎样的影响？更重要的是，你参与其中的动力是什么？

"那份备忘录对于公司的未来发展至关重要，"你的上司大声吼道，"它是有关我们高层团队希望看到的整个组织的愿景。"天哪，所有重要的东西都在一份备忘录中，但你却只是瞄了一下就将其搁在一边。也许它只是先被放在某个地方，等你有空时再把它拿出来阅读。但是，目前你似乎有许多更要紧的事情要做,"愿景备忘录"也只好排队等候了。

> **点滴感悟**
>
> 这些听起来是不是很熟悉?这种情况在许多组织中简直是太司空见惯了,因为人们尤其是管理者常常将沟通过程相混淆。他们认定发送的信息必定能被收到,而被收到的信息就必定会被理解和执行。沟通他们看来很大程度上就是发送信息,其实不然,沟通是一个复杂且不断持续的过程,沟通是一场"双向奔赴"。

沉浸式导入

各位模拟公司的 CEO 们,我们模拟创建公司已经有一段的时间了,经过模拟训练,大家可能发现我们公司的很多工作不是单靠一个人或者一个部门就能完成的,很多工作都需要团队全体成员的协作与配合,在这个过程中可能因为工作原因会出现人际冲突,人际冲突势必影响人员士气和组织凝聚力,进而影响组织效率,那么该怎么办?是置之不理,任其发展,还是积极应对?为此不论是普通员工还是管理层都要求掌握一定的沟通技巧和方法,齐心协力使组织高效运转。

因此,接下来我们的任务是认识沟通、学会沟通,通过沟通技能的训练,创建和谐的组织人际关系,为组织赋能。

任务一 认识沟通

著名成功学大师卡内基这样说:"所谓沟通就是同步。每个人都有他独特的地方,而与人交际则要求他与别人一致。"可见沟通是一种能力,而不是一种本能。本能天生就会,能力却需要学习才会具备。如果要成为领导者,一定要学会沟通,特别是面向很多人讲话。

一、沟通的概念

沟通是信息通过各种载体,在发送者和接收者之间进行双向传递,并获得相互理解的过程。它包括两层含义:

第一是信息的传递。如果信息和想法没被传递到,这就意味着沟通没有发生。就像一个哲学问题:"树林中有一棵树倒了,却无人听到,它是否发出了声响?"如果从沟通的角度出发,其答案是否定的。

第二是沟通还需要被理解。如我们在交流时,使用的不是同一种语言,而我们又不懂彼此的语言,那么,不经翻译我们将无法进行沟通。因为沟通不仅仅是传递,它还需要相互理解。完美的沟通应是经过传递后被接收者感知到的信息与发送者传递的信息完全一致。正是在这个意义上,德鲁克说:"沟通是接收者的行为。"

可以说整个管理工作都和沟通有关,在组织内部,有员工之间的沟通、员工与工作团队之间的沟通、工作团队之间的沟通;在组织外部,有组织与客户之间的沟通、组织之间的沟通等。可见处处有沟通，事事有沟通。

> **管理小故事**
>
> **华莱士一家的遭遇**
>
> 居住在印第安纳州的马丁·A. 华莱士一家周末去 Olive Garden 餐馆吃饭，之前他们曾在 Olive Garden 餐馆的其他连锁店享用过美味佳肴及优质的服务，事实上，他们各方面的设施还是不错的。
>
> 但让他们感到惊讶的是，在这家店用餐的顾客寥寥无几，也没有人站在门口迎接，而其他 Olive Garden 餐馆都这么做。等了 10 多分钟仍旧没有人来，华莱士就走到服务台询问是否有人能够安排座位。一位女主人显然对额外顾客的到来感到不快，把他们带到一张未清理的餐桌跟前，摆下菜单就走了。
>
> 接下来的挑战便是找一位服务员。华莱士一家又等待了 10~12 分钟后，一个年轻人走了过来，问是否有人给他们点菜。这个年轻人表明这张桌子不属于他管，但还是帮华莱士一家点了菜和红酒。20 分钟（华莱士一家到店之后的将近 45 分钟）后，饭菜来了，全都是凉的，而且被告知没有红酒。在华莱士一家的两次要求下，才拿来刀、叉和餐巾纸。
>
> 华莱士一家尝了一下菜，全是凉的，于是要求见经理。经理长得人高马大、不修边幅，他对于顾客在这个时间光顾同样也感到不快。费了一番口舌后，更换了一些菜品。
>
> 用完了饭菜，华莱士一家到服务台找到了一名员工，等了 5~7 分钟结了账。当华莱士把刚才的经历吐槽了一下，这名员工说："你要我怎么做呢？""请告诉你的老板我是一名顾客，而非在晚上来搅扰他们的令人讨厌的家伙。"华莱士回答道。接着，员工令人难以置信地问道："你是想免费用餐吗？"这句回答让华莱士非常吃惊。
>
> 离开餐厅时，那名员工嘴里还咕噜地说："哼，不给小费了？"正好被华莱士听到，华莱士回过头对他说道："朋友，我有小费给你——你不配在食品行业工作。"

> **即问即答，师生互动**
>
> 上述管理故事中，餐厅与顾客的沟通是否有效？请谈谈餐厅的管理沟通问题出在哪里？

二、沟通的特征

（一）沟通的目的性

组织内部的每一次沟通都是依据特定的沟通主题，有针对性地选择沟通的方法，以达到说服沟通对象的目的。在具体实施时，沟通的目的主要包括信息交流、指导、决策、激励、控制、反馈与评价和社会需要。

（1）信息交流，是沟通最基本的目的，组织内所有的沟通最终都是要实现信息交流，达成共识。可以说，所有的沟通过程都表现为信息交流。

（2）指导，是指通过沟通让员工知道他们必须做什么以及如何做，特别是面对员工工作能力欠缺、工作认知度不高、工作能力薄弱，或者新员工入职、老员工进入新的工作环境等问题时，通过沟通能让他们熟练进行下一步的工作。

（3）决策，是指组织在碰到不易解决的问题或者为了强调参与管理，上级邀请下级协商，讨论分析问题，最后形成对策。

（4）激励，是指通过沟通和下属达成共识，在此过程中交换意见、交流感情，进而影响下属的情感、态度和行为，使他们能朝着组织期望的方向积极努力。

（5）控制，是指通过正式的沟通渠道，协调和统一全体组织成员的活动，以达到对组织活动进行有效控制的目的。

（6）反馈与评价，是指通过沟通让组织成员及时掌握自己的工作成效，并对自己的工作过程、工作内容和工作方法等适时进行修正和调节。通常，反馈与评价是同指导、激励一起进行的。

（7）社会需要，是指作为社会个体，组织中每一位成员都有与他人进行交流的渴望，增加社会归属感，这些交流通常表现为非正式沟通，与工作任务无关，但能满足员工的社会需要。例如，人们在闲暇时谈论的一些与家庭生活有关的话题。虽然这种沟通不直接影响组织的绩效，但它影响成员之间的情感关系，并可能对工作任务的完成产生一些间接的、积极的影响。

（二）沟通的心理影响性

每个人都具有喜好、厌恶等情感，同时又具有丰富的想象力，因此，人们在进行信息交流的时候，都会不由自主地受到这些情感及心理因素的支配，对沟通的效果产生很大的影响。心理因素首先会影响信息发送者发送信息所选用的语言、表达方式、沟通形式；其次，心理因素也会影响信息接收者对信息的理解。例如，同样一句话，从不同人的口中以不同的方式说出来，会代表着不同的信息；而在不同的人听起来，又会做出不同的理解，其原因除了信息接收者个人能力水平的差异之外，最为重要的是心理因素在起作用。所以说，沟通不是简单的机械式的语言传递，而是带有丰富的感情色彩的人际交流。

（三）沟通的语言性

语言是人与人进行沟通交流的最基本工具。广义的语言既包括书面语言、口头语言，也包括肢体语言。选择什么样的语言进行沟通，对沟通效果有着直接的影响。合适的沟通语言，不仅指词句应准确、明白易懂，而且包括语言表达形式要适当。例如，同样一项决策，领导者是用文件形式传达，还是开会亲自传达，对下属所产生的作用是不一样的。领导开会亲自传达，信息接收者就可以从传达者的肢体语言，如手势、坐姿等，来判断这一决策的意义。

三、沟通的作用

一般而言，沟通是连接组织或个人情感的纽带，可以在正确的时间，用恰当的方法，将正确的信息传递给正确的组织或个人，构建一个高效有序的信息传输系统，帮助组织实现既定目标。具体来讲，沟通有以下几个作用。

（一）沟通是实现科学决策的基础

在组织内外，经常存在着大量不确定的信息或模糊不清的信息，这就要求管理者通过沟通来交换意见、澄清事实、交流感情，以便降低信息的模糊性，提高信息的确定性或准确性，实现科学决策。如企业竞争战略的制定中，哪种方案可行，每种方案实施的前提条件是什么，方案执行中的困难有哪些等问题，都是建立在科学研判组织内外大量的信息上，借助沟通评价这些信息，最终让思路清晰，问题得到解决。

(二) 沟通可以营造良好的组织氛围

一个组织能吸引到员工心甘情愿为其付出，并且乐此不疲，并不仅仅是组织有诱人的宏伟愿景，还在于组织中有融洽的人际氛围。

所谓和谐的人际氛围就是指人际关系和谐，即组织成员间友好相处，彼此和气敬重，彼此相知，即便产生一些矛盾，一定也是各方妥善地当面处理，而不是剑拔弩张，或者背后搞小动作。人际关系的和谐尽管首先与组织成员的素质修养有很大关系，但没有良好的信息沟通渠道和沟通方式，组织内和谐的氛围也难以维持。通过信息沟通使员工互相了解，进而调整自己的行为，就容易友好相处共同工作。人际关系和谐是企业组织工作效率的关键。

(三) 沟通可以协调组织成员行为

组织中的管理者在制定某项政策或做出某项决策时，由于组织成员所处部门不同、利益不同、对信息掌握程度不同，因此对这些政策或决策的看法态度不同，产生的行为也会不同。这种不同的差异有的与组织的目标一致，工作产生高效率，有的则会给工作造成障碍，完不成组织交代的任务。为使组织成员及部门明确目标和任务，就要时刻保持组织成员的行为协调一致，时刻进行充分而有效的沟通，以交换意见，统一思想，明确任务的一致性，以最有效的方式完成组织任务。

(四) 沟通让组织与外部环境之间建立联系

作为组织，尤其是企业组织，它是一个开放的系统，必然和外部环境中的诸如政府机构、新闻媒体、社会公众、顾客、供应商、竞争对手等有着千丝万缕的联系，这就使得组织必须和外部环境进行有效信息沟通，审时度势，趋利避害，在复杂的市场环境中形成自己的竞争优势。同时还要认识到，外部环境并不是静止不变的，它时刻都在变化，组织要积极面对，适应环境变化，抓住机遇。

管理小故事

区区几个词的误解

区区几个词的误解就能意味着生与死的差异吗？在航空业中确实如此。众多空难事故在很大程度上源于沟通方面的问题。历史上最惨重的空难发生于1977年大雾中的特内里费岛，它是加那利群岛中最大的一个岛。荷兰皇家航空公司（KLM）一个航班的机长以为空中交通管制员明确指示他起飞，然而管制员只是想给他一个始发指示。尽管KLM的荷兰籍机长与西班牙籍的管制员之间都使用英语，但由于存在口音以及用词不当的问题，因而造成了词义混淆。KLM的波音747在飞机跑道上撞到了一架全速前进的泛美公司的波音747，致使583人丧生。

任务二　沟通的类型

沟通有很多的形式，按照不同的标准，沟通可以分为以下几种类型。

一、按组织结构特征划分

（一）正式沟通

正式沟通是指按组织既定的行政指挥链或组织层级进行的沟通，是沟通的主要形式。例如，组织定期召开的会议、上传下达文件、上下级之间的意见交换、例行汇报和总结工作、工作指导、任务分配等都属于正式沟通。正式沟通具有组织的约束性、程序性、稳定性、可靠性及信息不易失真的特点。

（二）非正式沟通

非正式沟通是指不受组织层级结构限制的沟通，是正式沟通以外的自由沟通，它是正式沟通的有效补充，能促进员工社会需要的满足，非正式沟通获得的信息也能为组织决策提供有效依据。非正式沟通能拉近管理者与员工之间的距离，但值得注意的是，非正式沟通的信息不准确，容易失真，管理者不能完全依赖但也不能完全忽视。

拓展阅读

斯塔福德航空公司是美国北部的一个发展迅速的航空公司。然而，最近在其总部发生了一系列的传闻：公司总经理波利想卖出自己的股票，但又想保住自己总经理的职务，这已经成为公司公开的秘密。总经理波利为公司制定了两个战略方案：一个是把航空公司的附属单位卖掉；另一个是利用现有的基础重新振兴发展。他自己对这两个方案的利弊进行了认真的分析，并委托副总经理本提出一个参考意见。本曾为此起草了一份备忘录，随后叫秘书比利打印。比利打印完毕后即到职工咖啡厅去，在喝咖啡时比利碰到了另一位副总经理肯尼特，并把这一秘密告诉了他。

比利对肯尼特悄悄地说："我得到了一个极为轰动的最新消息，他们正在准备成立另外一个航空公司。他们虽说不会裁减职工，但是，我们应联合起来，有所准备啊！"这话又被办公室的通信员听到了，他立即把这一消息告诉了他的上司巴巴拉。巴巴拉又为此事写了一个备忘录给负责人事的副总经理马丁，马丁也加入了他们的联合阵线，并认为公司应保证兑现其不裁减职工的诺言。

第二天，比利正在打印两份备忘录，其内容又被前来办公室探听消息的摩罗看见了。摩罗随即跑到办公室说："我真不敢相信公司会做出这样的事来。我们要被卖给联合航空公司了，而且要大量削减职工呢！"

这则消息传来传去，三天后又传回到总经理波利的耳朵里。波利也接到了许多极不友好甚至带有敌意的电话和信件。人们纷纷指责他企图违背诺言而大批解雇工人，也有人表示为与别的公司联合而感到高兴，而波利则被弄得迷惑不解。

课程思政，师生互动

互动时间5~10分钟，结合上述管理案例的内容，引导学生要认识到沟通在管理中的重要作用，号召学生要以积极的态度对待工作中出现的矛盾和问题，并通过有效沟通及时化解。

二、按沟通的方向划分

（一）上行沟通

上行沟通是指在组织中，下级向上级请示汇报、提出建议、意见或表达想法，是一种自下而上的沟通。上行沟通的渠道通畅时，组织中下级员工可以向上级传递自己的建议，意见和诉求，从而获得被认可的心理满足状态，也能够使上级第一时间掌握真实情况，为管理决策提供参考，进而提升管理水平。因此，在组织中，应该鼓励下级反馈工作情况的积极性，畅通上行沟通的渠道。

（二）下行沟通

下行沟通是组织中从高层管理者向低层管理者传递信息的过程，是一种自上而下的沟通。组织中的高层管理者将组织的目标、战略、规划向下一级传达，使下一级员工清晰获得组织工作的目标、要求和任务，协调组织各个层级，为组织目标共同努力，加强员工之间的有效协作。

（三）平行沟通

平行沟通是组织中同一层级的机构和管理者之间的信息交流与传递行为。平行沟通能够保证部门间的相互信息交换，保持信息的畅通，减少彼此之间由于信息不对称造成的冲突，有利于组织中工作任务的协同和稳定发展。

三、按沟通是否进行反馈划分

（一）单向沟通

单向沟通是指信息发送者与接收者之间的地位不变，一方发送信息，另一方接收信息，信息交流是单向的，没有反馈。例如，下达指示、听报告、电视新闻等都属于单向沟通。单向沟通的优点是信息传递速度快，缺点是缺少信息反馈，沟通的效果差，有时会引起信息接收者的抗拒心理和不满情绪。

（二）双向沟通

双向沟通是指信息发送者与接收者两者之间的位置不断交换，发送者以协商和讨论的姿态面对接收者，信息发出后还需及时听取反馈意见，即信息交流是双向的活动。例如，上下级交谈、协商等。双向沟通的优点是能及时获得反馈信息，沟通的效果较好，通过沟通有助于接收者产生平等感和参与感，增进双方感情，缺点是信息传递慢，沟通时间长，如果接收者有反对意见，在一定条件下可能给发送者造成心理上的压力。

四、按沟通是否有中间环节划分

1. 直接沟通

直接沟通是指不经过任何中间环节，信息发送者与接收者直接进行的信息交流和意见沟通，如面对面的交流、电话交谈等。直接沟通的优点是沟通便捷迅速，双方可以充分交换意见、迅速取得相互了解、方便情感交流，缺点是沟通双方必须在时空上同步，容易受个人情绪的影响，难以体现信息的对称。

2. 间接沟通

间接沟通是指信息发送者与接收者不直接接触，信息发送者必须经过第三方这一中间环节才能实现的信息交流。间接沟通的优点是不受时间和空间条件的限制，缺点是较浪费人力和时间，且可能使信息失真。

五、按沟通媒介划分

（一）口头沟通

口头沟通是指以口头语言为媒介的沟通，如例会、口头汇报等。口头沟通是人际关系中使用最多，也是最常见的一种沟通形式。口头沟通能直观有效地表达沟通双方的思想和情感。口头沟通的优点是信息发送和反馈及时，缺点是信息传递经过的中间环节越多，信息被曲解的可能性就越大。

（二）书面沟通

书面沟通是指以书面语言为媒介的沟通，书面沟通与口头沟通都属于语言沟通，相比口头沟通，书面沟通信息表述完整，传递方式规范等特性，书面沟通借助于纸张、信息化终端等信息传递载体，以文字、图片、符号等媒介进行的信息传递。无组织中发布的各类通知、请示汇报材料等文件资料。在组织的正式沟通中，常采用的是书面沟通。书面沟通的特点是内容传递准确，信息表述规范，信息保存时间长，便于查询等，其缺点是信息的生成和传递过程繁杂，会影响信息传递的时效性，且不能保证接受者完全能够准确无误地理解信息内容，以及及时的反馈。

（三）非语言沟通

非语言沟通又叫非书面沟通，这种沟通方式也不是口头形式，而是通过非文字性的方式进行信息的传递，非语言沟通最常见的类型是肢体语言和语调来传递信息、进行沟通。肢体语言包括人的面部表情、肢体的动作等。

语调是信息的交流者对所表达内容采用的语调不同来表达信息内涵。如温和的声调和严厉的声调所表达的同一个词语，所产生的意义是完全不同的。温和的语气表明信息的发出者在进行更加清晰的说明和解释，而严厉的声调则表明其内心的负面情绪和攻击性。常见的非语言行为含义见表9-1。

表 9-1　常见非语言行为含义

非语言表述	行为含义
手势	柔和的手势表示友好、商量，强硬的手势则意味着："我是对的，你必须听我的"
脸部表情	微笑表示友善礼貌，皱眉表示怀疑和不满意
眼神	盯着看意味着不礼貌，但也可能表示兴趣，寻求支持
姿态	双臂环抱表示防御，开会时独坐一隅意味着傲慢或不感兴趣
声音	演说时抑扬顿挫表明热情，突然停顿是为了造成悬念，吸引注意力

（四）网络媒介沟通

人们现在依赖各种各样的网络媒介来传递信息，如电子邮件、QQ、微信、微博。这些网络媒介不仅速度快，而且可以做到实时互动，并可以同时将信息传递给多人。

生生互动，课堂讨论

小于该怎么办

小于到单位后，工作上认真踏实，很多工作都主动承担，从不喊苦喊累，与同事们的关系处得也很融洽，几年下来，上司也对小于很器重，并把小于提拔为部门主管。该部门的员工个个是精兵强将，自认为并不比小于差到哪里去，因此当小于走马上任后，他发现与同事们的关系变得微妙起来。同事们表面上都对小于很客气，但在推进一些实质性工作方面，小于隐隐感到同事们的抵触，得不到大家的支持。另外，由于小于是新上任的主管，与其他同级部门主管之间还没有太多的沟通，对小张的部门也远不如以前那么支持。就在这时，上司又正好找到小于，交给他们部门一项紧急工作，作为新手主管的小于，该怎样完成上司交给的这项工作呢？

1. 对待部门原来的老同事，小于主管该如何做？_____
A. 不考虑那么多，按自己的想法将任务压给同事
B. 老同事不好惹，辞去主管职务
C. 找上司诉苦或要求上司给予更多特权
D. 积极和老同事沟通，提高自己人际技能
2. 若此工作需要其他同级部门主管的支持，小于主管该如何做？_____
A. 做好自己的工作，若其他部门不支持而影响了工作，后果由他们承担
B. 请求上司出面协调
C. 请老主管出面牵线与其他部门主管沟通，争取支持
D. 为避免冲突，对其他部门的要求全部满足
3. 面对该工作的紧迫性，小于主管如何完成此项工作呢？_____（可多选）
A. 首先应当与下属进行充分的沟通，说明任务的紧迫性
B. 正好借此次机会，他可以利用自己拥有的权力，指挥和命令下属去完成工作
C. 和上司谈判，争取获得更大的支持
D. 多和下属沟通，掌握他们的思想动态和需求，以此激发他们的工作积极性

4. 如果工作顺利完成了，小于主管最应该做的是？_____
A. 在各种场合暗示，工作能顺利完成是自己领导有方，并非等闲之辈
B. 真诚感谢其他部门主管，说明主要是他们的功劳
C. 真诚感谢下属，说明主要是他们的功劳
D. 真诚感谢上司，说明主要是他的功劳

沉浸式体验

同学们！任务一、任务二学习完了，相信大家对沟通的含义及过程、沟通的类型等有了一定的认识和掌握，现在请以模拟公司为单位，围绕所学内容进行沉浸式体验训练。由各组CEO扮演主持人，其他成员配合完成下列任务，并提交书面的讨论详单。

沟通游戏

1. 给每位同学发一张纸。
2. 各组CEO发出单项指令：
——大家闭上眼睛。
——全过程不许问问题。
——把纸对折。
——再对折。
——再对折。
——把右上角撕下来，转180度，把左上角也撕下来。
——睁开眼睛，把纸打开。
这时发现各种答案。
3. 让CEO再重复上述指令，这次不同的是，其他同学有问题可以与CEO互动提问。
4. 上述指令完成后，请大家参与下列相关讨论。
（1）第一步完成后，为什么会有这么多不同的结果？
（2）完成第二步之后，为什么还会有误差？
（3）根据所学，谈谈组织在沟通中需要注意哪些问题？你个人需要注意哪些问题？

任务三　有效沟通的策略

在现实的管理情景中，存在着各种沟通的障碍，这些障碍影响着沟通的效果，阻碍着沟通的成功。要进行有效沟通，必须首先认识沟通中的常见障碍。

一、常见的沟通障碍

（一）语义障碍

由于受到不同的文化背景、教育程度等因素的影响，不同的个体会对同样的词语产生不一样的理解，影响人们对某一词语含义的理解和所表达的信息目的的界定，同时，会形成

不同个体的沟通交流语言风格。在同一组织的不同部门中，也会因为独特的业务属性和工作的频繁协同，产生属于其独特的内部交流术语，非相关专业或不同部门的组织成员完全无法理解所表述的信息内容。

（二）信息过滤

信息过滤使人们处于某一种特定的目的，对信息传递进行刻意的操纵，将愿意表达的信息传递给对方，同时，将不愿意让对方接收到的信息刻意回避掉。在组织中常见的是下级对上级汇报工作时报喜不报忧，报成绩不报问题。信息的传递者并没有编制谎言，但却把很多重要的信息在传递过程中刻意过滤掉了。组织的管理层级越多，信息传递的环节越多，信息被过滤的概率就越大。此外，组织的部分工作制度也会对信息传递产生影响，组织中的制度和员工激励方式会对信息传递产生很大的影响。如果组织是结果导向的，那么员工会有意识地传递成绩，而会把问题和不足过滤掉。信息过滤漏斗如图9-1所示。

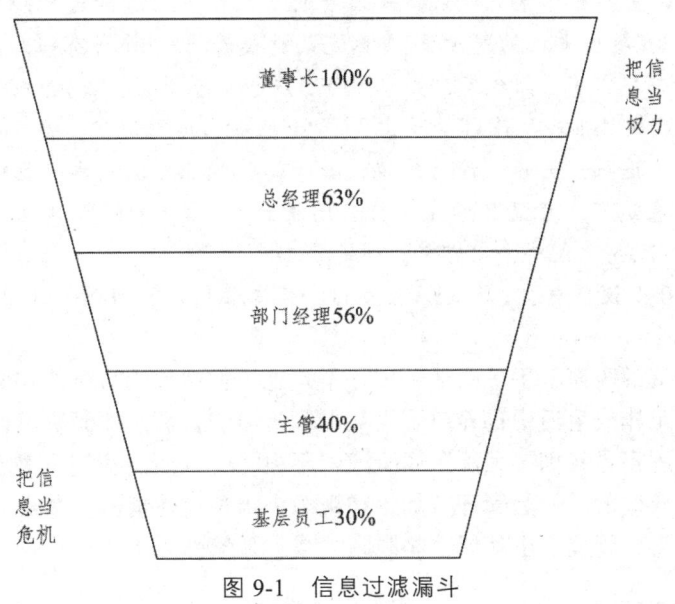

图 9-1　信息过滤漏斗

（三）选择性知觉

过滤是信息的传递者对信息的刻意筛选，而选择性知觉是指信息的接收者对信息的刻意筛选。在信息的传递过程中，信息的接收者会根据自己的需要、目的、动机等因素，选择性地接受对方传递的信息，接收自己想要的和有用的。

（四）情　绪

沟通中的情绪是沟通者对于外部客观事物所产生的心理的感知状态和体验，情绪对于信息的沟通有着很大的影响。极端的情绪往往会对人的思维产生抑制，影响人无法客观而理性地看待问题，在信息的表达过程中，会表现出语无伦次、逻辑混乱、表述不清等现象。对于信息的接收者而言，极端的情绪也会造成对信息的理解。同样的，在信息沟通中，情绪积极和情绪消极时所做出的传递效率是不一样的，所接受的理解也是不同的，因此，要避免在情绪的极端状态下进行沟通。

(五) 文化差异

由于每个个体的成长环境都处在特定的区域文化中,特殊的区域文化会影响个体的成长,不同的区域会有显著的文化差异。文化差异进而会影响组织中管理者的沟通方式,在西方文化中更加注重流程沟通,更倾向于正式沟通,而东方文化中大多采用非正式的沟通。如果不能有效考虑到沟通者的文化差异,结合文化差异,采用合理的沟通方式,往往会形成沟通的障碍,影响沟通的效率。

管理小故事

我还要回来

一天,美国知名主持人林克莱特采访一名小朋友,问他:"你长大后想要当什么呀?"小朋友天真地回答:"我要当飞机的驾驶员!"林克莱特接着问:"如果有一天,你的飞机飞到太平洋上空所有引擎都熄火了,你会怎么办?"小朋友想了想后说:"我会先告诉坐在飞机上的人绑好安全带,然后我挂上我的降落伞跳出去。"小朋友的话刚说完,底下的观众开始哄堂大笑。林克莱特又看了这孩子一眼,这时发现,孩子的脸颊已挂满泪水,他顿时感觉孩子的悲伤已无法用语言来表达了。于是,林克莱特又问孩子:"你挂着降落伞跳出去,打算做什么呢?"小孩真挚地回答:"我要去拿燃料,我还要回来!"

(资料来源: 10个故事看员工管理和激励[J]. 化工管理, 2011年1月)

管理启示:你真的听懂了手下的话?你是不是也习惯性地用自己的权威打断手下的语言?我们很多人在工作或生活中都养成了无效的倾听习惯,而这些倾听习惯可能会影响到我们的沟通效果,问题不是我们"无法"倾听或"不去"听,而是我们习惯于随意倾听,而这种方式恰恰是毫无成效的。一名管理者如果在组织中出现上述情况,久而久之下级就不愿意跟上级反馈真实信息,管理者也就成"睁眼瞎"或"孤家寡人"了。

课程思政,师生互动

学会沟通,构建和谐人际关系

我们每一个人都是社会人,我们的一切行为都离不开既定的组织。在家庭,作为子女如何和父母沟通?在学校,作为学生如何和同学、老师沟通?到了单位,作为员工又如何与同事、领导沟通呢?沟通无处不在,有效沟通是改善人际关系的润滑剂,教师要引导、启发学生学会尊重他人,用热心、爱心、关心主动与他人交往,构建和谐人际关系。

二、有效沟通的策略

(一) 运用反馈

很多沟通不畅的问题,往往是由于信息仅仅进行了单向的传递,在单向传递过程中,由于传递者传递的不准确或接收者理解的误差,造成信息理解的误差。在沟通过程中,通过有效的反馈可以解决这一问题,因此,在组织沟通过程中,管理者不能单纯成为一个信息的传播者单向地传递信息,而要让信息的受众进行反馈,在沟通中询问对方是否理解其表述的信息内容,不断促进信息理解的准确性。

(二)简化语言

有效的沟通不仅意味着要让人们听到,还要让人们听懂。在沟通过程中,复杂的信息编码往往会提升理解的难度,简单明了的沟通语言往往能够降低理解难度,准确表达信息。在一些沟通过程中,过多的专业性术语,过多的书面性语言,往往会使信息的受众听上去不知所云。所以在沟通过程中,要力求使用最简单的语言,最清晰的表述,最直观的方式传递信息,让对方明白自己想要表达的内容。

(三)控制情绪

当人的情绪处于大喜大悲或过度愤怒、激动、焦虑时,不论说还是听都是不利的,因为人在此时是缺乏理智的,信息传递容易受阻或失真,容易做出不必要的决策或糟糕的决策。极端的情绪会影响沟通的质量,极端情绪会造成信息传递受阻或造成信息传输内容失真。所以,要实现有效沟通,双方都要学会控制情绪和调节情绪,力求在一个平和的状态下解决问题。当情绪处于极端状态时,可以先进行情绪管理,停止沟通,等到沟通双方情绪平和时,再进行沟通。

(四)学会积极倾听

倾听是建立和保持人际关系的重要技能。积极倾听是不带先入为主的判断和解释的对信息完整意义的接受。组织中的管理者在沟通时不仅要说,而且还要会听,要成为一个有效的、具有同理心的、懂技巧的倾听者,单纯地听是远远不够的,还要学会积极倾听。单纯地听是被动的,而积极倾听则是一种积极主动的搜寻,它要求听者全神贯注。

沟通主要在于信息的传达,这是很多管理者对沟通产生的一个重要误解。在管理的沟通过程中,不仅要通过说来向对方传递信息,而且要关注对方的信息反馈、对方对问题的看法、对方所要表达的观点。倾听是一种积极主动的信息搜索行为,积极倾听能够使沟通变得更有效率和质量。

关于积极倾听,有以下几方面的建议:

(1)耐心。适当以点头或应声之类的举动来表示你的注意和兴趣,虽然不必表示你对别人所说的都赞同。

(2)不仅要听对方所说的事实内容或话语本身,还要留意和捕捉从他的情绪中所反映出的信息。

(3)沟通中,如果没有充分接受理解对方的信息,可以要求对方重复叙述,并在倾听时点头、专注对方所说,鼓励对方继续表达。

(4)安排较充分而完整的交谈时间,不要因其他事而打断。

(5)在谈话中避免直接的质疑或反驳,让对方畅所欲言,重在获知对方的真实想法。

(6)对于想充分了解的信息内容,可以重复对方说过的针对你确实想多了解的事情,不妨重点鼓励对方进一步解释说明。

（7）如果对方对有些问题避而不谈，这往往是关键症结所在。
（8）如果对方确实想要知道你的观点，不妨诚实告之。
（9）避免在情绪上过于激动。
（10）注意你的体态语言。

关于听的艺术内容见表9-2。

表9-2 听的艺术

要：	不要：
1. 表现出兴趣	
2. 全神贯注	1. 争辩
3. 该沉默时必须沉默	2. 打断
4. 选择安静的地方	3. 从事与谈话无关的活动
5. 留适当的时间用于辩论	4. 过快地或提前作出判断
6. 注意非语言暗示	5. 草率地给出结论
7. 当你没有听清楚时，请以疑问的方式重复一遍	6. 让别人的情绪直接影响你
8. 当你发觉遗漏时，直截了当地问	

拓展阅读

你的上司怎么看你？七条建议

1. 自动报告工作进度——让上司知道
2. 对上司的询问有问必答——让上司放心
3. 充实自己，努力学习，了解上司的言语——让上司轻松
4. 接受批评，不犯重复的错误——让上司省事
5. 不忙的时候，主动帮助同事——让上司有效
6. 毫无怨言地接受任务——让上司圆满
7. 对自己的业务，主动提出改善计划——让上司进步

（资料来源：尹飞飞.我的"对付"上司之道.《销售与市场（成长版）》.2013年5月10日）

沉浸式体验

同学们，本章内容学习完了，作为财经商贸类专业的学生，将来大部分的同学要去商贸流通性企业工作，假设你目前的公司出现下列情形，你们该如何应对，根据沟通相关知识，完成下列沉浸式沟通演练。

沉浸式沟通演练

模拟背景：S所在的公司是一家食品销售公司，在S所处的城市拥有线下门店7家，另外也在做线上商城，S负责的区域最近出现了一些问题，总收到客户抱怨和客户差评。问题表现如下：

（1）客户最近总抱怨订不到货，并且送货不守时；

（2）物流部告诉 S 运输环节司机存在工作懈怠情况，以及维修问题造成工作拖延；

（3）S 的对手在最近一个月正在采取削价策略，抢走了一些客户；

（4）门店的供应商给 S 打电话要求与 S 见面，他听说了最近这一系列事情，并强调说，如果公司不像以前那样把事情做好，他将另找合作伙伴了；

（5）公司最近成本压力大，而 S 却还要顶着压力采购一些极具价格竞争力而利润空间低的产品，听到这一消息，财务部负责人已经到 S 的办公室门口了。

请各组 CEO 扮演 S 的角色，其他模拟公司成员扮演情境中给出的其他角色，完成沟通演练，将讨论结果写在表 9-3 中。

表 9-3　沉浸式沟通清单

组名	
S 的扮演者	
其他成员的扮演者	
沟通清单	针对现象 1，你们是如何沟通的，解决办法是： 针对现象 2，你们是如何沟通的，解决办法是： 针对现象 3，你们是如何沟通的，解决办法是： 针对现象 4，你们是如何沟通的，解决办法是： 针对现象 5，你们是如何沟通的，解决办法是：

课后习题

一、单项选择题

1. (　　) 是指运用沟通来影响下属的思想、情感、态度和行为，鼓励并激发他们为实现组织的目标积极、创造性地工作。

   A. 控制　　　　　　B. 激励　　　　　　C. 决策　　　　　　D. 指导

2. 组织中的小道消息属于下列哪种沟通类型。(　　)

   A. 正式沟通　　　　B. 下行沟通　　　　C. 非正式沟通　　　D. 上行沟通

3. 下述对于信息沟通的认识中，哪一条表述是不正确的。(　　)

   A. 信息传递过程中所经过的层次越多，信息的失真度就越大

   B. 信息量越多，就越有利于进行有效沟通

   C. 善于倾听，能够有效改善沟通的效果

   D. 信息的发送者和接收者在地位上的差异也是一种沟通障碍

4. 下列说法不正确的是 (　　)。

   A. 双向沟通比单向沟通需要更多的时间

   B. 接受者比较满意单向沟通，发送者比较满意双向沟通

   C. 双向沟通的噪声比单向沟通要大得多

   D. 在双向沟通中，接受者和发送者都比较相信自己对信息的理解

5. 假定请你主持召开一个公司有关的"智囊"参加的会议，讨论公司发展战略的制定问题。如果在会上你听到了许多与你观点不同的意见，而且你也知道这些意见失之偏颇是因为发言者掌握的资料不全。对此你认为最好采取哪一种做法。(　　)

   A. 视情况谈谈自己对一些重要问题的看法

   B. 既然是智囊会议，就应允许畅所欲言

   C. 及时打断这些发言以发表自己的意见

   D. 及时提供资料表明这些意见的错误

二、判断题

1. 所谓沟通就是同步。　　　　　　　　　　　　　　　　　　　　　　　　(　　)
2. 沟通是一种能力，而不是一种本能。　　　　　　　　　　　　　　　　　(　　)
3. 在沟通中要多使用语言沟通，尽量避免使用非语言沟通。　　　　　　　　(　　)
4. 在管理沟通中，员工占主动地位。　　　　　　　　　　　　　　　　　　(　　)
5. 在沟通中要考虑人们的年龄、性别、文化、职务差异等因素，以选择恰当的沟通方式。

　　　　　　　　　　　　　　　　　　　　　　　　　　　　　　　　　　　(　　)

三、简答题

1. 沟通的作用有哪些？
2. 沟通的特征有哪些？
3. 沟通的常见类型有哪些？
4. 常见的沟通障碍有哪些？
5. 如何进行有效沟通？

本项目案例分析——沟通的教训

这是一个在走廊里交谈的故事,讲述的是一次错误的沟通,一家公司为此付出了20万美元和四个月时间的代价。

Voyant是科罗拉多州的一家科技公司,它发明了一项能使使用者迅速召集不同的人参加会议的电话会议技术。2013年,公司被提供可视会议技术的宝利通公司(Polycom)兼并了。在兼并之前,公司CEO比尔·厄恩斯特罗姆(Bill Emstrom)和他的总工程师在总部长廊的一次偶然相遇使工程师做出决定,在公司旗舰产品中增加流媒体。今天,厄恩斯特罗姆是多么希望那次谈话从未发生过,特别是在这项工程的一名产品经理出示了营销报告之后。这些报告表明,顾客对任何流式技术都没有什么兴趣。这一事件突出了长久以来被忽视的一个沟通挑战:高级工程师没有听取产品经理的意见,反之亦然。厄恩斯特罗姆说:"我们走了很长一段路,好不容易取得了一点成就,工程师们都为此兴奋不已。可是,到最后,我们居然要变卖十个业务单元。"

Voyant所经历的沟通障碍在高科技组织中是常见的。电脑"怪才"和以市场、业务为导向的同事之间就存在着许多文化和语言的差异。原因是双方都瞧不上对方,在这些组织中,工程师们瞧不上搞市场研究的,因为工程师一般负责项目的早期开发,他们一贯只看重技术,认为技术才是最重要的,所以他们开发出来的技术是一流的,但是结果往往是这些技术的产品要么没有市场,要么就是过于复杂,或者不符合顾客的期望。而市场开发者却把精力和注意力放在市场需求上,对他们来说,产品蕴含多少技术并不重要,重要的是有没有市场,他们认为工程师们在产品上的一些技术活动是多此一举。双方的立场不同,很难平等对话。厄恩斯特罗姆目前的挑战就是要促成这两个竞争团队的合作,他的解决方案涉及了结构和沟通的改变。

厄恩斯特罗姆进行的第一个结构改革是聘用管理者分别领导公司的四条生产线。仅仅这样是不够的,因为工程师认为这些人对公司文化知之甚少,基本不懂技术,发挥不了作用。为了改善这种状况,厄恩斯特罗姆决定开设另一个新的职位——首席产品官。他所雇用的约翰·纪尧姆(John Guillaume)拥有强大的工程学和营销学背景,熟悉电信业。纪尧姆首先通过给四个产品经理安排有形的工作任务,如撰写产品说明书、提交市场研究报告等,以此来提升他们的形象。然后,纪尧姆更是大胆地让两名星级工程师领导产品团队,虽然他们并不情愿。经过适当的结构变化,厄恩斯特罗姆开始尝试沟通上的一些变化。

在变化的过程中,如果员工有关于新产品的点子,可以通过公司内联网提交这一建议。工程师、产品经理团队及管理团队会对这一建议进行评估。这样一来,"怪才"和"下属"之间就有了更多的交流。如果建议通过,管理者就要决定在什么时候开展什么活动。如果工程师达到了这些目标,也可以获得奖金。

对他们而言,这些变革可能没有什么成果,但是总的来说,他们已经付出了很多努力来缩小差距了,厄恩斯特罗姆坚信公司的顾客比以前更快乐了。正如一个工程师所说:"我们正在生产人们需要的东西。"

思考题:
1. Voyant显而易见的沟通障碍是什么?可能存在其他的沟通障碍吗?解释一下。
2. Voyant的员工可能会使用本章提供的哪些建议来克服沟通障碍?
3. 为什么结构改革对沟通改革的成功是重要的?

4. 你认为为什么厄恩斯特罗姆认为公司的顾客比以前更快乐了？你认为沟通起了什么作用？

本项目实训——情景剧：如何处理管理难题

【实训目标】

（1）培养学生沟通的能力。

（2）培养学生排除沟通障碍、正确运用沟通的原则。

【实训内容与要求】

（1）本次实训的主要内容是进行情景剧表演与分析。情景剧是指根据教学需要，教师提供或学生自选一定的管理情景，由学生扮演角色进行演出并进行分析的一种实践教学方式。

（2）根据沟通知识和实训目标，由学生在课下收集、选择、编写和讨论剧本，并进行必要的排练。

（3）由各小组"演员"按照选择的方案与剧本进行表演。

（4）由同学们对各成员的表演，特别是沟通行为的合理性进行分析与评价。在表演和讨论的过程中，教师可以随剧情发展进行提问，以引导剧情与讨论的逐步深入，并进行小结。

【实训成果】

每组撰写一份情景剧的剧本，重点要体现沟通的知识和元素。

【实训考核与评价】

各小组选派一名代表进行剧情介绍。

（1）组内自评（15%）。

（2）组间评价（15%）。

（3）教师评价（70%）。

将上述各项得分综合为本次实训成绩。

学习情境十　　有效控制

学习目标

●知识目标
1. 了解控制的概念。
2. 掌握控制与计划的关系。
3. 明晰控制的必要性。
4. 熟悉控制的基本类型。
5. 掌握控制的原则。
6. 熟悉控制的过程。
7. 掌握控制的方法。

●能力目标
1. 能够搜集并处理有效信息。
2. 能够用控制的基本原理对工作过程实施有效控制。
3. 学会利用控制手段，保证计划工作的顺利实现。

●课程思政目标
1. 培养学生精益求精、追求卓越的职业观。
2. 做好学生的职业启蒙，弘扬敬业精神、工匠精神。
3. 树立诚信意识，强化学生的责任与担当精神。
4. 传承中华优秀传统文化中蕴含的控制思想，增强文化自信。
5. 注意提高学生的自我（情绪、语言、行为）控制能力。

案例导读

破窗效应：及时矫正和补救正在发生的问题

美国斯坦福大学心理学家菲利普·辛巴杜（Philip Zimbardo）于 1969 年进行了一项实验，他找来两辆一模一样的汽车，把其中的一辆停在加州帕洛阿尔托的中产阶级社区，而另一辆停在相对杂乱的纽约布朗克斯区。停在布朗克斯的那辆，他把车牌摘掉，把顶棚打开，结果当天就被偷走了。而放在帕洛阿尔托的那一辆，一个星期也无人理睬。后来，辛巴杜用锤子把那辆车的玻璃敲了个大洞。结果呢，仅仅过了几个小时，它就不见了。

以这项实验为基础，政治学家威尔逊和犯罪学家凯琳提出了一个"破窗效应"理论，认为：如果有人打坏了一幢建筑物的窗户玻璃，而这扇窗户又得不到及时的维修，别人就可能受到某些暗示性的纵容去打烂更多的窗户。久而久之，这些破窗户就给人造成一种无序的感觉。结果在这种公众麻木不仁的氛围中，犯罪就会滋生、繁荣。

我们日常生活中也经常有这样的体会：桌上的财物，敞开的大门，可能使本无贪念的人心生贪念；对于违反公司程序或廉政规定的行为，有关组织没有进行严肃处理，没有引起员工的重视，从而使类似行为再次甚至多次重复发生；对于工作不讲求成本效益的行为，有关领导不以为然，使下属员工的浪费行为得不到纠正，反而日趋严重，等等。一间房子如果有窗户破了，而没有人去维修，不久之后，其他完好的窗户也会被人莫名其妙地打破；如果一面墙上出现了一些涂鸦没有及时清洗掉，很快墙上就会布满乱七八糟的图案。而在一个很干净的地方，人们会很不好意思扔垃圾，但是一旦地上有垃圾出现，人们就会毫不犹豫地随地乱扔垃圾，丝毫不觉得羞愧。这就是"破窗效应"的表现。

（资料来源：何英."破窗理论"给高校图书馆工作的启示[J].中国西部科技，2012-09-15）

> **点滴感悟**
>
> 有效的管理者应该始终督促他人，以保证应该采取的行动事实上已经在进行，保证他人应该达到的目标事实上已经达到。
>
> ——斯蒂芬·P·罗宾斯

沉浸式导入

模拟公司CEO们请注意啦，根据前面项目的训练实操，我们各模拟公司制定了明确的计划方案，设计组织架构，构建了组织文化，并且通过领导营造了良好的组织氛围，但是这并不意味着能自然而然地实现组织目标，事情没有这么简单，因为计划不如变化，面对复杂多变的环境，我们的事业在发展过程中往往会偏离轨道。下面请各模拟公司进行自查整改，及时发现偏差、纠正偏差、调整导航，把事业引回正确的轨道，让我们进入控制工作吧！

任务一 控制及其分类

一、控制的概念

（一）控制的含义

"控制"一词最早来源于希腊语的"掌舵术"，指领航者通过发号施令将偏离航线的船只拉回到正常的轨道上。由此说明，维持朝目的地方向航行，或者说维持达到目标的正确路线，是控制最核心的含义。

控制与人们的日常生活息息相关，无论是在家庭、单位还是其他地方，每个人或多或少都会受到各种控制的影响。比如，交通控制、人员控制、控制局势、控制体重等。"控制"一词在不同的场合下有着不同的内涵。

我们这里讲的控制，属于管理工作的重要职能之一，是监督、检查组织工作是否按照原定的计划、标准和程序进行，以便能够及时发现偏差，分析其原因并进行纠偏，以保障组织目标顺利实现的过程。这个概念至少包含三方面的含义：第一，控制的目的性很强，它是为了保证组织中的各项活动能够按照既定的计划或者标准进行，所以控制与计划密不可分；第二，控制是通过"监督"和"纠偏"来实现的，这就要求控制系统具有良好的信息系统，一方面可以预警，另一方面可以发现"偏差"产生的原因；第三，控制是一个过程，包括确立标准、衡量实效、分析结果，采取行动等多个方面。

因此，管理学中控制的含义一般定义为：按照计划以及标准来衡量工作所取得的实效，并对所发生的偏差进行纠正，以保证企业计划内目标的实现。

（二）控制与计划的关系

计划是前提，有了计划才能为控制提供依据和标准；控制是保证，通过控制发现问题、分析原因，提出改进措施，才能保证计划目标的实现。

（1）计划为控制提供衡量的标准，没有计划，控制就成为无本之木；同时，控制又是计划得以实现的保证，没有控制，计划就等于是纸上谈兵。

（2）计划和控制相辅相成，计划做得越明确、全面和细致，控制工作就越好做，效果也就更好；反过来，控制做得越完整、详细和准确，就越能保证计划工作的顺利执行，并能提供更多的反馈信息以促进计划质量的提升。

（3）一切有效的控制方法首先就是计划方法，如预算、政策、和规划等，选择控制的方法和设计控制系统时必须要考虑到计划的特点。

（4）计划工作本身也需要一定的控制，比如对计划的内容、程序、质量等方面实施控制；控制工作本身也需要一定的计划，比如控制的内容、程序、方法等方面。

（三）控制的必要性

亨利·西斯克指出："如果计划从来不需要修改，而且是在一个全能的领导人的指导之下，由一个完全均衡的组织完美无缺地来执行的，那就没有控制的必要了。"而实际上，这种近乎完美的状态是不可能成为企业管理的现实的。在企业实际运营过程中，无论计划制定得如何周密，在执行时由于各种各样的原因，总会出现一些与计划不符的现象。

1. 环境的变化

企业内外部环境不是一成不变的，尤其市场供求关系瞬息万变，企业面对的是一个动态的市场，也就是说企业不能每年都以同样的费用取得相同数量和性质的资源，也不能以同样的价格出售相同品种和数量的产品给同样的顾客，那么企业管理人员就不能日复一日、年复一年地以相同的方式组织企业经营，工人也不能以相同的技术和程序进行生产作业，而是要根据环境的变化，把控制贯穿于企业生产运营的全过程，以达到预期目标。

2. 工作能力的差异

一定时期内，即使企业的内外部环境相对稳定，对经营活动的过程控制也是很有必要的。因为完善的计划需要每个部门的协调配合，然而每个员工的认知能力和工作能力不同，在不同的时空进行工作的组织成员，对计划要求的理解可能发生差异；或是能够对计划的要求有正确的理解，但由于工作能力的差异，也会导致实际结果与计划不符。在企业经营活动的任何一个环节，出现实际与计划偏离的情况，都会对企业整个经营活动造成影响。因此，加强员工工作过程的控制是非常必要的。

3. 管理权力的分散

当一个企业规模较小时，管理权力集中是可行的，企业主管能够直接地、面对面地组织和指挥全体员工进行工作;但是只要企业的规模达到一定程度，企业主管就需要将权力下放，因为个人时间和精力的原因，凡事不再亲力亲为，而是要委托他人代管部分事务。随着企业规模越做越大，代管人员也会出现时间和精力方面的限制，所以这些代管人员也会继续委托他人完成部分工作，如此循环往复，便形成了企业的管理层。为了使每一层级的管理人员都能高效完成既定的工作任务，其高一级的主管必然会授予他们相应的权限，当管理层越多，意味着管理权力就越分散，控制就越有必要。每个层级的主管都需要定期或不定期地检查其直接下属的工作成效，检验他下放的权力是否得以正确利用，以保证权力管辖下的业务活动符合计划要求，能够达到企业的经营目标。反之，如果权力分散，而且没有为此建立相应的控制系统，那管理人员就无法得知下级的工作情况，即使出现权力使用不当，或者业务活动不符合企业计划和目标等其他情况,管理人员也无法得知,更无法采取有效及时的纠正行为。

二、控制的类型

控制的类型多种多样，从不同的角度可以对控制作出不同的分类。

(一) 按照控制时间的不同分类

1. 事前控制

事前控制，也被称为前馈控制、预先控制。它是发生在事件之前的控制行为，是企业为增加将来实际结果与计划的相符性，而事先对可能出现的结果进行预测，并与计划相比较，从而在必要的时候调整计划或者对影响因素进行预先控制，以保证计划与目标的顺利实现。

事前控制需要企业主管凭借以往的经验教训提前采取措施。企业的事前控制主要体现在做好资源配置方面，包括人员的挑选和配备、商品原材料的选择、技术设施设备的运用、资金的控制等多个方面，例如，企业的新员工入职需要考核以及培训、原材料和设施设备进厂要检查验收等，这些都属于企业的事前控制行为。

管理小故事

事前控制的高手

刘备去江东招亲，危险重重。临行前，诸葛亮交给保驾的赵子龙三个锦囊，嘱咐他在不同的时间打开。赵子龙依计行事，保刘备娶得佳人后全身而退，让周瑜"赔了夫人又折兵"。

诸葛亮料定魏延在他死后会反叛，便在临终前授马岱以秘计，并留下一锦囊给杨仪，让其在与魏延对阵时现场拆开，助他们杀了魏延。

事前控制"未雨绸缪"，事事想在前面、准备在前面，把握将来的发展势态，把偏差消灭在萌芽状态，损失最小、效率最高，是最科学、最经济的控制方法，但也是最难的方法。它需要大量准确的信息、准确的分析预测、准确的决策。要做好前馈控制就要做到"料事如神"，一切都在预料之中，这个很难。

2. 事中控制

事中控制，也称同步控制、同期控制、现场控制、过程控制。事中控制发生在计划执行过程中，企业管理人员监控正在发生的行为，按照计划对员工行为进行同步监督和指导，以保证计划和企业目标的顺利实现。

事中控制是企业控制工作的基础，有监督和指导两项职能。监督是按照预先确定的标准检查正在进行的工作，以保证工作流程和内容按要求执行；指导是在计划执行过程中，针对发现的问题，管理人员根据自己的经验指导员工改进工作，或者与员工共同分析出现偏差的原因，并商讨应对措施，以便使工作任务能够准确、高效完成。典型的事中控制包括日情况报表、周例会、生产进度控制、产品和服务质量现场监督等。

事中控制需要即时处理有关情况，因此比较适用于基层管理人员，尤其是需要快速反应的工作，例如产品服务、顾客投诉等，这类问题复杂多变，事前控制防不胜防，只有随机应变，做好事中控制，才能达到目标。事中控制能及时发现偏差，并纠正偏差，效果立竿见影，是一种经济有效的方法，能够使损失控制在较低程度，但是这类控制对相关人员的素质和配合度有一定要求，不仅要求控制人员要有敏锐的判断力、快速的反应能力和灵活多变的控制手段，还需要执行人员的高度配合。在事中控制过程中，企业主管的"言传身教"具有重要意义，主管人员不能只凭主观意志对下属的工作颐指气使，要注意提升自身素质，亲临现场进行细致入微的观察和监督，以计划要求或者控制标准为依据，指导现场工作，并注意采取合适的沟通方式和方法。

3. 事后控制

事后控制，也可称为反馈控制、成果控制。事后控制发生在计划完成之后，是通过对执行结果的分析，发现其与控制标准的偏差，并分析偏差出现的原因，以及对未来工作的影响，而采取措施对偏差予以纠正，防止偏差继续发展扩大，或者防止今后类似的事件再次发生，作为下一个循环周期内调整计划或者制定标准的依据。

典型的事后控制包括财务报表分析、产品质量检验等。如果财务报表显示某部门发生亏损，企业管理人员就会分析产生亏损的原因，以便有针对性地改变实施过程、改善现状；在产品质量控制过程中，对产成品进行质量检验，是质量控制的最后一个关口，可以防止残次品流入市场，避免错误事态在其他领域的持续扩大，有助于保证外部市场处于正常状态。

管理小故事

希尔顿酒店的成功诀窍

有一次希尔顿去日本东京，在飞机上遇到了一位女记者。这位女记者问希尔顿："希尔顿先生，您取得了辉煌的成就，您的经营诀窍是什么？我和所有人都想知道。"

希尔顿听后笑了笑没有正面回答，他对女记者说："你到了东京之后，住进我的旅馆，临走时把你不满意的地方告诉我，当你下次来住时，我们不会再犯同样的错误。这也许就是我的诀窍吧！"

（资料来源：饶君华. 管理学基础. 高等教育出版社，2013）

事后控制是纠正式的，是工作流程结束之后进行的控制，也就是说偏差所造成的损害在内部已经存在，控制的结果是为了防止事态进一步恶化，避免波及外部市场；也是为了对后续工作的改进，因为把注意力集中在结果上，纠正式控制有利于总结规律，矫正之后的活动，提高效率，实现良性循环。事后控制虽然有一些不足，但常常是能采用的唯一控制，因为很多事件只有在发生后才可能看清结果。另外，许多事情的发展是循环往复的，呈螺旋状推进，事后控制能给后面的工作以提醒和借鉴，以便改进工作。此时，亡羊补牢，为时并不过晚。

以上三种控制方式虽然各有特点，但在实际应用中往往是交叉使用的。事前控制是防患于未然，虽然可以事先做好准备，但在防不胜防的突发事件面前，必须辅助以事中控制，事前控制和事后控制相结合，可以达到事半功倍的效果。同样，无论事前控制还是事中控制，都需要事后控制来检验，因为企业的业绩或者目标，最终都是在计划执行完成之后，进行考核比较。企业的经营是一个循环发展的过程，前一阶段的事后控制，又可以成为下一个循环周期的事前控制，而且事中控制也需要事前控制的准备和事后控制经验的积累。总之，事前控制、事中控制、事后控制三者相辅相成，适用于企业计划执行的各个阶段。

管理小故事

扁鹊的医术

战国时期，魏文王魏斯问名医扁鹊："你们家兄弟三人，都精于医术，到底哪一位最好呢？"扁鹊回答道："长兄最好，中兄次之，我最差。"

魏文王再问："那么为什么你最出名呢？"扁鹊说："我长兄治病，是治病于病情发作之前。由于一般人不知道他事先能铲除病因，所以他的名气无法传出去，只有我们家的人才知道。我中兄治病，是治病于病情初起之时。一般人以为他只能治轻微的小病，所以他的名气度只及于本乡里。而我扁鹊治病，是治病于病情严重之时。一般人都看到我在经脉上穿针管来放血，在皮肤上熬药等大手术，所以以为我的医术高明，名气因此响遍全国。"

管理启示：事后控制不如事中控制，事中控制不如事前控制，但很可惜的是大多数组织管理者均未能意识到这一点，等错误的决策造成了重大的损失时才寻求弥补，那时已经迟了。当然，现实生活中的很多事情要想做到事前控制会有很大的难度，这时，我们就不得不利用事中控制和事后控制了。

课程思政，师生互动

解读中华优秀传统文化中蕴含的控制思想

西周《易经》："君子以思患而豫防之"；春秋《诗经·豳风·鸱鸮》："迨天之未阴雨，彻彼桑土，绸缪牖户"；晋·韦谡《启谏冉闵》："清诛屏降胡，以单于之号以防微杜渐"；《战国策》："亡羊而补牢，未为迟也"。

互动时间为10分钟，学生之间先讨论以上典故蕴含哪些控制思想，并踊跃发言，最后教师总结，由此引导学生认知中国传统文化，感受中国传统文化中所蕴含的博大精深的控制理念，以增强文化自信。

(二) 按照控制手段的不同分类

1. 直接控制

在企业的经营管理中，直接控制是指对管理人员工作质量的控制，它是通过提高管理人员的素质和领导水平，从而消除或减少由于管理不善造成偏差的一种控制。

2. 间接控制

间接控制是指对经济活动过程的控制。它往往是在计划实施发生偏差后，才由有关的管理人员对偏差实施控制，跟踪和找出造成不良结果的原因，追究个人责任并使他们在实践中改正的过程。

(三) 按照控制方式的不同分类

1. 集中控制

集中控制就是指在企业成立一个控制中心，这个控制中心可以对企业有关的信息进行统一的收集、加工和处理，并由这个控制中心发出指令，操控管理所有的企业生产经营活动。

集中控制比较适用于规模较小的企业，因为较小规模的企业信息量处理不是很大，控制中心对信息的收集、存储和加工都比较高效，有利于企业实现整体的优化控制。典型的集中控制包括企业的生产指挥部、中央调度室等。

2. 分散控制

如果企业规模较大、信息的处理量也较大时，集中控制在信息的获取、加工和处理等方面的效率会大打折扣，因为在此类企业实施集中控制会延长信息的传递时间，相对应的也会造成信息反馈滞后，使组织反应迟钝，延误最佳的决策时机。另外，由于集中控制无其他替代系统存在，一旦该控制系统发生故障或者失误，信息传递和处理就会瘫痪，影响整个企业正常的经营管理活动，风险较大，此时则需要采用分散控制。

分散控制的反馈环节少，信息传递和处理高效，组织反应迅速，控制易于实现，而且即使个别控制系统发生故障或者失误，也不会造成整个系统的瘫痪，但是在具备优点的同时，分散控制也有其缺陷，那就是各分散控制系统之间的相互协调有一定困难，不能保证各系统目标与总体目标的一致性，从而影响整体控制的优化，严重的可能导致失控。

3. 分层控制

分层控制是一种把集中控制和分散控制相结合的控制方式。横向存在的多个子系统，可以独立进行内部控制；纵向的集中控制对各子系统进行指导性的间接控制。分层控制兼具集中控制和分散控制的优点，但在实际实施过程中，要注意权力的滥用，不能将导向性的间接控制变为直接控制，并且在直接控制过程中，也要避免层层向下重叠施控。

(四) 按照控制力量的来源不同分类

1. 正式组织控制

正式组织控制是由企业管理人员自行建立机构或者出台相关规定，对企业的经营管理过程进行控制，例如，企业的规划、成本预算、内部审计等。企业管理人员制定年度规划或者部门规划，指导下属按照规划进行活动；也可以通过预算来控制经营成本；或者通过内部审计来监督员工是否按照企业规定执行,对违反规定者给予严肃处理,并提出整改措施等。

2. 群体控制

群体控制属于非正式组织控制,是一种团队成员自发的控制,是基于非正式组织成员之间约定俗成的行为准则和价值观所进行的控制。这类控制没有明文规定,但是大家都清楚行为规范的内容,知道自己遵守或者不遵守这些规范带来的结果。假如成员遵守这些规范,就会得到群体内其他成员的认可,并可能强化自己在组织中的地位;反过来,如果违反这些规范,就会受到群内其他成员的排挤、讽刺,甚至厌恶,最终可能被驱逐出组织。所以说,群体控制虽然没有明文规定员工的行为规范,但是在某种程度上又无形地左右着员工行为,这类控制处理得当有利于企业目标的实现,但如果处理欠妥,则可能会给企业带来很大的危害,需要慎重对待。

3. 自我控制

自我控制是个人有意识地对自己的行为进行规范的活动。自我控制能力与每个人的个人素养息息相关,自控能力强的人往往素质也高,而且一般情况下,具有较高层次需求的人,要比具有较低层次需求的人有较强的自控能力。例如,一个员工不会把企业的东西据为己有,不仅仅是因为他害怕事情暴露后会被组织处分,而是因为他本身就具有廉洁自律的品质。

自我控制的成本低,效果好,但同时要求组织成员需具备良好的素质,能够顾全大局,以主人翁精神为企业谋福利;这时,企业要做的就是上级对下级给予充分的信任和授权,并把个人业绩与奖惩、薪酬、晋升等联系起来。

(五) 按照控制工作的专业分类

1. 库存控制

库存控制主要是对企业生产经营所需的原材料、在制品、半成品、产成品等库房存量的控制。当库存过多,不仅占用面积,还会额外增加保管费用,造成资金周转慢,甚至导致存货腐烂变质等;但库存过少,又可能因停工待料而影响产品生产,或者产成品因储备不足而营销销售,造成脱销损失。库存过多或过少,都会影响企业效益,所以库存控制显得尤为重要,管理人员应该把库存保持在适当的水平,以保证企业生产经营所需。

2. 进度控制

进度控制是按照计划设定的产品生产或项目建设进度要求,对各项活动开始和结束的时间予以控制。在进度控制中,要特别注意对在相互关联的活动中挑选那些富余时间少的关键活动的控制,以免因某一关键活动的延误而影响到整个工程的按时完成。

3. 质量控制

根据产品使用特性的不同,产品质量标准包括尺度参数、技术参数、安全性、经济性等,这些指标必须达到规定的标准或水平,这就是质量控制。质量控制是保证产品质量的关键,预先控制、现场控制、反馈控制相结合,贯穿于质量控制的全过程,从产品设计、原材料的选择、产品的生产制造和检验、用户使用体验等多个环节进行全员参与的工作质量提升,有利于产品质量的控制。

4. 预算控制

预算控制是一种数字化的控制标准，是企业管理人员利用财务数字或者非财务数字为标准，考核计划的执行过程和结果，并对工作中出现的偏差予以纠正的手段。企业中的预算包括投资预算、费用预算、生产预算、销售预算，以及能够反映资金融通、现金收支、预计损益和资产负债情况的财务预算等内容。

预算控制的优点是，它能够把整个企业内所有部门的活动用可考核、可量化的指标用数字化方式表现出来，以便了解其偏离标准的程度，并采取积极有效的补救措施。

> **生生互动，课堂讨论**
>
> 请大家讨论控制与计划的关系，以及控制的重要性，并分析前馈控制、同期控制、反馈控制的优缺点。

任务二　控制的原则

一、控制的原则

（一）适应性原则

管理的各项职能相互关联、相互制约。既然控制的目的是保证计划得以顺利实现，它就需要依靠组织中的各单位、各部门及全体成员来实施。所以，控制应该与组织和计划的特点相适应。

控制必须要与特定的组织结构相适应。组织结构既然是明确组织内每个人应当担任什么职务的主要依据，因而也就是明确职权和责任的依据，那么在计划执行过程中，控制应当反映组织结构状况，并由健全的组织机构来保证控制工作的进行。

不同的计划有不同的特点，企业管理人员要根据计划的特点确定控制标准、衡量方法和纠偏措施。计划的制定越是明确、全面，控制系统就越能反映计划，从而效果越好，所以每个企业管理者在设计控制系统的时候，都需要紧紧围绕计划展开，并与计划的特点相适应。

（二）重点性原则

任何控制要想做得面面俱到是不可能的，而且也没有必要把所有环节同等对待都做得事无巨细，而是要根据实际情况有所选择，侧重于对关键环节的重点控制，以达到事半功倍的良好效果。

控制的过程可以说是发现和纠正偏差的过程。在控制实施过程中，不仅需要注意偏差，也要注意偏差发生的具体事项，但不是所有出现偏差的具体事项都要进行控制，只在一些关键事项的偏差超过了一定的限度影响企业经营目标实现时，再对其予以控制纠正。因为事实证明，要想完全控制企业经营活动的全过程几乎是不可能、也是得不偿失的，所以只能抓重点或者关键点，进行局部的重点控制。

控制是为了实现组织目标,当组织有很多个目标,管理者也没有必要为实现所有目标而进行全面控制,只需在众多目标中挑选关键的和需要控制的若干目标加以重点控制就可以了。同时,在影响关键目标实现的多个环节中,要特别注意容易出问题的薄弱环节,把控制力量向此处侧重。

(三) 例外性原则

所谓例外性原则,是指在控制过程中对一些始料未及突发事件所给予的重点关注。这些例外情况的发生,会导致企业因缺乏事先准备而措手不及,容易给组织造成负面影响,因此要迅速作出反应加以应对。

值得一提的是,对例外情况的重视程度不能仅仅按照偏差的大小决定,因为在实际情况下,偏差的大小不是评判对企业影响的唯一标准,有的偏差虽然数字大但对企业正常的经营活动不会产生太大影响,而有些偏差虽然小但对企业的影响又是致命的。例如,在某一企业,有时候管理费用比预算高3%可能是无关紧要的,但如果产品检验合格率降低1%却是很大的问题,可能导致产品出现严重的滞销,甚至影响企业正常经营活动。

因此,在控制工作中,需要把例外性原则和重点性原则相结合,把注意力更多集中在对关键环节例外情况的控制上。

(四) 及时性原则

控制工作还必须注意及时性。偏差的发现和处理一定要及时,否则一旦错失良机造成严重损失,控制工作即使非常准确也会徒劳无获。

高效的控制工作,要求信息的收集和传递要及时,信息处理快速准确,能够及时发现问题,并采取合理措施纠正偏差。及时性要求时间上的恰如其分,既包括同期控制信息的掌握,避免时过境迁,使控制失效;也包括对未来情况的预测,使纠偏措施与发生变化的情况相适应,避免时间滞后问题。

(五) 灵活性原则

世界万物都不是永恒不变的,任何控制对象和控制过程都受到众多未来因素的影响,人们对未来因素变化的预测总会存在着一些不确定性,所以控制工作本身也并非处于静态,而是要根据情况的变化适时调整,这就是灵活性原则。我们可以试想,如果组织事先制定的计划因无法预见的情况发生而无法执行,但控制工作还在按部就班地运行,就只能是在错误的道路上越走越远。

控制的灵活性要求控制所依据的标准、方法等都需要随着情况的变化而进行调整,管理人员要事先制定多种应急方案,并备有一定的后备力量,以便在发生某些突发事件时,可以采用灵活的控制方式和控制方法,使控制依然有效,因此控制要有弹性和替代方案。

例如,某种产品销售量是在以往的经验基础上制定的,实际销售量却远远高于预计销售量,这时的控制标准就不能按照原预算销售量实施,而是需要重新制定预算,并依据新的预算选择合适的控制标准。

（六）经济性原则

经济性原则主要体现在以最少的投入获得最理想的控制效果。一方面要求实行有选择的控制，也就是说控制点的选择不宜过多或过少，过多会增加费用、过少则影响效果；另一方面要求改进控制方法和手段，尽量降低控制费用提高控制效果。

控制是一项需要投入大量人力、物力、财力等各类资源的管理活动，最终目的是企业盈利，如果企业在控制方面的耗费巨大，甚至超过因控制所产生的效益，那么结果就得不偿失，控制也就没有必要了。因此，只有把控制费用与控制效益相比较，经济上有利可图时才可以实施控制。

（七）未来导向性原则

未来导向原则是指控制工作应当着眼于未来，而不是只有当出现了偏差才进行控制。因为有时候现场控制是容易的，但是控制现状所预示的未来则比较困难，所以如果要使控制有效，那么控制现状所预示的变化趋势则显得尤为重要。变化趋势不易被察觉，但又对企业控制管理成效有长期的影响，因此前馈控制有利于预防偏差，或者及时采取措施纠正偏差。

例如，在美国的汽车市场上，美国汽车的市场份额就是在美国几大汽车厂商的眼皮底下慢慢被日本汽车蚕食的，等到他们回过神来，日本汽车已经在市场上占有了一席之地，不容易被打败了。

管理小故事

曲突徙薪

有位客人到朋友家里作客，看见主人家厨房的烟囱是直的，烟囱旁边还有很多木材。于是客人对主人说："烟囱要改曲，木材须移去，否则将来可能会导致厨房火灾。"主人听了之后不以为然，没有做任何动作。

没多久，主人家的厨房就失火了，周围的邻居赶紧跑来灭火，最终火被扑灭了，主人为了表达感激之情，杀羊宰牛地宴请四邻，但是并没有邀请当初那位建议将"烟囱改曲、木材移走"的客人。

有邻居对主人说："如果当初你听了那位先生的话，今天也不用准备筵席了，而且没有火灾的损失。现在论功行赏，原先给你建议的人没有被感恩，而救火的人却是座上客，真是很奇怪的事呢！"

主人顿悟，赶紧去邀请当初提出建议的那位客人。

管理启示：一般认为，能够解决企业经营过程中各类棘手问题的人，就是优秀的管理者，其实这种想法是有待商榷的。俗语说："预防重于治疗，能防患于未然之前，更胜于治乱于已成之后"，由此可见，企业问题的预防者优于企业问题的解决者。

一般来说，变化趋势是多种复杂因素综合作用的结果，特别容易被表面现象所掩盖，不容易被人觉察和判断，而且如果等到趋势已经特别明显时再对其进行控制，所得到的效果可能就很小了。所以有效的控制是有预警功能的，它能在出现某种趋势苗头时，就迅速采取措施，将其消灭在萌芽状态或者紧跟趋势。

生生互动，课堂讨论

小组讨论：有效控制应该适时、适度、弹性、客观，如何理解适时、适度、弹性、客观？

课程思政，师生互动

根据本节所学的控制原则，按照自身学习和生活计划对照检查实际与计划之间的差距，以提高自我（情绪、语言、行为）控制能力。

任务三　控制的过程

控制的过程一般包括确立标准、衡量成效、纠正偏差三个基本环节，如图 10-1 所示。

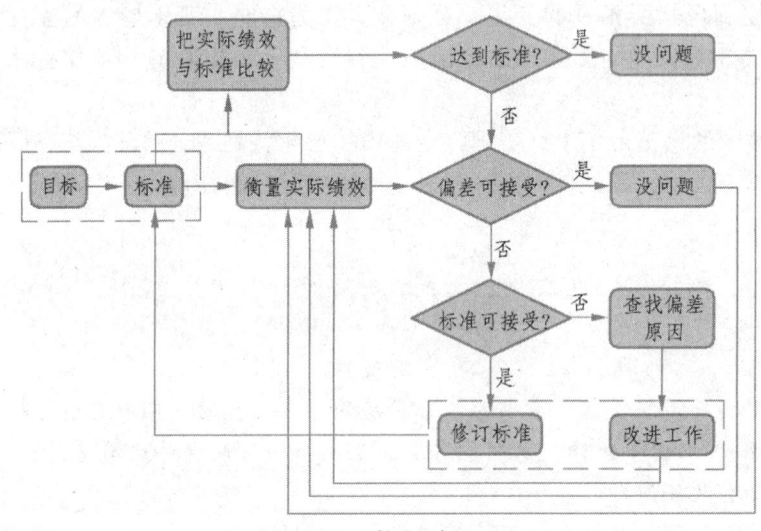

图 10-1　控制过程图

一、确立标准

标准是控制工作的准则和依据，用来检查和衡量工作绩效，以纠正偏差。没有标准，控制将无从谈起。

管理小故事

小和尚撞钟

从前，有个小和尚主要的任务就是撞钟，长时间下来，他觉得无聊至极，真的就如"做一天和尚撞一天钟"这样得过且过。直到有一天，主持说小和尚不能胜任撞钟一职，宣布要将他调到后院劈柴、挑水。小和尚很是不解地问："我撞的钟难道不准时、不响亮？"老主持语重心长地告诉他："你撞的钟虽然很准时，也很响亮，但钟声空泛、疲软，没有感召力。钟声是要唤醒沉迷的众生，因此，撞出的钟声不仅要洪亮，而且要圆润、浑厚、深沉、悠远。"

管理启示：标准是控制的基础，离开标准对一个人的工作或一个制成品进行评估，则毫无意义。

（一）确定控制对象

经营活动的成果是需要控制的重点对象。控制工作的最初始动机就是要促进企业有效地取得预期的计划结果，因此，要分析企业需要什么样的结果。这种结果的分析可以从盈利性、市场占有率等多个角度来进行。确定了企业活动需要的结果后，要明确地描述结果在正常情况下希望达到的状况和水平。

（二）选择控制的重点

企业无力对所有的经营活动或所有的人员进行控制，这种全面全员控制也没有必要，控制工作的重点应该侧重于影响企业经营成果的关键环节。以下是对企业经营成败起决定作用的六个方面。

1. 获利能力

通过提供商品或者服务获得利润，这是任何企业从事经营的直接动机之一，也是衡量企业经营成败的综合标志，通常用利润率来表示。利润率可以考核企业利润计划的完成情况，间接反映了生产成本或资源利用率的变化情况，有助于企业采取改进措施。

2. 市场地位

市场地位是指企业产品在市场上占有份额的要求。如果企业占有的市场份额下降，那么意味着由于价格、质量或者服务等某个方面的原因，企业产品相对于竞争对手的产品来说，其吸引力降低了，需要采取相应的措施。

3. 生产率

生产率标准可以用来衡量企业各种资源的利用效率。生产率通常用单位资源所能生产或提供的产品数量来表示，其中劳动生产率标准是最重要的，企业其他资源的充分利用在很大程度上取决于劳动生产率的提高。

4. 人员发展

企业的长期发展在很大程度上依赖于人员素质的提高，为此企业需要测定当前的经营活动以及未来发展趋势对员工在文化素质、职业技能等方面的要求，并结合员工的实际情况，以确定为提高人员素质应当采取什么样的教育和培训措施。

5. 员工态度

员工的工作态度对企业的经营有着非常重要的影响。如果发现员工态度不符合企业的预期，那么任其发展恶化是非常危险的。企业应采取积极有效的措施来提高员工们在工作或生活上的满足感，以改变其态度，对企业忠诚。

6. 公共责任

公共责任能否很好地履行关系到企业的社会形象。企业有必要通过相关部门对公众态度的调查，了解企业的实际社会形象，并同预期相比较找出差异点，以采取改善措施，提高企业的公众满意度。

(三) 制定标准的方法

1. 统计性标准

统计性标准也称历史性标准,是指分析企业以往各个时期的历史数据,并以此为基础建立标准来指导未来活动。统计性标准运用历史数据,可能与现实存在偏差,所以用此方法制定的标准需灵活应用。

2. 工程标准

工程标准是指通过对工作情况进行全面、科学的分析,利用获取数据或参数为基础建立的标准。工程标准的准确性较高,但代价也大。

3. 经验估算法

经验估算法是指依靠有关专家丰富的知识、经验以及分析判断能力对企业的生产经营活动制定标准,是一种补充性控制方法。

连锁王:麦当劳的标准化体系

有人说:"三流企业卖产品,二流企业卖服务,一流企业卖标准。"作为全球大型跨国连锁餐厅的麦当劳,其成功最大的关键就是数十年如一日的标准化管理。

我们在世界上任何一家麦当劳,都可以享受到统一的口味、服务以及用餐环境,而且价格基本一致,这些都源自麦当劳的标准化管理。例如,麦当劳的薯条制作,其冷冻保存的温度是0~10华氏度、冷冻柜的保存量是2小时用量;炸制温度和时间分别是335华氏度和3分钟,要求每30秒摇篮一次,而且对于摇篮动作都有严格的规定;给薯条撒盐是4克,撒盐的高度和手势都有标准;甚至对于薯条设备仪器的保养都有严格的规定标准。这就是麦当劳对炸制薯条流程的标准化,"窥一斑而知全豹、窥一般而知全貌",麦当劳所有的工作流程都有类似的标准化,包括标准化的管理、标准化的合作、标准化的培训、标准化的作业、标准化的环境等,麦当劳成功的经验值得所有的企业学习和借鉴。

麦当劳的创始人雷蒙·克罗克曾经说过:连锁店只有标准统一,而且持之以恒地坚持标准才能保证成功。

(资料来源来自网络整理)。

二、衡量成效

衡量成效是指用制定的控制标准衡量工作活动成效,找到实际工作与控制标准的差异,并对实际工作成效进行评估。衡量成效的具体步骤包括汇集资料和分析偏差两个方面。

1. 汇集资料

资料的汇集是进行衡量成效的基础,只有足够的资料才能对控制对象进行分析和评估,这些资料包括计划或规划、各类统计报表等。

2. 分析偏差

当实际工作成效偏离控制标准时,就需要对产生偏差的原因进行分析,以便有针对性地采取纠正措施。

偏差的存在有两种情况：一种是正偏差，另一种是负偏差。所谓正偏差是指工作成效优于控制标准，正偏差的出现表明实际工作取得了很好的绩效，在肯定经验的基础上应该总结经验。值得注意的是，如果正偏差太大也应该认真分析是否存在控制标准制定较低的问题。反之，负偏差是指实际工作绩效没有达到控制标准，负偏差的出现表明实际工作绩效不理想，应该及时准确分析存在负偏差的原因，以便采取有效措施纠偏。

三、纠正偏差

纠正偏差属于控制过程的最后一个环节，也是最为关键的一环。它之所以关键，在于其体现了执行控制职能的目的，同时将控制工作与其他管理职能结合在一起。

纠正偏差一般包括三个步骤：第一，分析偏差存在的原因，尤其是主要原因；第二，确定纠偏对象；第三，采取纠偏措施。

1. 分析偏差产生的主要原因

偏差的产生可能会有很多种原因，而且不是所有的偏差都会给企业造成不良影响，比如正偏差。在采取纠偏措施之前，一定要认真分析偏差存在的原因，以及对企业的影响程度，对偏差信息进行正确的分析和判断，以便采取不同的纠正偏差行动。

2. 确定纠偏对象

在控制程序中，偏差的产生可能是由于实际工作过程出现问题造成的，也有可能是控制标准制定不规范导致的，或者是计划的制定不切实际造就的，因此需要予以纠正的不仅仅是企业的实际工作绩效，也有可能需要调整的是计划或者控制标准。

3. 采取纠偏措施

当偏差产生的主要原因被查出，纠偏对象也被确定，纠正偏差便成为控制工作过程的最后一个阶段，也是最为关键的环节。制定并实施正确的纠偏措施，有利于企业管理活动回到正确轨道，从而保证企业预期目标实现。

（1）调整和修正原有计划。控制结果所显示的偏差过大，有可能是原有计划安排不当，在控制活动中这些不当之处逐渐显露出来；也可能是由于内外因素的变化，使原有计划与现实状况偏离甚远。在这种情况下，就要对原计划加以适当调整。必须指出的是，调整计划不是任意地变动计划，它不能偏离组织总的发展目标。调整计划归根结底还是为了组织总体目标的实现。要特别注意不能用计划来迁就控制，任意地根据控制的需要来修改计划，这样就是本末倒置。

（2）改进技术。达不到原定的控制标准，技术上的原因占有重要的地位。特别是在企业组织中，其生产与计划的目的之一就是生产出高质量的、符合社会需要的产品。因此，它的计划工作和控制工作都是以生产为中心的，而生产技术则是生产过程中的关键环节，如果因为生产技术的原因而导致达不到控制标准，就应该及时处理生产技术上存在的问题，采取纠偏措施，完成既定目标。

（3）改进组织工作。控制职能是与组织职能相互影响的。在这里组织工作的问题可以分为两种：一是计划制订之后，在组织实施方面的工作没有做好，没有完成预定的目标；二是控制阶段本身的组织体系不完善，不能对已产生的偏差加以及时的跟踪与纠正。在这两种情况下，都要进一步改进组织工作，如调整组织机构、调整责权利的关系、改进分工协作关系、适当调配和培训人员等。

上述控制过程的三个基本步骤构成了一个完整的控制系统，三个步骤完成了一个控制周期。通过每一次循环，使偏差不断缩小，保证了组织目标最有效地实现。

另外，在纠偏措施的制定和实施过程中，企业管理人员也需要注意以下三个方面的问题。

（1）保证纠正方案的双重优化。偏差的纠正可以采取各种不同的措施，但需要考虑的是，这些措施的实施成本都必须小于不采取任何措施任由偏差发展而可能给企业造成的损失，这是纠偏方案的第一重优化；第二重优化是在第一重优化的基础上，比较各种不同的纠偏方案，找寻其中投入最小而且效果最好的那一个方案来组织实施。

（2）关注原计划实施的影响。控制工作不仅体现在计划实施过程中，计划本身的制定和决策也需要有控制程序。因为在实际生产活动中由于客观环境发生变化，可能会导致原计划与控制标准的制定不合时宜，从而有必要调整原计划的方向和内容，这时要考虑已经按原计划执行所消耗的资源以及对企业造成的影响。

（3）消除员工对纠偏措施的疑虑。纠偏措施的实施或多或少总会在不同程度上引起组织结构的调整，包括人员岗位变动，这势必会使某些企业员工的切身利益受到影响，并对上层的纠偏措施产生抵触情绪。所以，管理人员在采取纠偏措施前，一定要关注员工态度、倾听不同诉求，然后综合考虑，尽可能地消除疑虑，争取得到更多人的理解、支持和赞同，保证纠偏方案的有效实施。

生生互动，课堂讨论

思考：控制的标准都有哪些？列举常见的企业标准案例。

中国载人航天事业的辉煌成绩

自古以来，中国人民就有一个"飞天"梦。载人航天事业是党和国家高度重视、长期关注的一项伟大工程。曾经，航天大国的俱乐部里没有中国的席位。新中国成立之初，国家一穷二白，我们党以长远眼光和非凡胆略，毅然决定研制"两弹一星"，开启了载人航天事业伟大征程。

1970年，我国首颗人造地球卫星发射成功，到2021年，经过几十年的发展，我国在建设航天强国的道路上成绩斐然、令人振奋，尤其是载人航天方面更是如此。我国的载人航天事业从无到有、从弱到强，以令人瞩目的速度，一路追赶、并跑直至超越：从1999年无人飞行序幕的拉开到2003年实现载人飞行；从杨利伟的一人一天到现在的多人多天；活动轨迹也从舱内实验延伸到了舱外活动，并从刚开始的单船飞行发展到现如今的组合体稳定运行，如此跨越式发展在发达国家经历了半个世纪，我们进行了完美赶超，先后把12名航天员共17人次送入太空，成功率100%，创造了航天发射"0失误"和回收"10环打靶"的漂亮答卷。现如今，我国已成为世界上第五个能独立自主研制和发射人造地球卫星的国家，也是第三个把人类送上太空的国家，更是一个已经全面迈进"空间站时代"的国家。

中国载人航天事业的成功，不是靠空喊口号喊出来的，而是靠一代代航天人的汗水和泪水换回来的，是靠全国 100 多个行业、3 000 多个单位、几十万科技大军风餐露宿、废寝忘食、一步一个脚印走出来的。

管理启示：中国航天科技集团特别强调从源头抓起的理念，通过零缺陷管理和全过程受控，确保一次性成功，并在不断提升型号研制生产能力和总结质量管理工作过程中的新观念、新做法和新经验的基础上，有效实施了一系列强化质量管理的举措，凝练出具有时代特征和航天特色的"严慎细实"工作作风和精神，培育形成了"零缺陷"系统工程质量运行管理方法。

"载人航天，人命关天"。中国航天科技集团始终把提高载人航天工程的安全性和可靠性作为工作的重中之重，在进行周密细致规划的基础上，进行科学严格的管理，以极其严肃、极端认真、极度负责的态度认真对待每个部件、每个产品、每道程序，真正做到了"严慎细实"，精益求精，万无一失。中国载人航天全体参研参试人员视质量如生命，以不折不扣的严谨态度做好每一项工作，以举一反三的方式排查每一处隐患，以笃定从容的自信应对每一次挑战，用日复一日艰辛的付出换来了中国载人航天的连战连捷。

课程思政

同学们要学习航天人精益求精、追求卓越的职业观；要弘扬航天人的敬业精神、工匠精神。作为青年一代，同学们当以航天精神为坐标，不管从事什么职业，要有责任、有担当，在新时代长征路上奋勇拼搏、勇攀高峰，为实现中华民族伟大复兴的中国梦贡献自己的力量。

沉浸式体验

同学们！本节内容学习完了，相信你有了一定收获，现在请以模拟公司为单位，大家迅速进入角色进行沉浸式体验训练，完成下面任务清单，详细内容见表 10-1。

表 10-1 沉浸式体验讨论清单

组名		
公司名称		
公司 CEO		
部门名称		
讨论清单	讨论内容	讨论结果
	1. 本公司采用哪种控制标准？	
	2. 当公司绩效出现正偏差时，该怎么处理？	
	3. 公司出现员工拉帮结派的情况是哪里出了问题？	
	4. 根据企业预期收益，考虑控制成本的区间是什么？	
	5. 本公司的控制重点是什么？	
	6. 当客户抱怨产品质量或者服务有瑕疵时，该怎么处理？	

任务四 控制的方法

一、预算控制

预算控制，就是根据预算规定的收入与支出标准来检查和监督各个部门的生产经营活动，以保证各种活动或者各个部门的运作在预算范围内。

（一）收支预算

收支预算包括收入预算和支出预算。

收入预算主要是在某个计划期的有关收益及其来源，如企业有销售收入、租金、专利收入及其他投资收益等，可根据具体情况作相应预算。

支出预算即计划期各种费用支出的预算，如企业生产经营中发生的材料费、人工费、管理费、销售费等。

（二）现金预算

现金是指可随时使用的资金。企业有些用货币量表示的资金，实际上处于实物形态，并不能自由使用；也有些资金只是挂在账上，而在实际上并没有到手，这些资金均非现金，它们虽然也是企业的资产，但不能像现金那样自由使用。

现金预算，就是要估算计划期可能提供的现金和所需要的现金，以求得平衡。由于任何组织的运营都需要一定的现金，如企业需要给职工发工资、购买原材料、缴纳各种税费及临时开支等，所以都比较重视现金预算。

通过现金预算可以帮助企业发现资金的闲置或者不足，从而指导企业及时利用暂时过剩的现金，或者及早筹齐维持营运所短缺的资金。

（三）投资预算

投资预算又称资本支出预算，一般包括建新厂、买房产、购买机器设备等扩大固定资产投资以及其他方面的投资预算，例如，企业的人事发展、新市场的开发、研究和发展规划等投资。由于这些费用的数目一般比较大，且短期难于收回，需慎重对待，应用一定的时间进行调查和论证工作，并列出专项预算。这项预算应和组织的长远规划结合起来考虑。

（四）实物预算

实物预算又称非货币预算，是指以实物量预算来作为货币量收支预算的补充和认证。因为以货币量表示的收支预算会受商品价格波动的影响，导致收支预算与实物量投入产出计划时间的不一致，它的范围很广，如直接工时数、台数、原材料数量、面积、体积、重量、生产量和场地面积等。

（五）总预算

总预算是一种对企业会计年度末期的财务状况的预测，是由组织中各种预算综合而成的。总预算包括预计的资产负债表和资产损益表。资产负债表预测资产、债务和权益，表达了组织财产的具体情况；资产损益表预计收入、支出及利润，表达了组织的经营状况和成果。

总预算可以向最高管理层反映出各个部门为了实现公司总的奋斗目标而运行的具体情况，可以用于公司的全面业绩控制。

二、非预算控制

（一）比率控制

单个的反映企业经营成果的绝对额数据如利润、成本等，往往不能说明问题，只有将这些数据彼此联系、相互对照分析才能真实、全面地反映实际经营成果。比率分析就是通过将企业资产负债表和损益表的相关项目进行对比，形成一个比率，从中分析和评价企业的财务状况和经营成果。在比率分析中常用的有财务比率分析和经营比率分析两种。

1. 财务比率分析

（1）流动比率。

流动比率是指企业的流动资产与流动负债之比，它反映了企业偿还短期债务的能力。

一般情况下，流动比率越高，说明企业资产的流动性越大，其偿债能力也就越强；反之，企业的偿债能力就越弱，面临的经营风险也会增加。因此，企业资产应具有足够的流动性，但也要防止因盲目追求过高的资产流动性而导致财务资源的闲置，以避免企业失去该得的收益。

（2）负债比率。

负债比率是指企业总负债与总资产之比，它反映企业所有者提供的资金与外部债权人提供的资金的比率关系。只要企业的全部资金的利润率高于借入资金的利息率，且借入资金不会威胁企业所有权的行使，企业就可以充分地向债权人借入资金以获得额外的利润。

（3）盈利比率。

盈利比率是企业利润与销售额或全部资金等相关因素的比例关系，它们反映了企业在一定时期从事某种经营活动的盈利程度及其变化情况。常用的比率有销售利润率和资金利润率。

2. 经营比率分析

经营比率也称活力比率，是与资源利用有关的几种比例关系，它们反映了企业经营效率的高低和各种资源是否得到了充分利用。常用的经营比率有库存周转率、固定资产周转率、销售收入与销售费用的比率。

（二）审计控制

审计是指对反映企业资金运行状况及其结果的会计记录和财务报表进行审核、鉴定，以判断其真实性和可靠性，从而为控制和决策提供参考依据。审计的形式很多，但用于控制过程的主要有三种：外部审计、内部审计和管理审计。

1. 外部审计

外部审计是由外部审计机构的审计人员进行的审计。外部审计人员需要抽查企业的基本财务记录，用以验证财务报表的真实性和准确性，并分析这些财务记录是否与适用的会计准则和记账程序相对应。外部审计是对企业内部弄虚作假等欺骗行为的一个重要且系统的检查，因此起着鼓励诚实的作用。

2. 内部审计

内部审计是由企业内部专业人员对企业财务系统进行全面评估的审计。内部审计不仅要像外部审计那样核实财务报表的真实性和准确性，还要分析企业财务结构是否合理；不仅要评估企业财务资源的利用率，而且还需检查和分析企业控制工作的有效性；不仅要掌握目前的经营状况，而且还需提供改进当前状况的意见和建议。

3. 管理审计

管理审计是对企业管理政策及其绩效进行评估。通常，管理审计是由企业自己负责进行的。管理审计较之于传统的审计，履行更加广泛的职能，它不仅要关注企业生产经营全局，而且还要兼顾局部。也就是说，管理审计既要从整个企业发展的全局来考虑、观察以及处理问题；也要从局部出发、从细处着眼；两者兼顾，以便更好地服务于企业的管理和控制。

管理审计的一个重要特点就是它是面向未来的，它依据所掌握的资料对生产经营各个方面可供采用的方案、可能取得的成绩和效益进行科学的预测和比较，以便为企业的管理人员正确地选择最优方案提供客观的依据。

三、其他控制方法

除上述介绍的预算和非预算两种控制方法之外，常见的控制方法还有多种，如成本控制、时间控制、人员控制等。

总之，控制的方法多种多样，在具体的实际控制中，需要根据被控制对象的性质、特点以及控制者本身的习惯和经验选择合适的控制方法。

课后习题

一、单项选择题

1. "破窗理论"说明了管理学中（   ）职能的重要性。
   A. 计划   B. 组织   C. 领导   D. 控制
2. 控制工作的一般流程是（   ）。
   A. 确立标准→衡量成效→纠正偏差   B. 查找原因→分析原因→纠正偏差
   C. 确立标准→采取措施→纠正偏差   D. 确立标准→纠正偏差→衡量成效
3. 下列不属于控制原则的是（   ）。
   A. 及时性   B. 重点性   C. 严肃性   D. 灵活性
4. （   ）是人们检查和衡量工作及其结果的规范。
   A. 计划   B. 标准   C. 绩效   D. 偏差
5. "治病不如防病、防病不如讲卫生。"根据这一说法，以下几种控制方式中最重要的是（   ）。
   A. 预先控制   B. 同期控制   C. 反馈控制   D. 前馈控制

二、判断题

1. 控制是一个过程。   （   ）
2. 控制是通过"监督"和"纠编"来实现的。   （   ）
3. "自我控制"不属于管理学中的控制。   （   ）
4. 库存控制中，库存越多越好，以免影响生产和销售。 （   ）
5. 控制过程中，所有的偏差都会给企业带来负面影响。 （   ）

三、简答题

1. 计划与控制是如何产生联系的？
2. 前馈控制、同期控制、反馈控制各有什么优缺点？
3. 请举一实例，描述控制的基本过程。
4. 常用的控制方法有哪些？

本项目案例分析——问题到底出在哪里？

王利华是一名大三的学生，一年前他与几位同学在学校创办了创业者社团。彼时正逢社会上掀起一股创业热潮，所以社团的规模不断扩大。但因社团的运作和管理主要是凭感觉，所以在活动开展方面经常遇到一些意想不到的问题，这在一定程度上影响了团队成员的士气，社团发展也有了走下坡路的趋势。

于是王利华和几个主要负责人商量一定要在今年做好几次活动，以振士气。经过团队的努力，社团终于争取到了校学生会举办的创业策划大赛的承办权，这是一次宣传社团的绝佳机会，几个主要负责人踌躇满志、摩拳擦掌准备好好地大干一番。

经过一周多的讨论，社团制定了详细的活动方案并上交学校审核，学生会经过审核，对该活动方案非常满意，并表示一定全力支持社团把创业策划大赛办好。于是，王利华按照活动计划，组织了社团各部门负责人会议，落实了各部门任务：实践部负责活动的组织和与各参赛队的联络；外联部负责邀请知名教授和企业家担任大赛评委；宣传部负责海报设计和网络宣传；办公室负责财务预算与支出管理。王利华要求各位部长要想方设法调动成员的积极性，竭尽全力完成各自部门的任务，并承诺：如果能圆满完成此次活动，他就请大家到饭馆好好吃一顿。会上，各部门负责人也情绪高昂，纷纷表示一定会搞好此次活动。

可是，就在王利华认为万事俱备一定能顺利完成创业大赛，从而大大提高社团的影响力时，各种问题开始层出不穷：首先，实践部部长是个急性子，他办事风风火火的，在许多具体的比赛规则还没有通过集体讨论、也没有向学生会汇报的情况下，他就擅自做主将比赛规则发给了各参赛队；其次，外联部邀请知名教授和企业家时也遇到了困难，却一直没有及时向上反映争取支持，从而导致宣传海报迟迟不能出稿；另外，办公室也对各个部门的费用没有加以控制，预算就如同一张废纸。

当王利华发现这些问题的时候，已经临近活动计划开始的时间了。尽管他对具体比赛规则和流程的制定十分不满，但因为已经对外发布相关信息，他也只能自己向学生会老师和主席检讨，并按照已制定好的规则把比赛办下去。知名教授和企业家请不到原定的数量，就只好减少评委数，否则连宣传海报都无法展出。

最终，此次活动在学校的支持下还是办了下来，但有不少参赛队都对比赛规则提出了异议，另外决赛的评委数量、知名度以及宣传效果也都不尽如人意，支出与预算相比严重超标，而且整个活动由于团队组织不力拖延了近半个月才收尾。

后来，在社团活动总结大会上，王利华认为此次活动组织不力的理由有：实践部擅自确定比赛规则；外联部没有及时沟通汇报；至于超支问题主要是因为办公室主任没有履行好监管职责。对此各部门负责人也有异议，实践部部长认为，当初开会时，社团明确表示由实践部负责比赛的具体组织事宜，事先也没有提到比赛规则需要经学生会审批，自己是一心一意想要办好活动的，现在却成了"罪魁祸首"；外联部部长也认为社长又没有事先明确什么事情在什么时间要汇报，自己一直在与知名教授以及企业家积极联系，对方起初也没有明确表示拒绝，最终对方不能来也不是外联部的原因；办公室主任也觉得自己很委屈，他认为各个部门既没有事先申报，又在报销时以自己买的东西属于比赛用品为由报销，如果拒绝后，各部门就会以"影响比赛效果要由办公室承担责任"为由要挟，再加上原来的预算中也只是列出了大致费用类型，没有具体明细确定哪些可报、哪些不可以报，只提到要保证活动的资金使用，自己也只能给予报销。

最后，王利华实在想不通：为什么此次活动事先制定了计划，明确了各部门的分工和责任，而且大家也确实比较卖力，但最终还是会出现这么多问题呢？问题到底出在哪里呢？

（资料来源于网络整理）

思考题：
1. 为什么活动没有取得预期效果？
2. 请分析控制与计划的关系？

本项目实训——绩效考核

【实训目标】
（1）培养学生对实际问题的分析与解决能力；
（2）培养学生搜集与处理信息的能力；
（3）培养学生总结与评价的能力；
（4）培养学生的语言表达能力。

【实训内容及要求】
（1）分组，以模拟公司为小组单元，在CEO带领下进行成员分工管理；
（2）各小组讨论确定绩效考核方案；
（3）针对不同岗位，分别设计考核项目；
（4）针对各项目的重要性，给出权重分值；
（5）每个模拟公司着手编制一份绩效考核表；
（6）各模拟公司派一名代表在全班进行分享交流。

【实训成果】
各模拟公司提交一份绩效考核表（见表10-2）。

【实训样表】

表 10-2 绩效考核表

被考核人		个人编号		填表日期			
所在部门		岗　位		入司日期			
考核区间		年　月至　年　月					

考核标准以及分数：
杰出（6分） 优秀（5分） 良好（4分） 一般（3分） 差（2分） 较差（1分） 极差（0分）

考核项目		考核得分			权重	备注
		自我考核	直接领导考核	分管领导考核		
个人素质	1. 品德修养、礼貌礼仪、个人仪容仪表				10%	
	2. 有团队合作意识，能以集体利益为重				10%	
	3. 沟通能力和亲和力				8%	
	4. 学习、总结能力				10%	
	5. 主动发现问题、解决问题的态度和能力				10%	
	6. 责任心				10%	
	7. 灵活性				9%	
	8. 创造性以及潜力				9%	
	9. 良好组织能力和协调管理能力				8%	
	10. 遵守法律法规以及公司规章制度				8%	
	11. 职业操守				8%	
	合计				100%	
工作态度	1. 出勤状况				15%	
	2. 对待工作责任心				17%	
	3. 对待工作热情度				17%	
	4. 能主动完成工作任务				19%	
	5. 能寻求更好的方法来完成工作				10%	
	6. 积极主动地配合其他岗位的工作，与同事及协作部门保持良好的协作关系				12%	
	7. 遵守工作规范				10%	
	合计				100%	
学习上可成长指标	1. 个人培训参加率				20%	
	2. 提出创新建议				25%	
	3. 新技术掌握运用程度				10%	
	4. 公司全体人员的培训与研讨参与率				25%	
	5. 内部员工满意率				20%	
	合计				100%	

学习情境十一　创新与创业

学习目标

●知识目标
1. 掌握管理创新的概念。
2. 明确创新的类别与特征。
3. 理解创新的条件和意义。
4. 熟悉创新的内容与方法。
5. 掌握创新性思维的特征与类型。
6. 理解创业的过程和类型。
7. 掌握大学生创业的基本能力。
8. 知道大学生创业项目的选择。
9. 掌握大学生创业的风险。

●能力目标
1. 能根据管理创新的知识对相关管理问题进行分析评价。
2. 能按照创新思维的方法，编写创意方案。
3. 能根据创业项目要求，编写创业计划书。
4. 能结合实际情况和自身条件选择创业路径。
5. 学会审时度势，规避创业风险。

●课程思政目标
1. 开发学生的创新创业潜能，提升创新创业的意识和能力。
2. 培养学生在创新创业项目的历练中增长智慧、锤炼意志。
3. 让学生牢记并践行文化创新，增强文化自信，立足传统，不忘民族之魂，只有拥抱未来，才能适应时代之需。
4. 用中国创造的伟大案例激励学生，增强四个自信，树立民族自豪感和自信心。
5. 号召学生在"大众创业 万众创新"中勇于担负起民族发展的重任，塑造学生吃苦耐劳、敢于拼搏的优秀品格。

案例导读

鹰的再生

作为世界上寿命最长的鸟类，鹰的寿命可达到70岁左右。但在它生命的中段，也就是在

40岁的时候，必须要做出一次艰难的决定，才能持续这样长久的寿命。

当鹰活到40岁左右时，它那锋利的鹰爪便开始老化，逐渐失去了捕获猎物的功能，锋利的喙也变得又长又弯，羽毛老化，翅膀也变得十分沉重，飞行起来非常吃力。此时它只有两种选择，要么失去捕获食物的能力饿死，要么经过痛苦的新生过程重新获得强劲的捕食能力。

为了能够继续生存下去，它必须飞到很高的山顶，在悬崖上筑巢，停在那里。它首先要用自己的喙使劲地敲打岩石，直到喙完全脱落为止，之后耐心地等待新喙长出来。当新喙长出来以后，鹰又可以再一次飞翔和捕食，再次获得了30年的寿命。

沉浸式导入

在人们的生命中，往往需要在最困难的时候做出艰难的选择。获得一个新生的过程，是摒弃旧的习惯、旧的传统的过程，获得新生便可以重新飞翔。人们需要的是自我改革的勇气与再生的决心。

问渠那得清如许，为有源头活水来。在日常管理中，各模拟公司在CEO带领下能借助计划、组织、领导和控制等职能使公司有序运转，保证了组织系统按预定的方向和规则运行。那么如何让公司在动态环境中永葆生命力和竞争力呢，这就需要发挥创新职能。请各组CEO迅速召集团队成员进行自查自省，分析本公司目前的创新条件和创业环境，积极开展创新思维训练能力，拓宽创新领域，探寻创业通道，制定出创新创业方案，力求将模拟企业变成真实企业。

任务一　创新概述

一、创新的含义

创新是指以新思维、新发明和新描述为特征的一种概念化活动或过程。它有三层含义：第一，更新；第二，创造新的东西；第三，改变。

简而言之，创新就是利用现有的资源条件创造出新事物的过程。

"创新"这个概念最早是由哈佛大学的教授熊彼特提出来的。他在1912年出版的《经济发展理论》一书中，把创新定义为建立一种新的生产函数，即企业家实行对生产要素的新组合。它包括：

（1）产品创新，即研发一种全新的产品。

（2）生产工艺创新，即创造一种新的生产工艺流程。

（3）市场创新，即开拓出一个全新的产品销售市场。

（4）资源创新，即为生产开发出全新的原材料或半成品的市场供给来源。

（5）组织管理创新，即建立一种全新的企业组织形式，形成一种全新的组织形态。

随着社会的发展和科学技术的不断进步，人们对创新的认知也在不断地演化。尤其是伴随着知识经济时代的到来，对于创新的形态和创新模式的变化不断被关注。创新是人类特有的认知世界和改造世界的能力，是人的主观能动性高层次的表现形式，也是推动民族进步和社会发展的源源不断的动力。

管理学中的创新指的是：一个组织形成一种创新性的思想，并将其转化为能够为企业带来利益的产品或服务的过程。具体来说，管理创新就是把组织中的各种管理要素（比如新的管理手段、新的管理模式等）引入组织管理过程中以实现组织目标的创新活动。

二、创新的特征

（一）创新的不确定性

1. 市场的不确定性

由于市场的变化具有一定的不确定性。经济环境、消费者的偏好等因素，都会对市场变化产生一定的影响，所以组织往往不容易准确预测未来市场的变化。当市场表现出不确定性时，组织的创新方向也存在一定的不确定性。比如，当人们最初研发出计算机的时候，有人预测整个美国对于计算机的需求只有几十台，这显然与后来的实际情况相距甚远。市场的不确定性还表现在组织往往不能准确把握未来潜在的需求，也不能将未来潜在的需求很好地融入产品创新当中去。同时，在创新的过程中，竞争者的创新行为也会对组织的创新产生一定的影响，市场的不确定性还表现在组织能否在市场竞争中获得竞争优势。

2. 技术的不确定性

技术的不确定性主要是组织如何运用技术来实现和满足消费者的需求特征，能否设计并制造出满足市场需要的产品或提供市场需要的服务。在组织的创新过程中，一部分产品的构思或受制于技术能力无法制造，或制造的成本投入过高，因此这个产品的构思对于组织来讲并无商业价值。同时，现有的技术水平与新技术的兼容性也是一个重要的不确定性来源。

3. 战略的不确定性

战略的不确定性主要是针对重大技术创新和重大投资项目而言，这是指新的技术创新的出现会导致已有的投资和生产技术过时的不确定性。当面临这种技术创新带来对组织的重大影响时，组织要思考如何进行技术的适应和投资决策战略的调整。当重大技术创新出现时，战略的不确定性往往表现为严重的战略决策失误，导致组织在市场竞争中失去竞争优势地位。

（二）创新的风险性

对于一个组织而言，创新的结果并不一定完全是成功，也有可能存在极大的失败风险，这种成功与失败的不确定性就构成了创新的风险性。只许成功不许失败的创新诉求是不符合客观规律的。组织在创新过程中，要通过充分的市场调研、科学的产品创新设计和严格的实施来降低创新的风险。

> **即问即答，课堂互动**
> 你如何看待创新过程中的风险？

（三）创新的被排斥性

由于对创新不确定性的考虑和组织中利益相关者的利益权衡，组织的创新行为往往受到各方面的抵制和排斥。对传统的工作方式和思维方式比较习惯的人群,往往不欢迎任何形式的变革。这种创新恐惧症在现代组织中也是一种通病。组织中的管理者和绝大多数成员认为,熟悉的环境往往没有紧迫感和麻烦,所以更倾向于以习惯化平稳的方式维持下去。这就意味着,任何一项创新,其本质也是与传统的守旧群体的排斥与抵制之间的一场较量。而组织的高层管理者所面临的主要管理挑战就是,要在平衡这些力量的同时推进组织的创新。但是,对于组织来讲,仅仅具有象征意义或华而不实、不能为企业带来实质性价值的创新要持理性态度对待。

> **即问即答,课堂互动**
>
> 如何消除创新的抵制态度?

(四)创新的复杂性

创新的过程是一个系统的过程,有人认为只需要增加上游的基础研究的投入,就可以产生下游的新技术和新产品的迭代升级,进而实现组织预期利益。但在实际的组织经济活动中,在研发阶段能够获得较好的成效的产品,往往在生产阶段可能并不一定顺利,也并不一定在销售阶段受到消费者的认可。创新是多种因素相互作用,互相渗透的一种复杂结果,并不是独立的事件,是一个复杂的系统过程。

(五)创新的时效性

企业的创新主要的形式是产品创新。一种新的市场需求总是表现出对新产品的需求,在企业的初级创新阶段主要集中在产品的创新上。一旦产品被市场消费者所认可和接受,企业将进而专注于过程的创新上,这一阶段的核心目的是要优化产品的生产过程,降低产品的制造成本,提高企业的生产效率。

当产品创新和过程的创新达到一定的程度,企业会将注意力逐渐转移到市场创新上,通过有效的营销手段提高产品的市场占有率或开发出新的市场。同时,在这一阶段还会伴随着组织创新的出现。此外,伴随着市场上使得创新具有一定的时效性。

(六)创新的动态性

由于组织所面临的外部环境和内部环境在不断地发生变化,因此,组织的创新要素也是动态调整的,从而使得组织的创新能力不断积累和提高。随着市场环境的变化,企业传统的竞争优势将会逐渐消失,这就推动了企业会通过新一轮的创新来不断确立新的竞争优势。因此,创新不是静态的,而是动态的。从组织的发展趋势来看,组织的形态和发展阶段是不断演化的,在一定的时期就会有新的创新成果来替代旧的创新成果,创新成为推动组织发展的内在动力。

三、创新的条件

为使管理创新能有效地进行,还必须创造以下基本条件。

1. 组织要实现创新

创新主体首先要有良好的心智模式,这是组织能否实现创新的关键基础要素。创新主体心智模式的特点:一是要有远见卓识;二是要有较高的文化素养;三是要有积极的价值观念。

2. 创新主体应具有较强的能力结构

创新主体需要具备一定的创新能力，才能实现创新目标。创新主体应具备的能力主要有核心能力、必要能力和增效能力。核心能力主要是指创新能力；必要能力主要是指能够将创新成果落地实施的能力；增效能力是指能够对创新的进展进行协调控制的能力。

3. 组织应具备较好的基础管理条件

管理创新往往是在基础较好的组织中进行的，因为良好的基础管理水平可以提供创新必要的信息、数据、规则、标准等相关的支持，有利于创新的顺利开展。

4. 组织应营造一个良好的管理创新氛围

创新主体的创新意识与良好的组织氛围紧密相关。同时，好的组织氛围也有利于创新主体创新能力的发挥。在好的组织氛围中，组织成员往往归属感强、思维活跃、愿意进行创新方面的探索和尝试。而在不好的组织氛围中，组织成员往往思想僵化、缺乏创造力和上进心。

5. 管理创新应结合本组织的特点

创新的目的是更好地整合组织的资源，以完成组织的预定目标。所以，管理创新必须要符合本组织的特点和需求。创新不能脱离本组织的实际，要充分挖掘组织现有的各类资源，最大限度地挖掘组织的潜力，为组织的预期目标服务。

6. 管理创新应有创新目标

管理创新目标比一般目标更难确定，因为创新活动及创新目标具有更大的不确定性。尽管确定创新目标是一件困难的事情，但是如果没有一个恰当的目标则会浪费企业的资源，这本身又与管理的宗旨不符。

四、创新的意义

（1）创新可以提高企业的竞争实力，可以将企业的劣势转化为优势，将不利因素转化为有利因素。

（2）创新为企业的持续发展提供内在驱动力，企业不进行创新，其发展过程就会缺乏持续的推动力。

（3）创新是企业摆脱发展危机的重要途径，只有通过不断适时的创新，才可能度过各种危机，持续健康地发展。

沉浸式体验

拥有创新的 8 个技巧

1. 创新要学会跨界思维

对于某个专业领域的问题，不要只想到用专业的方法来解决，有时候业余视角却能解决专业问题。"拿着锤子总想满世界找钉子，放下锤子我们会发现世界上除了钉子，还有别的。"

2. 创新需要对人的共情能力

要培养自己的创新能力，一定要先培养自己的感受力，也就是共情的能力。感受力就是设身处地地站在他人的处境里考虑问题，从而得到真正的情感化体验。

3. 创新需要对事物的感受能力

很多时候我们的感官是封闭的，麻木地度过每一天。其实不一定需要远行，就在自己的城市里，在我们身边就可以发现生活的丰富性。保持觉察和好奇心，就会有新的感受进入身体里。

4. 创新是发现问题、找到痛点

在创新的过程中，永远保持反问的姿态，不要满足于表面的解释，要更深入地去洞察。

5. 创新其实是旧元素的新组合

创新很多时候不是一个从无到有的过程，而是"旧元素的新组合"。你不需要发明什么东西，只需改变组合排列的方式就可能实现新创意。

6. 创新是讲一个好的故事

故事是最能建立沟通情景的东西，人也是活在一个个故事里的。将创新以故事的方式呈现出来，会让人印象深刻。

7. 创新是一种行动

很多时候，我们觉得要先有一个好的创意再去付诸行动，其实这个顺序反了，创新是在不断的行动中慢慢浮现出来的，这就是硅谷的创客精神。"用手思维"比"用脑思维"更容易实现创新。

8. 建立自己的感受档案

有创造力的人都有做记录的习惯，每天记日记、拍照片、建立属于自己的感受档案，长此以往，感受力和认知能力都会得到提升。

（资料来源：王可越. 创新化生存[M]. 北京日报出版社，2019年12月）

同学们！本节内容学习完了，大家对创新的含义、性质、条件和意义都有了一定的认识，现在请以模拟公司为单位，进行沉浸式体验训练，各CEO带领自己的团队进行讨论："我们公司需不需要创新""如何进行创新""我们可以在哪些领域创新""创新在公司运营中的作用""如何看待创新中的风险"……。当然，讨论内容也不限于此，发挥你们团队集体智慧的力量，畅所欲言，写出讨论清单，详见表11-1。

表11-1 沉浸式体验讨论清单

组名	
公司名称	
公司CEO	
公司成员	
讨论清单	1. 我们公司所处行业有哪些创新案例？ 2. 我们团队的创新意识如何？ 3. 我们团队可以在哪些领域创新？ 4. 如何看待创新中的风险？ 5. 如何提升团队创新能力？
讨论结果	

任务二　创新性思维

一、创新性思维的含义

创新性思维和创新一样，是一个外延极广、内涵极丰富的概念。无论从思维方式、思维结果、思维类型上，还是从思维特征上所下的定义都不能囊括它的全部含义。如创新性的思维是指对事物的联系进行前所未有的困难的克服；创新性的思维是头脑瞬间的闪光，是对某种现象本质的深入追求，是已知向未知的扩展，是原有事物及思想的新的组合等定义，都只是反映了创新性思维的某一个侧面。

但是，不论人们对于创新性思维下怎样的定义，创新性思维的本质都在于创新，在于一般人的意想不到，在于破除形式逻辑的限制，因而非逻辑思维形式更能突出创新性思维的本质特征。由此可见，所谓创新性思维，是指直接引发出创新性设想的思维形式，主要是指非逻辑思维。

二、创新性思维的基本特征

创新性思维的特征为我们提供了进行创新性思维的基本原则和标准，从这些特征中我们可以发现，创新性思维的问题、分析问题和解决问题，具体地表现在以下几个方面。

（一）理论思维

恩格斯曾经说过："一个民族要想站在科学的最高峰，就一刻也不能没有理论思维。"同时又指出："如果人的脑子不随着手、不和手一起、不部分地借助于手相应地发展起来的话，那么单靠手是永远造不出蒸汽机来的。"恩格斯强调了理论思维的重要性，强调了脑的主导作用，正确地指导了"单靠手是永远造不出蒸汽机来的"。蒸汽机的发明过程当然离不开诸多工具的支撑，但是恩格斯着重强调的是人脑的主导作用。许多哲学家、科学家也都认可人的理论思维在科学创新过程中的关键作用。要想把握创新的规律，就要认真地研究理论思维的规律，尤其是创新性理论思维的规律。

（二）发散思维

发散思维是从不同的角度、不同的层次，多元地分析和思考问题，从而形成解决问题的多种方法和方案。要解决过河的问题，传统的思维可能首先想到要造一座桥，如果不具备建桥的条件，那就不能解决过河的问题。而发散思维存在着多种可能性，比如通过渡船摆渡或者水下通道等。

人们的发散思维是可以通过训练而提高的。要想提高人的发散思维能力，一是面对问题时要敞开思路，不要局限在符不符合实际、能否可行等因素的制约，考虑到的可能性越多，越容易找到真正可行的方案；二是要努力提高发散思维的质量；三是要在提高发散思维的质量的前提下，提升思维的独特性，提升解决问题另辟蹊径的能力，从新的角度以他人从未想到过的方式来解决问题。

(三) 逆向思维

所谓逆向思维法，就是指人们为达到一定目标，从相反的角度来思考问题，从中引导启发思维的方法。

美国汽车大王福特一世在街上散步时，偶然间看到肉铺仓库里的几个工人顺次地分别切下牛的里脊肉、胸肉、牛头，他的脑海里马上浮现出与此相反的过程：让工人顺次分别装上汽车的种种零部件，这就是后来闻名于世的"流水线"组装汽车的方法。它和以前让每一个工人自始至终地装配一辆汽车相比，由于每个工人只负责汽车中的一小部分，操作简单、容易熟练，因此工人劳动效率大大提高，而且很少出差错。这一发明使福特公司脱颖而出，奠定了福特在汽车行业中的地位。后来，其他汽车厂、行业纷纷仿效福特公司的这一方法，可以说"流水线"改变了人类的生产和生活方式，它被称为20世纪最伟大的三项发明之一。

管理小故事

逆向思维创奇迹

某时装店的员工在熨烫一条价格不菲的高档呢裙时不小心刮了一个洞，如果用织补法进行缝补，也有可能会蒙混过关，但欺骗顾客的后果可能是对企业口碑的巨大伤害。面对这一难题，经理突发奇想，在这条裙子上的小洞周围又挖了许多小洞，对每个小洞进行了针织修饰，并将这条裙子命名为"凤尾裙"，挂在橱窗里。一下子"凤尾裙"成为受到顾客欢迎的款式，销路大开。逆向思维带来了可观的经济效益。

无跟袜的诞生与"凤尾裙"异曲同工。因为袜跟容易破，一破就毁了一双袜子，商家运用逆向思维，试制成功无跟袜，创造了良好的商机。

(四) 侧向思维

有句成语叫作"它山之石，可以攻玉"，可以形象地说明侧向思维的特点，侧向思维是指当正向思维或单向思维受阻时，尝试转换下角度，从侧面来达到目的一种创新思维方法。侧向思维具体的运用方式有以下三种。

1. 侧向移入

侧向移入是指跳出本专业领域、本行业范围，摆脱传统的、习惯化的思维方式，从另一个角度去审视问题，将注意力迁移到更为广阔的范围内，或者将其他领域比较成熟、稳定、科学的方法迁移到本专业领域进行应用。侧向移入是进行创新和解决组织技术难关最基本的思维方式。这方面的事例不胜枚举，比如鲁班在山上被茅草的细齿划破了手指从而发明了锯，从其他领域借鉴或受启发是创新发明的一条捷径。

2. 侧向转换

侧向转换是指并不按照最初常规的设想来直接解决问题，而是将问题转换为其他的问题，将解决问题的手段转为侧面其他的手段。通过转换问题和解决的手段来实现思维方式的创新，这种创新思维在创新发明中也经常被使用。

3. 侧向移出

侧向移入是将其他领域的做法迁移到本专业领域，而侧向移出与侧向移入恰恰相反，是指将现有的设想或已经取得的技术突破、成功应用的方法等，从现有的应用领域和应用对象中摆脱出来，将它推广应用到其他意想不到的领域和对象方面，通过原有技术在新领域的应用实现创新。

总之，不论是利用侧向移入、侧向转换还是侧向移出，其关键是要突破传统思维，善于观察，将两个或多个看似不相关的事物进行联系，找到它们内在的共性。这就要求在注重研究对象的同时，要间接注意其他一些偶然看到的或事先预料不到的现象。也许这种偶然并非偶然，可能是侧向移入、移出或转换的重要对象或线索。

沉浸式体验

以模拟公司为单位，编写创意方案，创意方案可以涉及新产品设计、产品营销策划、工艺流程创新设计、企业技术革新等方面，根据模拟公司所属行业性质、产品特点、服务对象等，任选其一进行编写，各公司在全班进行交流，最后评选出最佳创意方案。沉浸式创意方案评价见表11-2。

表 11-2 沉浸式创意方案评价表

组名		
公司名称		
公司 CEO		
公司成员		
评价项目	评价内容	得分
	1. 该创意方案的内容质量如何？（20分）	
	2. 该创意方案的独特性如何？（20分）	
	3. 该创意方案的新颖性如何？（20分）	
	4. 该创意的亮点是？（20分）	
	5. 该创意方案有无体现新工艺、新方法？（20分）	
	得分合计	

任务三 创新的主要内容

一、技术创新

技术创新是市场经济的产物，是一个经济范畴的概念，它指的是与新技术（含新产品、新工艺）的研究开发、生产及其商业化应用有关的经济技术活动。企业的技术创新主要表现在要素创新、要素组合方法的创新和产品创新三个方面。

（一）要素创新

企业的生产过程是各种要素参与的过程，它是劳动者利用劳动手段作用于劳动对象，使劳动对象发生物理或化学变化的过程。参与生产过程的要素主要包括产品生产的原材料、用于企业生产的各类设施设备以及从事生产制造的企业员工。原材料的创新主要包括：开辟新的原材料的供应来源，以保证其扩大再生产时原材料的持续供给；开发和利用新的成本更加低廉的材料来替代稀缺的、成本较高的原材料，以降低产品的生产制造成本；通过技术创新对原材料的性能和质量进行改良，以保证企业制造产成品的质量不断提高；现代材料学科的发展为企业的原材料创新提供了广阔的空间。设施设备的创新，对于提高企业生产效率降低企业生产制造成本，减少生产制造过程对环境的污染，节约劳动力成本等方面都有着十分重要的意义。人力资源的创新既包括企业根据技术进步，不断地从外部获取新的人力资源；也包括企业注重内部现有人力资源的培训开发，使现有人力资源与企业的技术进步相匹配。

（二）要素组合方法的创新

企业产品的生产过程是不同的要素进行组合的过程，利用一定的方法将不同的生产要素进行组合，是生产产品的前提条件。要素的组合包括生产工艺和生产过程空间组织两个方面。生产工艺的创新，既要根据新的设施设备来改变原材料或半成品的加工生产方式，又要在不改变现有设备的前提下，不断进行生产技术和方法的改进，以实现对现有设施设备最大限度的利用和挖掘，对现有材料进行更合理的生产加工等两层内涵。生产工艺的创新与设施设备的创新是相互促进的，设施设备的不断更新换代，要求生产工艺方法要进行相适应的调整；而生产工艺的不断创新，又促进了设施设备的升级改造。生产过程创新的典型案例是 20 世纪福特公司将泰勒的科学管理原理与汽车制造实践相结合发明的流水生产线，也引起了企业生产效率的革命。

（三）产品创新

产品创新是指在产品技术变化的基础上进行的技术创新。产品创新是一个全过程的概念，包括新产品的研究开发过程，也包括新产品的商业化扩散过程。产品创新是企业技术创新中最重要、最基本的内容，是企业技术创新的核心。这是因为一个企业要想生存和发展，要达到自己的目标，都要通过向社会提供适销对路的产品才能实现。而在科技高速发展、市场竞争空前激烈的今天，要使自己的产品为市场所接受，就必须根据市场的需要和需求的变化坚持进行研究开发，不断推出能够满足用户要求的新产品。只有这样才能跟上时代的发展，在竞争中获胜。也就是说，产品创新是企业生存发展之本。

课程思政，师生互动

中国创造之伟大

列举如华为 5G、中国高铁、港珠澳大桥等中国创造的奇迹，总结中国的强大、国际地位的提高与创新是密不可分的。

激励大学生热爱祖国，增强四个自信，树立民族自豪感和自信心，号召新一代的青年学子勇于担负起民族发展的重任，树立起责任感和使命感，在实践中不断探索，在探索中不断创新，在创新中不断发展。

菜鸟网络科技公司

2013年5月28日,菜鸟网络科技有限公司正式成立,菜鸟网络计划首期投资人民币1 000亿元。

菜鸟网络充分借助了互联网技术的优势,面向物流企业、第三方物流服务商、电子商务企业和供应链服务企业,建立了一个开放、共享的数据平台,为物流企业不断向高附加值领域升级提供了平台支撑,形成了社会化资源高效协同的有效机制,为我国未来的商业发展铺垫了基础设施支撑。

"公司定名为菜鸟网络,第一就是想时刻提醒我们自己,互联网的创新无处不在。在互联网时代,我们要保持菜鸟心态,才能保持创新性和学习性。"沈国军表示,"而且我们要做的事情对我们而言是崭新和没人做过的,作为一个行业新加入者,我们服务的客户也都是刚起步或正处在成长中的中小企业,相对于传统大品牌大企业,我们以及我们的客户还都是新手,取名菜鸟意在激励我们选择共同成长。"

二、组织创新

(一) 组织结构创新

一个组织的结构,在设计完成并实施后并不是一成不变的,伴随着组织的发展,在内部环境和外部环境相互作用的过程中,会不断地进行调整与变革,才能使组织适应环境的需要,持续生存和发展。通过对组织结构和组织的管理方式进行调整与变革,使组织能够不断适应外部环境和内部条件的变化,从而保持组织活动的高效率,这就是所谓的组织结构创新。

组织结构创新的内容随着环境因子与组织管理需求发展方向等的变动而各不相同,一般涉及以下方面:

(1) 功能体系的变动,即根据组织新的目标任务来划分组织的功能,对组织所有的管理活动进行重新的定位和设计。

(2) 管理结构的变动,即对组织内部的部门设置和部门人员的职位进行调整,优化组织内部的工作流程。

(3) 管理体制的变动,包括管理人员的重新安排、职责权限的重新划分等。

(4) 管理行为的变动,包括各种规章制度的变革等。

组织结构的创新往往需要经过一定的时间段。从传统的旧组织结构到新的组织结构,也不是一个简单的切换过程,一般需要一定时期的过渡和转型时间。作为组织的领导者,要敏锐地判断组织变革的时机,适时推动组织结构的变革。以企业为例,组织结构的老化主要表现出来的征兆有:企业经营绩效下降,员工士气低落,对组织的不满情绪增加,组织的生产创新效率低下等。

(二) 组织制度创新

制度是组织运行方式、管理规范等方面的一系列原则和规定,制度创新是组织中各个成员正式关系的调整与变革。一个组织只有具备完善的制度创新机制,才能保证组织的技术创新和管理创新高效地进行。制度创新是技术创新和管理创新的重要保证,如果组织落后的制度不能进行创新,则落后的制度将成为组织技术和管理创新的障碍,会成为制约组织发展的桎梏。制度创新主要包括三个方面:产权制度创新、组织制度创新和管理制度创新。制度的创新是实现制度的变革,通过调整和优化所有者、经营者与劳动者之间的关系。好的组织制度能够体现各方面的权利和利益,使得组织内部的各个要素实现最合理的配置,从而发挥最大限度的效能。

(三) 组织文化创新

在现代的管理理念中,组织文化建设是重要的内容。组织文化通过实现员工个人价值观与组织价值观的高度协调一致以及组织独特的制度体系和行为规范的建立,极大地提高管理生产效率。当创新成为组织中的文化要素,那创新的价值观就会得到全体组织成员的认同,就会建立起有利于组织创新的行为规范和组织管理机制。在组织的发展过程中,在原有的基础上对组织的文化不断地进行继承和革新,这个发展演变过程就是组织文化不断的创新过程。

对组织文化进行创新是社会发展的必然要求,也是文化发展的内在动力。组织文化自身的不断继承和发展,是一个不断新陈代谢、演化发展的过程。一方面,随着社会的发展,组织所面临的环境不断变化,会遇到不同的新情况,不断产生新问题,也需要组织文化不断创新来适应新情况、解决新问题。另一方面,社会实践的不断发展也为组织文化的创新提供了丰富的资料来源。社会实践成为文化创新的动力和基础,而文化创新又进一步推动了社会实践的发展。推动社会实践的不断发展,促进人与社会的全面和谐发展,是文化创新的核心目的。文化的不断创新发展,能够促进文化的繁荣。文化创新是一个民族永葆生命力和富有凝聚力的重要保证。

> **课程思政,师生互动**
>
> **新时代下的文化创新**
>
> 随着中国特色社会主义进入新时代,文化创新日益重要和紧迫。要号召大学生们牢记并践行文化创新,增强文化自信。在文化创新路上,只有立足传统,才能不忘民族之魂,只有拥抱未来,才能适应时代之需。

三、环境创新

组织所面临的环境是组织经营发展的土壤,也对组织的经营与发展有着制约影响。环境的创新并不是要求组织要去一味地进行内部调整,去适应外部的变化,而是要通过积极的创新活动去影响环境、改造环境,去引导环境调整组织朝有利的方向变化。比如在企业的经营过程中,通过公共关系活动来影响政府政策的制定,通过组织的技术创新来影响社会技术进步的方向。而技术的进步又会进一步影响社会公众的消费理念和消费习惯,通过对消费理念的引导、消费习惯的培育,进而影响消费市场的需求。

任务四 创 业

一、创业的基本知识

（一）创业的含义

创业是指一个发现和捕获商业机会并由此创造出新颖的产品、服务或实现其潜在价值的过程。创业必须贡献出时间，付出努力，承担相应的财务的、精神的和社会的风险，并获得金钱的回报、个人的满足和独立自主。对创业的概念，可以从以下四个方面理解：

（1）创业是一个复杂的创造过程。它创造出某种有价值的新事物，这种新事物必须是有价值的，不仅对创业者本身有价值，而且对社会也有价值。价值属性是创业的重要属性，也是创业活动的意义和价值。

（2）创业必须贡献必要的时间和大量的精力，付出极大的努力。要完成整个创业过程，要创造新的、有价值的事物，就需要大量的时间，而要获得成功，没有极大的努力是不可能的，很多创业活动的创业初期是在非常艰苦的环境下实现的。

（3）创业要承担必然的风险。创业的风险取决于创业的领域和创业团队的资源，但通常的创业风险主要是人力资源风险、市场风险、财务风险、技术风险、合同风险、精神方面的压力等。创业者应具备超人的胆识，甘冒风险，勇于承担多数人望而却步的风险。

（4）创业将给创业者带来回报。作为一个创业者，最重要的回报可能是从创业中获得的独立自主以及随之而来的物质财富的满足。对于追求利润的创业者来说，金钱的回报无疑是重要的，对许多人而言，物质财富是衡量成功的一种尺度。通常，风险与回报呈正相关。创业带来的回报，既包括物质的回报，也包括精神的回报，它是创业者进行创业的动机和动力。

（二）创业的过程

（1）产生好创意。绝大多数好创意已经有人想到或尝试过，重要的是在好创意面前能否做足准备，探寻可行路径并坚持下去。

（2）创造创业条件。创业之初不一定万事俱备，但是，影响公司运营的关键事项要提前准备充分，比如创业启动资金、产品或业务模式、经营场所、主要经营设备、团队关键成员等。

（3）确立创业目标。应该建立目标体系，具体可由财务目标、事业目标、社会贡献目标等组成。

（4）组建创业团队。创业团队应简单可靠，个人能力不一定最强，只要能齐心协力、形成合力，就是一个好的团队。

（5）制定创业原则。在公司初创期，应确定公司的经营宗旨、价值观、企业愿景、运行机制等基本原则，为公司持续经营、稳健发展奠定制度基础。

（6）预设创业期限。一个好的业务模式至少要经过三年才能得到验证，若时间太长，不确定因素增多，风险会有所增加。因此，创业最好以三年为限，努力在三年内使经营步入正轨，把产品做到最好。

（7）处理好与投资人的关系。第一，选择能够与你一起同甘共苦的投资人；第二，确定各自的股份占比及股权管理机制；第三，发掘有重要影响力的投资人，借助他们的经验和资源，扩大企业的经营。

（三）创业的类型

1. 从个人、组织、环境、过程等四个方面进行考察

从个人、组织、环境、过程等四个方面进行考察，创业类型可分为以下八种：

（1）创业者拥有专业技术，预先洞察未来市场趋势与顾客新需求，因而决定抓住机会，创立新公司。

（2）创业者运用原有的专业技术与顾客关系创立新公司，并且能够提供比原公司更好的服务。

（3）离职创立新公司，产品或服务和原有公司相似，但是在流程与营销上有所创新，能为顾客提供更满意的产品与服务。

（4）离职创立新公司，新公司与原任职公司属于不同行业，也面临激烈的市场竞争。

（5）新公司由原行业精英人才组成，企图以最佳团队组合，集众家之长，发挥竞争优势。

（6）为特殊市场提供更好的产品与服务而离职创立新公司，新公司具有服务特殊市场的专业能力与竞争优势。

（7）接手一家营运中的小公司，实现创业梦想。

（8）创业者为实现创业理想，在一个新兴行业中从事创新，企图获得领先同行的竞争优势，但相对的，风险也较高。

2. 按其对市场和个人的影响程度进行分类

克里斯琴认为创业应按其对市场和个人的影响程度进行分类。

（1）复制型创业。复制原有公司的经营模式，创新的成分很低。例如，某人原本担任某公司经理，后来离职自行创立一家与原公司类似的新公司。新创公司中属于复制型创业的比率很高，这类型创业的创新贡献很低。

（2）模仿型创业。模仿型创业的创新成分也很低，但与复制型创业的不同点在于，创业过程对于创业者而言还是具有很大的冒险成分。例如，某传统制造企业的经理辞掉工作，开设一家当下流行的电子商务公司。这种形式的创业具有较多的不确定性，学习过程长，犯错机会多，风险也较大。但是，这种创业者如果具有良好的创业特性，经过系统的创业培训，抓住市场进入时机，有很大机会取得成功。

（3）安定型创业。虽然为市场创造了新价值，但对创业者而言，本身并没有发生很多改变，做的也是比较熟悉的工作。这种创业类型强调的是企业内部的创业活动，即对于新产品的扩展或者是新市场的拓展，而并不是去制造新的组织。例如，研发部门的某小组在完成一项新产品后，继续开发另一项新产品。

（4）冒险型创业。除了对创业者本身带来极大挑战外，还对新企业的持续经营带来很大的不确定性。冒险型创业是一种难度很高的创业类型，但其成功所得的报酬很惊人。冒险型创业想要获得成功，要求创业者能够及时地把握市场机会，科学地作出战略抉择，合理地制定出组织的商业模式，在创业过程中要表现出突出的综合能力。

二、创业者素质与类型

(一) 创业者素质

1. 身体素质

创业之初,受资金、人员等限制,很多事需要创业者亲力亲为,若无充沛的体力、旺盛的精力、清晰的思路,必然难以承受创业重任。

2. 心理素质

创业者的心理素质是决定创业成败的关键因素。在创业过程中,难免会遇到各种压力、诸多挫折甚至是失败,这就要求创业者必须具备优良的心理承受和调适能力,能够保持积极、稳重、自信、坚强的心态。

3. 知识素质

深厚的知识储备对创业成功起着重要影响作用。创业者要进行创业管理和企业经营活动,必须掌握丰富的专业知识,具有健全的知识结构。具体而言,创业者应该掌握以下几方面的知识:熟悉政策法规,知法守法,依法经营;拥有专业的企业管理知识和技能,提高管理水平;掌握与本行业相关的专业知识,依靠科技创新增强竞争能力;具备市场经济方面的知识,如战略管理、人力资源、市场营销、国际贸易等。

4. 创业意识和激情

要想取得创业成功,创业者必须具备实现自我、追求成功的强烈意愿,从而克服创业道路上的各种艰难险阻,不断地去挖掘和寻找创业资源(包括团队、资金、技术、市场等),创造性地去解决经营过程中遇到的各种问题。

5. 竞争意识

创业者若缺乏竞争意识,等于放弃了自己的创业生涯。创业者只有敢于、善于竞争,才能取得成功。

6. 诚实守信

诚信乃创业者之本。创业者在创业过程中,要珍惜自己的信誉,讲质量,重承诺,以诚信动人;如果不讲信誉,必将失去社会各界的支持,无法开创自己的事业。

(二) 创业者的类型

1. 生存型创业者

这一类创业者大多为失业者,或者是因为某些原因不愿意留守在农村的农民,以及刚刚毕业上没有找到理想工作的大学生。这三类群体是中国目前数量最庞大的一部分创业人群。

2. 变现型创业者

这一类创业者往往在过去的社会经济中拥有一定的社会资源,在适当的时机进行创业,将过去所拥有的社会资源转变为有形的货币。在20世纪80年代末至90年代中期,变现型创业者较多,许多人在原有的工作岗位上积攒了一定的人脉,或对某一领域有了独特的认识后,辞职创业下海经商。

3. 主动型创业者

主动型创业者又可以分为两种，一种是盲动型创业者，另一种是冷静型创业者。前一种创业者大多极为自信，做事冲动，这一类创业者表现出的自信能够使他们很容易把握时机，往往成就一番事业，但也容易因为考虑不全面，对创业环境分析不充分而造成冒险失败。冷静型创业者是创业者中的精华，其特点是谋定而后动，不打无准备之仗，或是掌握资源，或是拥有技术，一旦行动，成功概率通常很高。

> **课程思政，师生互动**
>
> **解读创业与创业精神**
>
> 立足过去，新中国的建设是一种创业；面向未来，实现中华民族伟大复兴的中国梦也是一种创业。20世纪50年代的北大荒、八九十年代启动的载人航天工程，在重重困难中涌现出的无数奋斗者，一代代中国人如何从零开始，白手起家，这就是创业。你可以不创业，但不能没有胸怀全局、矢志不渝、顽强拼搏的中华民族的创业精神，学生应认识到树立创业精神是国家建设之需，是时代之需。

三、大学生创业

大学生创业目前受到了国家和社会各界的广泛关注，也逐渐成为当前创业群体的主流人群之一。由于大学生都具有较高的文化素养和专业知识能力，并且经过了多年的教育经历后，对国家和家庭拥有比较强烈的期望，在目前社会经济环境下，大学生创业成为传统的就业选择之外较好的选择。但由于在大学生人生履历中，绝大部分时间在校内学习，缺乏相应的社会经验，大学生的创业过程也需要全社会的关注、帮扶和支持。

（一）大学生创业的基本能力

1. 自我认知及科学规划

刚出校门的大学生对自己、社会的认知还非常有限，仅靠自己的冥思苦想来制定自己的未来发展规划，是不尽合理的。最好的方法是观察同龄人的行动，征求"过来人"的意见，再结合自己的实际情况，确定一个宏观的发展方向，然后通过实现一个个小目标，慢慢地调整和细化自己的人生规划。

凡事预则立，不预则废。在大学生创业过程中，事先做好环境的分析、创业的规划、具体的实施计划就显得尤为重要。尤其是在创业实施过程中，要根据具体环境的变化实施进行计划的调整。

2. 胆识和远见

大学生在创业初期往往会面临各种各样的选择与决策，在这个时期可以向亲朋好友，尤其是向有过创业经历和具有经营管理能力的亲朋好友征求意见和建议。一旦企业步入正轨，就必须自己做出决策，处理各种事务。做决策时，谨慎是必不可少的，但优柔寡断往往会错失最佳的商业时机。同时，决策要有远见，提前做好规划和准备，才能规避风险、占得先机。

3. 目标管理

创业首先要有明确的方向和目标，在不同的创业阶段，把目标进行分解和细化，形成阶段性的具体目标和行动计划。具体可以借鉴目标管理的方法，首先确定长远目标（企业愿景），再按不同时期分解成阶段性目标，阶段性目标又进一步分解到对应部门并具体落实到每个相关人。通过目标管理，既可以建立规范、高效的企业经营目标体系，又能确保整体计划的顺利推进和长期目标的达成。

4. 团队管理

单打独斗式的个人英雄主义已不能适应时代发展。各取所长，团结协作，发挥创业团队的力量，才是当今创业企业发展壮大和竞争制胜的至高战略。创业企业要发挥团队力量，首先要建立科学合理的利益分配机制和激励机制；其次，要创建尊重人才、齐心创业的团队文化，激发每个成员的创业积极性和主动性；最后，要建立科学的管理制度，比如业务管理、人才培养、绩效管理等制度，从而使企业运行有规可依、流程规范、责任明确、关系顺畅，确保企业高效运行。

5. 沟通与谈判

沟通与谈判能力是创业者必须首先具备的核心能力之一。创业者良好的沟通能力，在企业内部有利于了解员工动态和企业运行状况，有利于协调意见，达成共识；在企业外部有利于展示良好的企业形象，获取最新的市场信息，争取有利的资源和发展商机。创业企业主要通过竞争赢得市场，而谈判是竞争的主要解决方式，良好的谈判能力有利于占得主动地位，获得更多的利益。

6. 学习

现代社会已进入信息大爆炸的知识经济时代，学习能力已成为个人和企业发展的核心竞争力。社会发展日新月异，市场竞争日益激烈，创业企业要想抢占市场先机，引领行业发展潮流，就必须具备强大的学习能力，比竞争对手更快捷地获取、更高效地利用各种知识。对于大学生创业者而言，除了学好本专业的理论知识外，更要重视创业管理知识的积累和社会实践能力的提升。

7. 处理突发事件

在创业过程中，时常会发生一些突发事件，且很大部分是我们不愿见到的。这些突发事件如果处理不当，极有可能使企业形象受损。相反，如果能积极妥善地处理，则可能化害为利，让顾客更加认同企业，不断传播好口碑。

8. 保持身心健康

创业过程往往面临极大的挑战，创业者要习惯与孤独和挫折为伴。创业者只有保持积极乐观的心态，才能面对各种压力和挑战，不断激发创造力，开拓新局面。大学生创业者更要保持平和的心态，戒骄戒躁，稳步前进，切忌失意时怨天尤人、灰心丧气，得意时沾沾自喜、忘乎所以。

创业是一条艰辛与收获同在的长征路，创业者只有保持良好的心态和良好的身体素质，不断学习、吸收各种知识，不断吸取经验教训，才能欣然面对各种挑战，坚持不懈地走到底。

即问即答，课堂互动

大学生创业的优劣势各有哪些？

（二）大学生创业的项目选择

1. 选择个人感兴趣或擅长的项目

"兴趣是最好的导师"，这句话同样适用于创业。对于创业者来说，能遇到感兴趣或擅长的创业项目是一件比较幸运的事，这样的创业项目一般既符合创业者的创业意愿，创业者又有一定的专业基础，更容易上手，更有动力坚持下去，也更容易走向成功。

2. 选择投资成本较低的项目

对于多数大学生来说，由于自身缺少社会实践经验，缺乏创业运作经验，创业之初总会经历几个项目。建议选择低成本的创业项目，一方面投资较少，创业者的资金压力较小；另一方面，船小好掉头，如创业项目验证不可行，可及时撤出，转而进入其他项目。

3. 选择风险较小的项目

风险较小的创业项目更适合作为多数大学生的创业初选项目，这是由大学生的实践经验、资金实力、风险承受能力等自身因素限制的，也是由创业初选项目主要目的在于积累创业资本、丰富实践经验、锻炼经营能力等因素共同决定的。

4. 选择客户认知度较高的项目

客户认知度较高的项目一般具有良好的社会认知度、广泛的顾客消费群体、较成熟的商业模式等特点。这样的创业项目一般有成功经验或模式可供借鉴，客户开发成本也较低，创业风险较小，成功可能性更大。

5. 选择市场消耗比较频繁或购买频率比较高的项目

市场消耗比较频繁或购买频率比较高的创业项目具有普遍的商业机会、成熟的运营模式、大量的消费群体等特点，对企业运营能力和客户管理与开发能力要求较高，作为创业项目能够使创业者快速入门，积累大量实践经验，快速提高企业经营能力。

6. 先选择网络创业，后进入实体创业项目

电子商务已经成为社会生活的重要组成部分，也已成为很多在校大学生创新创业的重要平台。网络创业具有形式多样、启动资金少、运营成本低、时空限制少、方式灵活等特点，大学生可以利用网络创业积累经验和资金，验证和优化经营模式，积累和开发市场资源。待企业发展到一定规模且时机成熟时，再进入实体创业项目，可使企业得到更好的发展。

（四）大学生创业的领域

1. 高科技领域

大学校园往往是新理念、新技术产生和传播的发源地，高校学生具有"近水楼台先得月"的优势，"大疆无人机""今日头条""36氪"等大学生创业企业的成功就得益于此。有意在高科技领域创业的大学生，可积极参加相关的比赛项目和学术活动，从而获得脱颖而出的机会。

2. 连锁加盟领域

据统计资料显示,在相同的经营领域,个人创业的成功率低于20%,而加盟创业的成功率则高达80%。对于大学生来说,创业时其社会资源往往有限,同时在具体的经营过程中对于企业经营的模式、品牌的确立和塑造、市场的销售、技术的开发等方面都存在着不足。借助于加盟连锁的品牌采购经营模式,存在技术支持和营销策划等方面的优势,可以借助连锁优势来弥补自身的不足,实现自主创业。但目前连锁加盟也存在着连锁品牌良莠不齐的情况,在进行项目选择和连锁品牌加盟选择时,一定要进行充分的考察和评估。

3. 校园店

校园店的优势在于,一方面投入相对较小,由于创业者对学校周边的环境比较了解,对于消费者的需求特点能够做出相对更加准确的判断,也可以充分利用丰富的人流量资源来保证客流量。另一方面,可以利用该市场同龄人目标消费群体的特点,做出相对更加准确的营销活动,进而提高销量,扩大影响力,实现经营的盈利。

(五)大学生创业的注意事项

1. 创业计划要充分

创业是一项复杂的系统工程,涉及项目选择、资金使用、人才管理、企业运营等诸多领域。因此,大学生创业前一定要进行细致的准备:首先,要通过各种渠道学习创业理论;其次,要根据自己的优势劣势和实际情况选择恰当的创业项目。同时,要在充分的市场研究基础上撰写详细的创业计划书,对创业过程中的市场环境、商业模式、融资盈利以及可能遇到的问题做出充分的预估和合理的计划,不打无准备之仗。

2. 学习政策,用好政策

各级政府部门都有很多鼓励和支持大学生创业的政策,创业时一定要认真学习,要积极争取国家和政府对大学生创业的各种政策支持,比如在贷款方面的支持,在经营场所租赁方面的支持,在税收减免方面的扶持等政策。这些政策的支持可以有效地降低创业的风险,减少创业初期的成本投入。

3. 经商之道,战略制胜

创业活动实质上是一场"斗智斗勇"的"智力游戏",是竞争者之间的谋略大比拼。因此,常有"商场如战场"一说。面对激烈的市场竞争,大学生创业项目要想站稳脚跟生存下来并发展壮大,就必须首先考虑清楚自己的核心优势是什么,业务领域在哪里,商业模式如何建立,如何开发市场等战略问题,以便明确方向,有的放矢。

4. 养成健康心态,时刻保持清醒

心理素质过硬是创业者能够战胜各种挑战、不断发展壮大的前提。大学生创业者要养成健康的心态,不能好高骛远、急功近利、一意孤行,也不能畏首畏尾、优柔寡断、怨天尤人,而是要树立必胜的信心,养成积极乐观、豁达宽容的心态。创业者要时刻保持清醒的头脑,理性看待外部环境的变化及由此产生的机会与威胁,客观分析企业经营过程中产生的各种问题,理智地做出各种决策,努力为企业发展扫除障碍,抓住机会,争取利益。

（六）大学生创业的相关风险

创业过程中将会出现各种风险，无论采用何种方法，处理风险的基本原则是以最小的成本获得最大的保障。应对风险的主要方式有回避风险、预防风险、自留风险、转移风险等。大学生创业者要认真分析创业过程中可能遇到的风险、各种风险产生的影响以及自身的承受力。大学生创业的风险主要有以下几个方面：

1. 项目选择风险

大学生创业并非毫无代价，也会产生时间成本、资金成本，甚至创业失败还会对自己失去信心。一般来说，大学生创业之初要深入调研、虚心求教、详细规划，依据自身的专业特长、资金实力，尽量选择门槛要求不高、启动资金较少、人员配备不高的项目，从小本经营做起。

2. 技能匮乏风险

纸上谈兵是很多大学生创业者容易犯的通病，一是对于创业的预期目标过于理想和乐观，二是对实际的创业实践相关的专业知识和解决实际问题的能力缺乏。为解决这些问题，一方面，大学生创业者应积极参加学校组织的社会实践或到企业兼职实习，积累相关的专业技能和经营管理经验；另一方面，也要积极参加创业培训，掌握创业理论，接受创业指导，提高创业成功率。

3. 资金风险

资金风险在创业初期会常伴左右。是否有足够的资金创办企业，是否有足够的资金维持企业的日常运作，是否有足够的资金投资新的项目或开展新的业务等都是常见问题。对于初创企业来说，如果连续几个月入不敷出或者因为其他原因导致资金链断裂，就会严重影响日常经营甚至倒闭。因此，创业之初要做好资金规划，广开筹资渠道，在资金使用上要加强预算管理，在企业经营上要开源节流，确保资金安全。

4. 团队风险

优秀的团队能够使创业企业迅速成长发展，并能为企业的发展提供源源不断的技术变革和管理创新的动力。一旦创业团队的核心成员在某些问题上产生分歧并得不到妥善解决，就有可能对企业造成巨大的影响。同时，做好团队管理工作也非易事，特别是与权力、利益相关时，很多创业团队因此闹得不欢而散。

5. 管理风险

创业失败者首先都是在管理方面出现问题，主要表现在企业文化畸形、权责不清、沟通不畅、用人不当等方面。所以，大学生创业者要想创业成功，不仅要精通技术，更要下大力气学好管理，提高管理能力，这样才能使企业不断发展壮大。

6. 市场风险

经营必然面临竞争，如何面对竞争是每个创业者都要认真考虑的事情。一些不良商家为了独占市场，常会采取低价销售的策略排挤新进入者。对于实力雄厚的企业来说，短时间的低价并不会对其造成致命伤害，而对初创企业则可能是灭顶之灾。因此，研究同业竞争的主要方式及采取何种措施加以应对，是创业之初的主要任务。

7. 意识上的风险

意识上的风险是隐藏在创业者或创业团队思想中的风险，有极强的破坏力。意识风险主要表现为投机心理、侥幸心理、贪婪心理等。

需要特别注意的是，大学生创业过程中可能遇到的风险不止以上七点，造成的危害可能更为严重。大学生创业者只有结合自身优势，不断学习，不断成长，才能越走越稳、越走越远。

沉浸式体验

经过一学期的模拟训练，你觉得你的模拟公司能否变为现实企业，从模拟创业到真实创业还需具备哪些创业条件，面临哪些创业风险，能否克服，请各公司进行创业评估，并进行分享交流，评估表见表 11-3。

表 11-3　沉浸式创业评估表

组名	
公司名称	
公司 CEO	
公司成员	
评估内容	1. 行业对标方面？（20 分）
	2. 创业条件方面？（20 分）
	3. 创业风险方面？（20 分）
	4. 创业者能力与素质方面？（20 分）
	5. 抗风险方面？（20 分）

课后习题

一、单项选择题

1. 从作为管理职能的基本内容来看，创新可分为目标创新、技术创新、制度创新和（　　）。
　　A. 局部创新　　　　B. 整体创新　　　　C. 自发创新　　　　D. 环境创新

2. 形成能够比以前更好地适应组织内外部环境变化，更有效地利用资源的新概念、新看法或新构想的活动，称为（　　）。
　　A. 观念创新　　　　B. 目标创新　　　　C. 技术创新　　　　D. 组织创新

3. 关于创业的概念，下列理解错误的是（　　）。
　　A. 创业是一个复杂的创造过程　　　　　　B. 创业必须要付出大量的时间和精力
　　C. 创业一般没有什么风险　　　　　　　　D. 创业将给创业者带来回报

4. 创业按其对市场和个人的影响程度分类，下列选项不正确的是（　　）。
　　A. 复合型创业　　　B. 模仿型创业　　　C. 安定型创业　　　D. 冒险型创业

二、判断题

1. 在创新过程中，要求只准成功、不许失败。（   ）
2. 创新是诸多因素之间一系列复杂的、综合的相互渗透相互作用的结果，是一个复杂的系统过程。（   ）
3. 管理者良好的心智模式是实现管理创新的关键。（   ）
4. 创新性思维主要是指一种逻辑思维。（   ）
5. 创业者的心理素质是决定创业成败的关键因素。（   ）

三、简答题

1. 创新有哪些特征？
2. 管理创新对企业发展有哪些作用？
3. 制度创新包括哪些内容？
4. 大学生创业的风险有哪些？
5. 大学生创业的项目选择有哪些？

本项目案例分析——字节跳动科技有限公司的创新之路

一、字节跳动的成长历程

北京字节跳动科技有限公司成立于2012年3月，是最早将"互联网+"经济环境下的品经营商业逻辑发生转变，人工智能应用于移动互联网场景的科技企业之一。在发展初期，主要通过数据资源收集与分析来使企业确立品牌定位、塑造品牌形象。字节跳动通过独立研发"今日头条"迅速占领市场，打造了品牌战略转型、品牌知名度传播的重要一环，突破了传统腾讯新闻与网易新闻独占新闻份额的局面，并凭借开拓性的新业品牌经营定位模式，拓宽了企业品牌战略转型的思路。之后，字节跳动又实施"互联网+"推出"抖音"短视频，吸引了大批年轻用户，并凭借"今日头条"与"抖音"这两大王牌项目，不断发展用户群，利用其完善的大数据分析商业模式，分析用户群的兴趣所在，积极谋划部署互联网生态系统。

二、字节跳动的品牌战略定位及其创新路径

字节跳动通过利用人工智能技术，在这个移动优先与万物互联的时代之中，通过"算法+内容"打造"流量+数据"的商业模式，基于此形成了字节跳动的创新点与核心竞争力。字节跳动通过海量数据及其应用场景，不断在现有模型的基础之上加以完善，在利用收集到的海量数据进行深度分析与挖掘的前提下，掌握用户不同的偏好，从而推出个性化服务。字节跳动对于"今日头条"的定位在于不对新闻内容进行实质性的加工处理，而是采取算法运作，只做分发渠道，进而形成个性化的信息门户。伴随着"今日头条"的成功，字节跳动又开始在短视频领域展开竞争，"抖音"旨在为广大年轻人提供一个音乐短视频社区平台。短视频符合目前人们的快节奏生活，而接地气的视频内容也能够在广大受众中迅速传播，其采用"明星+素人"的模式，既能起到先发制人、夺人眼球的效果，同时也能更为"接地气"地与大众生活相结合，从而收获了一大批忠实受众。

三、字节跳动的商业模式

（一）大力研发算法带来巨大流量并形成稳定庞大的用户群

字节跳动在2016年成立人工智能实验室，研发人员从事人工智能最前沿的技术研究，字

节跳动没有专门对实质性内容进行编辑的人员,而是通过大数据技术获取所需要的信息并且在互联网这一平台上搜索最前沿的信息,传递给受众,当用户开始使用其开发的APP时,字节跳动技术研发团队就在后台即时获取用户所浏览的记录,并及时更新不同用户的数据包,给予每一个用户私人化定制服务。这种基于算法制胜的"给我想要的,猜你需要的"商业创新模式,伴随着数据挖掘与行为分析的逐步深入,形成了字节跳动品牌的精准定位与精准营销。字节跳动凭借庞大的人才体系、强大的数据处理人工智能技术、不断推陈出新的产品、完善的产品结构、机智敏锐的市场把控能力,以及庞大的商业化团队,不断实现用户市场的拓展,用户数量呈几何倍数增长,用户黏性增强,企业的营业额也在飞速增长。

(二)推出两大产品矩阵与形成合理的组织架构

字节跳动突破传统互联网企业集中于发展一种核心产品的商业模式,在同一领域推出多种产品,加速了明星产品的更迭速度,爆款层出不穷。字节跳动凭借其两大核心竞争项目:以今日头条为核心的新闻信息平台与以抖音为中心的短视频社交平台,形成两大产品矩阵,并在此基础上开发不同平台上的具有各种独特功能的软件程序。字节跳动形成以大中台为支柱、小前台为试错点的组织架构。企业安排少量的人员在小前台负责产品的生产测试,高效率地试验证明产品的性能,优质的团队对于不同领域中的产品以及同一领域中的不同产品进行试错,发掘其发展空间,继而能根据优缺点有的放矢地完善产品,优化配置资源,集中突破。字节跳动在中台设置三个部门,分别是技术、用户增长以及商业化,解决前台流量留存、更新与变现的问题。

(三)在互联网市场中与行业巨擘竞争合作,实现共赢

在传统搜索引擎时代逐渐衰退的趋势下,字节跳动利用其人工智能大数据技术实现突破,并选择与行业巨头强强合作的商业模式,开始重新构建互联网产业生态链。随着网红经济与电子商务的飞速发展,网红直播卖货成为了当今时代炙手可热的工作,抖音的受众虽然覆盖各个年龄段但主要还是集中于年轻人,庞大的用户群以及较低的进入门槛使得众多商家选择在抖音上进行卖货带货,这种低成本的经营模式迅速引起淘宝的关注,因此,字节跳动与阿里巴巴达成合作,字节跳动带来大量的流量,阿里巴巴利用流量来实现带货,二者的战略合作实现了流量的迅速变现,互惠互利,实现共赢。

在"互联网+"的经济大潮下,字节跳动从一个默默无闻的小型创业公司蜕变成现在的互联网行业巨头,打破了原有的BAT(中国互联网行业的三大巨头公司:百度、阿里巴巴、腾讯)几乎垄断市场的局面,其成功的原因在于把握住了"互联网+"这一经济发展趋势,顺应了时代发展的要求,凭借其过硬的技术水平与精准的品牌战略市场定位,在互联网行业中开拓了一种新的商业运营模式。使其产品更新换代的速度加强,进而能更好地迎合市场需求,不断进行创新,通过创新不断提高自身硬核技术水平,从而提升企业核心竞争力。

思考题:

1. 概括字节跳动公司的创新点是什么?
2. 总结字节跳动能够成功的原因是什么?
3. 本案例带给你的启发是什么?

本项目实训——创业方案的撰写

【实训目标】

(1)培养学生的创新意识和创新能力;

（2）训练学生的创新思维；
（3）提升学生的创业能力；
（4）强化学生的文案写作水平。

【实训内容及要求】

（1）分组。以模拟公司为小组单元，在 CEO 带领下进行成员分工管理。
（2）编写创业方案。
（3）讨论并确定方案。
（4）各模拟公司 CEO 在全班进行分享交流。

【实训成果】

各模拟公司提交一份创业方案书。

【实训样表】

创业方案书的结构详见表 11-4。

表 11-4 创业方案书的结构

方案组成	项目内容	内容说明
封面	创业项目名称	名称需具体清晰
正文	创业团队介绍	团队成员分工
	创业项目背景	项目所处行业领域
	创业项目介绍	项目内容、主题、特点
	项目行业分析	行业前景、发展趋势、行业对手、销售预测等
	项目创新点和特色	技术、产品等方面的先进性、独特性、竞争优势等
	项目运营	生产或服务方面的运营方式和运营成本、盈利模式等
	项目投融资方案	投资方式、融资方式和融资渠道
	项目管理方式	人员管理及部门设置、营销管理、销售预测等
	项目风险控制及防范	资金风险、营销风险、行业风险等防范措施
	费用预算	场地、设备、物料、人员、推广宣传、日常管理等
附件	调研资料	如调研问卷、调研提纲、数据整理等
	参考资料	附加相关的各种参考资料，增加创业的可行性
	其他需说明的事项	需要补充说明的事项

【实训评价】

组内组间互评+教师点评。学生展示后，教师引导在组内组间进行任务成果的总结和交流，根据学生在全班的交流表现，结合编制的方案策划书进行打分，形成组内自评（10%）、组间互评（20%）和教师点评（70%）三个评价维度，具体见表 11-5。

表 11-5　创业方案评价表

组名		
公司名称		
CEO		
成员		
评价项目	评价内容	得分
	1. 创业方案结构是否完整？（5分）	
	2. 项目主题是否鲜明？（5分）	
	3. 项目环境分析是否全面？（10分）	
	4. 项目有无特色？（10分）	
	5. 项目运营的逻辑描述是否清晰？（15分）	
	6. 投融资渠道和资金预算是否切合实际？（10分）	
	7. 对创业风险情况的处理措施？（10分）	
	8. 项目费用预算是否全面合理？（10分）	
	9. 创业方案的盈利模式是否可行？（15分）	
	10. 创业团队成员分工是否明确？（10分）	
	得分合计	

参考文献

[1] 张永良. 管理学基础[M]. 3 版. 北京：北京理工大学出版社，2018.
[2] 李镜. 管理学基础（经管专业）[M]. 4 版. 大连：大连理工大学出版社，2014.
[3] 李金静，周仁，郑璐. 管理学（最新修订版）[M]. 上海：上海交通大学出版社，2014.
[4] 李秋实，杨宏，潘玉庆. 管理学教程[M]. 北京：中国经济出版社，2009.
[5] 梅艺华 蒋世军. 管理学原理与实务[M]. 四川：西南财经大学出版社，2018.
[6] 金国强. 领导力法则：让更多的人都追随你[M]. 四川：成都地图出版社，2018.
[7] 韩小勇. 管理三要素：能识人 会用人 懂管人[M]. 四川：成都地图出版社，2018.
[8] 胡祖光. 东方管理学[M]. 浙江：浙江工商大学出版社，2019.
[9] 方小林. 管理学实训教程[M]. 广东：华南理工大学出版社，2020.
[10] 谭新兰. 管理学理论与实务[M]. 北京：人民邮电出版社，2015.
[11] 孟祥林. 管理学基础：理论与案例[M]. 北京：对外经济贸易大学出版社，2012.
[12] 邢以群. 管理学[M]. 2 版. 北京：高等教育出版社，2011.
[13] 单凤儒，金彦龙. 管理学[M]. 北京：科学出版社，2009.
[14] 黄牧乾，徐宏奇. 管理学[M]. 西安：西北工业大学出版社，2019.
[15] 高立军. 管理学基础[M]. 天津：天津大学出版社，2012.
[16] 尤利群. 管理学[M]. 2 版. 浙江：浙江大学出版社，2014.
[17] 姜玲玲. 管理学基础[M]. 2 版. 重庆：重庆大学出版社，2015.
[18] 黄建春. 管理学 [M]. 重庆：重庆大学出版社，2017.
[19] 吴晓微，王学俊. 管理学基础[M]. 北京：北京理工大学出版社，2014.
[20] 孙宗耀，荆春丽，等. 管理学基础[M]. 北京：北京理工大学出版社，2020.
[21] 温伟胜. 管理学基础[M]. 广州：华南理工大学出版社，2017.
[22] 何英."破窗理论"给高校图书馆工作的启示[J]. 中国西部科技，2012.
[23] 饶君华. 管理学基础[M]. 2 版. 北京：高等教育出版社，2019.
[24] 王龙，李爱卿. 管理学基础[M]. 2 版. 北京：机械工业出版社，2019.
[25] 路宏达. 管理学基础[M]. 3 版.北京：高等教育出版社，2018.
[26] 蒋永忠，张颖等. 管理学基础[M]. 5 版. 大连：东北财经大学出版社，2020..
[27] 周三多，陈传明，等. 管理学——原理与方法[M]. 7 版. 上海：复旦大学出版社，2018.
[28] 黄海天. 管理学及案例[M]. 上海：上海大学出版社，2014.
[29] 王可越. 创新化生存[M]. 北京：北京日报出版社，2019.

[30] 黄铁鹰,梁钧平,潘杨."海底捞"的管理智慧[J]. 商业评论,2009(4):82-91.

[31] 黄颖. 管理学案例精析[M]. 北京:电子工业出版社,2015.

[32] 尹飞飞. 我的"对付"上司之道.[J]. 销售与市场(商学院),2013.

[33] 宋默西,杨树. 管理学案例集[M]. 北京:经济管理出版社,2023.

[34] 詹姆斯·奥罗克. 管理沟通——以案例分析为视角[M]. 康青,译. 北京:中国人民大学出版社,2018.